古代歷史文化 研究輯刊

二一編

王明蓀 主編

第 7 冊

北魏北部邊疆與民族政策研究

王萌 著

國家圖書館出版品預行編目資料

北魏北部邊疆與民族政策研究／王萌 著 — 初版 — 新北市：
花木蘭文化事業有限公司，2019〔民108〕
序 4+ 目 6+234 面；19×26 公分
（古代歷史文化研究輯刊 二一編：第 7 冊）
ISBN 978-986-485-725-8（精裝）
1.民族政策 2.邊疆問題 3.南北朝
618   108001498

古代歷史文化研究輯刊
二一編 第七冊   ISBN：978-986-485-725-8

北魏北部邊疆與民族政策研究

作　　者　王萌
主　　編　王明蓀
總 編 輯　杜潔祥
副總編輯　楊嘉樂
編　　輯　許郁翎、王筑　美術編輯　陳逸婷
出　　版　花木蘭文化事業有限公司
發 行 人　高小娟
聯絡地址　235 新北市中和區中安街七二號十三樓
　　　　　電話：02-2923-1455／傳眞：02-2923-1452
網　　址　http://www.huamulan.tw 信箱 hml 810518@gmail.com
印　　刷　普羅文化出版廣告事業
初　　版　2019 年 3 月
全書字數　171386 字
定　　價　二一編 49 冊（精裝）台幣 122,000 元　　　版權所有・請勿翻印

北魏北部邊疆與民族政策研究

王萌　著

作者簡介

王萌，男，漢族，內蒙古包頭市人。現任職於內蒙古大學歷史與旅遊文化學院歷史系，從事秦漢史、魏晉南北朝史、魏晉南北朝碑刻研究。2007年8月考入吉林大學古籍研究所，師從張鶴泉先生研習秦漢史，2009年6月畢業；同年8月，師從碩導恩師研治魏晉南北朝史，2012年6月畢業，獲中國古代史博士學位。目前發表學術論文（含已確認用稿）、會議論文共6篇，出版專著兩部。申請、承擔2014年內蒙古自治區哲學社會科學規劃基金項目，項目名稱：北魏北部邊疆與民族政策研究；項目批准號：2014C117；此項目已結項，結項證書編號：1214089；此結項成果即爲此次出版成果。

提　　要

　　本書通過對有關北魏時期的正史文獻、碑刻以及考古資料進行全面、系統的搜集、整理與分析，同時結合國內外學界相關研究成果，從北魏北部邊疆的形成與地理環境、北魏經略北部邊疆的過程、北魏管理北部邊疆的軍鎮機構、北魏北部邊疆軍鎮的武器裝備與後勤保障、北魏制定之北部邊疆民族政策、北魏與北部邊疆民族使者往來、北魏與北部邊疆民族的經濟、文化交往等方面，進行有關北魏北部邊疆與民族政策的系統研究。進而展示北魏與北方民族勢力盛衰演變、雙方衝突與融合、關係互動。

2014年內蒙古自治區哲學社會科學規劃基金項目（項目批准號：2014C117；結項證書編號：1214089）

序

王紹東

　　收到王萌博士的書稿《北魏北部邊疆與民族政策研究》，既有先睹爲快的喜悅，同時也感到十分驚奇。工作短短 6 年時間，這是他繼已經出版的《北朝時期釀酒、飲酒及對社會的影響研究》、《胡漢風韻——北朝時期飲食文化研究》之後，撰寫完成的第三部書稿。一個青年才俊在短時間內獲得如此的學術成就，其宏大的學術志向、堅韌的毅力、孜孜不倦的付出均已隱然可見。

　　思緒不僅把我拉回了王萌讀大學時的舊日時光。王萌於 2003～2007 年在內蒙古大學人文學院歷史系學習，我曾經給他們班講授《中國歷史文選》課和《秦漢史》選修課。在我的印象裏，王萌是班裏學習最刻苦、也最善於提出問題的學生之一，是全班公認的讀書模範。我曾經聽他的同學說，王萌的日常生活極爲規律，幾點起床、幾點讀書、幾點休息都有詳細計畫，他也嚴格遵循。王萌對自己的人生也有規劃，要沿著研究生——博士——學者的路徑往前走。現在看來，他的同學所言不虛。王萌本科畢業後到吉林大學師從著名秦漢史、魏晉史專家張鶴泉教授攻讀碩士、博士學位，畢業後回到母校供職。幾年來，他克服了多種困難和壓力，將主要精力投入到本職工作中，在教書育人和學術研究上都取得了驕人的成績，是學院出版專著最多、教學效果最好的青年教師之一。

　　北魏是鮮卑人建立的政權，是南北朝時期北朝第一個王朝，也是第一個入主中原並統一北方地區的少數民族政權。北魏政權進入中原後，主動進行改革，學習農耕民族的文化、政治制度和生產技術，加強了民族間的交匯與融合，增進了「中國」的文化認同，爲之後的隋唐統一中國奠定了部分基礎。入主中原後的北魏王朝，既面臨著南朝政權的競爭，也面臨著北方柔然等遊

牧民族的壓力，邊防形勢十分複雜。對於北魏北部邊防問題，學術界有了一些零星的或專題的研究成果，但卻一直沒有系統的專門的學術專著問世，這可能與該問題研究的資料分散匱乏、涉及問題複雜、需要多學科知識、研究難度較大有關。王萌博士能夠攻堅克難，在這一領域耕耘開拓，並取得如此豐碩的成果，確實令人欣喜感佩。

通讀《北魏北部邊疆與民族政策研究》一書，發現該書有以下特點：第一，多學科知識的綜合運用。書中運用了歷史學、考古學、民族學、歷史地理、軍事學、環境學等多學科的知識，進行跨學科的交叉研究。在一些領域的開拓之功，得益於作者廣博的知識結構與多維的研究視角。第二，宏闊的研究視野與完善的論述體系。作者將北魏北部邊疆問題與民族政策作為一個整體展開研究，分為六個專題：北魏北部邊疆的形成與地理環境；北魏經略北部邊疆；北魏北疆軍鎮機構及駐防兵種；北魏的北部邊疆民族政策；北魏與北疆民族的使者往來；北魏與北部邊疆民族的經濟、文化交往。每個專題各有側重，專題之間又有相互影響、相互依存的內在關係。通讀全文，不僅對北魏北部邊防與民族政策有了一個宏觀、整體的瞭解，又能對北魏北疆防務與民族政策的基本內涵、民族特點、時代因素、相關問題等有更加具體、深入的認識，是學習瞭解北魏北部邊疆問題與北魏政權民族政策的必讀之作。第三，資料搜集的不遺餘力。《魏書》是研究北魏歷史的基本文獻資料，作者對《魏書》中的相關資料進行了搜羅整理、深入挖掘和重新解讀，多有新見。作者還廣泛運用了碑刻資料、考古資料、氣象水文資料和實地調查資料，不僅豐富了專著的內涵，而且為自己的論點提供了扎實的證據。據我瞭解，近年來，王萌博士在假期期間，除了讀書著述，把大部分時間都用在了實地考察、探訪博物館、走訪名家上，購買相關書籍、碑刻資料等，為他的研究打下了堅實的史料基礎。第四，繼承與創新的有機結合。該書在繼承前人和吸收今人研究成果的基礎上，勇於探索，敢於創新，既有對研究課題的整體推進，也有對具體問題的嚴密考證，探賾索隱，條分縷析，取得了可喜的研究成果。

王萌博士的這部專著是內蒙古社科規劃項目的結項成果。一般說來，按照省級項目的級別和資助額度，多數人會以系列論文的方式加以結項。王萌博士不僅發表了一系列具有一定學術影響的論文，而且撰寫了大作，並通過了臺灣花木蘭出版社的嚴格評審。以我看來，王萌博士的這項成果已經達到

了國家級項目結項成果的品質和水準。我真誠地希望，我們的社會、我們的學術界，能夠為一心向學的青年學者提供更加寬鬆的學術環境，給予更大的支持力度，予以更多的鼓勵和尊重，推進我們的學術更進一步發展。

2018 年 9 月 9 日

目

次

圖目錄

前　言

一‧本書的研究對象與研究方法

　　本書以北魏北部邊疆的形成、北魏北部邊疆的政治地理格局以及在此基礎上的北魏經略北疆、北魏所制定的北疆民族政策爲研究對象。

　　本書以《魏書》等歷史文獻爲主要依據，首先採取史學計量法、比較法，對相關史料進行分類、排比，考察北魏北部邊疆的變遷，統計北疆地區自然、歷史事件發生的次數、頻率及相互關係，校勘相關史料記載的出入及眞僞；採取、吸收考古學的相關成果，作爲對歷史文獻的佐證。以歷史學爲研究的基礎，從邊疆學、政治地理學、自然地理學、軍事地理學、經濟地理學作爲研究的切入角度，並與歷史學相結合，進行跨學科的交叉與研究，最終對涉及北魏北部邊疆的演變、經略、政治格局、民族政策等相關問題進行系統的分析、闡述。

　　關於運用軍事地理學進行跨學科的交叉與研究，具體而言，就是運用軍事地理學中的軍事地形學、軍事地質學、軍事氣候學、軍事經濟地理、軍事人口地理相結合的研究方法，闡述北魏時期北疆戰爭的發生頻率、進程及軍事設施的修築以及北魏與北疆民族的關係。

二‧研究概況

　　目前涉及到北魏北部邊疆與民族政策的研究成果，主要集中於以下幾個方面：

1・疆域、邊疆史的研究

顧頡剛、史念海的《中國疆域沿革史》〔註1〕，童書業的《中國疆域地理講義》〔註2〕，上述兩部著作較爲系統闡述中國古代統一政權及統治北方地區政權的北部疆域變遷，同時論及北疆地區地方行政區劃制度、民族分佈。

葛劍雄的《中國歷代疆域的變遷》〔註3〕，較詳盡分析中國歷代王朝疆域的變遷及變遷的原因。劉宏煊的《中國疆域史》〔註4〕，系統論述中國歷史疆域的形成與發展。

趙雲田主編的《北疆通史》〔註5〕，對中國古代邊疆的形勢變遷、邊疆政治地理格局、國家的邊疆政策等方面進行了一定的分析。其中涉及北魏北部邊疆問題，側重於從北魏北部邊疆的政治地理格局形勢演變的角度出發，闡述北魏對北部邊疆地區控制力的變化、治理、與邊疆民族的交流。

馬大正主編的《中國邊疆經略史》〔註6〕，闡述了中國歷代邊疆的開拓與變遷、歷代政權管理邊疆地區的政策與機構。

國外學者關於中國古代邊疆的研究角度、研究成果值得關注。美國學者拉鐵摩爾在其著作《中國的亞洲內陸邊疆》〔註7〕中，以「邊疆形態」作爲研究中國古代邊疆的切入點，以東北、蒙古、新疆、西藏爲研究對象，闡述中國古代邊疆地區的總體布局。美國學者巴菲爾德在《危險的邊疆——游牧帝國與中國》〔註8〕一書中，以「邊疆戰略」爲思考的角度，側重於分析中國古代北部邊疆地區少數民族勢力的盛衰變化、北方政權與北方草原游牧民族的互動、北方漢族政權或入主北方的少數民族所建政權的北部邊疆政策與戰略。該著作簡要涉及到北魏與北疆草原柔然的互動、北魏的北疆政策變遷。

2・軍事史的研究

論著方面：臺灣三軍大學編著的《中國歷代戰爭史》第六冊〔註9〕南北朝

〔註1〕 顧頡剛、史念海：《中國疆域沿革史》，北京：商務印書館，2000年。
〔註2〕 童書業：《中國疆域地理講義》，天津：天津古籍出版社，2008年。
〔註3〕 葛劍雄：《中國歷代疆域的變遷》，北京：商務印書館，1997年。
〔註4〕 劉宏煊：《中國疆域史》，武漢：武漢大學出版社，1995年。
〔註5〕 趙雲田主編：《北疆通史》，鄭州：中州古籍出版社，2003年。
〔註6〕 馬大正主編：《中國邊疆經略史》，鄭州：中州古籍出版社，2000年。
〔註7〕 （美）拉鐵摩爾著；唐曉峰譯：《中國的亞洲內陸邊疆》，南京：江蘇人民出版社，2008年。
〔註8〕 （美）巴菲爾德著；袁劍譯：《危險的邊疆——游牧帝國與中國》，南京：江蘇人民出版社，2011年。
〔註9〕 臺灣三軍大學編：《中國歷代戰爭史》第六冊，北京：軍事譯文出版社，1983年。

部分，主要結合歷史文獻探討了北魏時期戰爭的導因、戰前形勢、作戰方略與經過、戰後政局。張文強所著《中國魏晉南北朝軍事史》〔註 10〕論述了北魏時期的軍事體制、軍兵種、重要戰爭的進程及結果。《中國軍事史》編寫組主編的《中國歷代軍事工程》〔註 11〕簡要分析了北魏時期國內、邊疆地區諸如軍鎮、長城等防禦設施的建設情況。以上著作從宏觀層面概述了北魏時期的軍事戰爭、防禦建設問題。

　　論文方面：清代學者對北魏六鎮歷史給予較早的關注，代表成果有沈垚的《六鎮釋》〔註 12〕，對北魏六鎮的組成及地理位置分佈有一定的研究，而且，沈垚關於何爲六鎮的主張至今仍影響著學界對北魏六鎮組成的看法。20世紀 30 年代，學者繼續對北魏六鎮進行研究，主要代表有俞大綱的《北魏六鎮考》〔註 13〕，在沈垚關於何爲北魏六鎮的基礎上，俞大綱對當時關於北魏六鎮究竟包括哪些軍鎮的觀點進行辯駁。20 世紀 40 年代至今，學界關於北魏北疆軍鎮與軍事防禦設施的研究取得了長足進展，成果豐碩，其中較據代表性的有：周一良：《北魏鎮戍制度考》〔註 14〕、《北魏鎮戍制度續考》〔註 15〕，牟發松：《北魏軍鎮考補》〔註 16〕、《六鎮新釋》〔註 17〕，梁偉基：《北魏軍鎮制度探析》〔註 18〕。以上論文較爲系統分析了北魏各地軍鎮的設置原因、軍鎮地望、軍鎮性質以及軍鎮地位的變化等問題。

　　目前學界多數學者認爲北魏六鎮設置於北魏太武帝時期，但林育辰在

〔註 10〕　張文強：《中國魏晉南北朝軍事史》，北京：人民出版社，1994 年。

〔註 11〕　《中國軍事史》編寫組：《中國歷代軍事工程》，北京：解放軍出版社，2005年。

〔註 12〕　沈垚：《落帆樓文集》卷一《六鎮釋》，《續修四庫全書》編纂委員會：《續修四庫全書・集部・別集類》（第 1525 冊），上海：上海古籍出版社，2013 年，第 361 頁。

〔註 13〕　俞大綱：《北魏六鎮考》，載《禹貢半月刊》第一卷第十二期，1934 年，第 2～6 頁。

〔註 14〕　周一良：《北魏鎮戍制度考》，周一良：《周一良集》第一卷《魏晉南北朝史論》，瀋陽：遼寧教育出版社，1998 年，第 251～266 頁。

〔註 15〕　周一良：《北魏鎮戍制度續考》，周一良：《周一良集》第一卷《魏晉南北朝史論》，瀋陽：遼寧教育出版社，1998 年，第 267～278 頁。

〔註 16〕　牟發松：《北魏軍鎮考補》，武漢大學歷史系魏晉南北朝隋唐史研究室：《魏晉南北朝隋唐史資料》（第七期），1985 年，第 64～74 頁。

〔註 17〕　牟發松：《六鎮新釋》，載《爭鳴》，1987 年第 6 期，第 99～102 頁。

〔註 18〕　梁偉基：《北魏軍鎮制度探析》，載《中央民族大學學報》（社會科學版），1998年第 2 期，第 54～59 頁。

《道武帝登國九年在五原的開發——兼論六鎮的起源》〔註19〕一文中認爲，登國九年，北魏在五原的屯田，是北魏六鎮的起源；北魏在北部邊疆地區所進行的大規模且穩定的農業生產，是支撐六鎮防線運轉的經濟基礎。

關於北魏北疆軍鎮長城防禦體系的研究論文，鮑桐：《北魏北疆幾個歷史地理問題的探索》〔註20〕，張敏：《論北魏長城——軍鎮防禦體系的建立》〔註21〕，岑仲勉：《北魏國防的六鎮》〔註22〕，艾沖：《北朝諸國長城新考》〔註23〕，朱大渭：《北朝歷代建置長城及其軍事戰略地位》〔註24〕，李書吉、趙洋：《六鎮防線考》〔註25〕，以上論文側重研究北魏重點防守的北部疆域的軍事防禦設施建設、軍事防禦體系的建立。上述論文爲進行北魏北部疆域軍事防禦建設的研究提供了借鑒。

日本學者佐川英治：《北魏六鎮史研究》〔註26〕，將傳世文獻與考古資料相結合，對北魏六鎮的起源與演變、六鎮鎮城的遷徙、六鎮最高軍事官員的人員地域構成變化、遷都洛陽後的六鎮防線的重新部署等有一定研究。

3・有關北魏北疆的考古資料

內蒙古自治區文化廳、內蒙古自治區文物考古研究所編著的《內蒙古自治區長城資源調查報告・北魏長城卷》〔註27〕，段清波、徐衛民編著的《中國歷代長城發現與研究》第四章《魏晉南北朝長城》第一節《北魏長城的考

〔註19〕 林育辰：《道武帝登國九年在五原的開發——兼論六鎮的起源》，載《新北大史學》，2005 年第 3 期，第 123～140 頁。

〔註20〕 鮑桐：《北魏北疆幾個歷史地理問題的探索》，載《中國歷史地理論叢》，1999 年第 3 期，第 63～92 頁。

〔註21〕 張敏：《論北魏長城——軍鎮防禦體系的建立》，載《中國邊疆史地研究》，2003 年第 2 期，第 13～18 頁。

〔註22〕 岑仲勉：《北魏國防的六鎮》，岑仲勉：《中外史地考證》，北京：中華書局，1962 年，第 186～194 頁。

〔註23〕 艾沖：《北朝諸國長城新考》，中國長城學會：《長城國際學術研討會論文集》，長春：吉林人民出版社，1995 年，第 134～142 頁。

〔註24〕 朱大渭：《北朝歷代建置長城及其軍事戰略地位》，朱大渭：《朱大渭經典學術文集》，太原：山西人民出版社，2013 年，第 421～446 頁。

〔註25〕 李書吉、趙洋：《六鎮防線考》，載《史志學刊》，2015 年第 1 期，第 74～81 頁。

〔註26〕 佐川英治：《北魏六鎮史研究》，《中國中古史研究》編委會：《中國中古史研究》第五卷，上海：中西書局，2015 年，第 55～128 頁。

〔註27〕 內蒙古自治區文化廳、內蒙古自治區文物考古研究所：《內蒙古自治區長城資源調查報告・北魏長城卷》，北京：文物出版社，2014 年。

古發現與研究》〔註28〕，河北省地方志編纂委員會編著的《河北省志》第 81
卷《長城志》第三章《北朝至金代長城》第一節《北魏明元帝赤城陰山長城》
與第二節《北魏「畿上塞圍」長城》〔註29〕部分，在詳盡的考古調查基礎上，
對北魏境內北方地區以長城、戍堡爲代表的軍事防禦工程設施的修築進行了
系統的考古調查與研究。

　　內蒙古自治區文物考古研究所編著的《內蒙古文化遺產叢書·包頭文化
遺產》〔註30〕、《內蒙古文化遺產叢書·呼和浩特文化遺產》〔註31〕、《內蒙
古文化遺產叢書·烏蘭察布文化遺產》〔註32〕、《內蒙古文化遺產叢書·巴彥
淖爾文化遺產》〔註33〕，對內蒙古境內的北魏六鎮鎮城遺址分佈情況進行了
較爲詳盡的考古調查。

　　張文平、袁永明主編的《輝騰錫勒草原訪古》中「魏晉北朝時期的灰騰
梁」部分，作者立足於大量實地考古調查，勾勒出內蒙古烏蘭察布灰騰梁的
北魏烽戍分佈情況，爲瞭解內蒙古地區北魏防禦遺跡，提供了大量實物考古
資料。

　　自 20 世紀 50 年代開始，關於北魏北疆地區的城址考古取得了豐碩成
果。張郁：《內蒙古大青山後東漢北魏古城遺址調查記》〔註34〕，崔璿：《石
子灣北魏古城的方位、文化遺存及其他》〔註35〕，王文楚：《從內蒙古昆都
侖溝幾個古城遺址看漢至北魏時期陰山稒陽道交通》〔註36〕，內蒙古文物工

〔註28〕段清波、徐衛民：《中國歷代長城發現與研究》，北京：科學出版社，2014 年。
〔註29〕河北省地方志編纂委員會：《河北省志》第 81 卷《長城志》，北京：文物出版
　　　　社，2011 年。
〔註30〕內蒙古自治區文物考古研究所：《內蒙古文化遺產叢書·包頭文化遺產》，北
　　　　京：文物出版社，2014 年。
〔註31〕內蒙古自治區文物考古研究所：《內蒙古文化遺產叢書·呼和浩特文化遺產》，
　　　　北京：文物出版社，2014 年。
〔註32〕內蒙古自治區文物考古研究所：《內蒙古文化遺產叢書·烏蘭察布文化遺產》，
　　　　北京：文物出版社，2014 年。
〔註33〕內蒙古自治區文物考古研究所：《內蒙古文化遺產叢書·巴彥淖爾文化遺產》，
　　　　北京：文物出版社，2014 年。
〔註34〕張郁：《內蒙古大青山後東漢北魏古城遺址調查記》，載《考古通訊》，1958
　　　　年第 3 期，第 14～22 頁。
〔註35〕崔璿：《石子灣北魏古城的方位、文化遺存及其他》，載《文物》，1980 年第 8
　　　　期，第 55～61、96 頁。
〔註36〕王文楚：《從內蒙古昆都侖溝幾個古城遺址看漢至北魏時期陰山稒陽道交
　　　　通》，載《復旦學報》（社會科學版）（增刊），1980 年，第 113～118 頁。

作隊、包頭市文物管理所：《內蒙古白靈淖城圐圙北魏古城遺址調查與試掘》〔註37〕，李興盛、趙傑：《四子王旗土城子、城卜子古城再調查》〔註38〕，常謙：《北魏長川古城遺址考略》〔註39〕，索秀芬：《內蒙古地區北魏城址》〔註40〕，郭建中：《北魏泰常八年長城尋蹤》〔註41〕，魏雋如、張智海：《北魏柔玄鎮地望考述》〔註42〕，張文平、苗潤華：《長城資源調查對於北魏長城及六鎮鎮戍遺址的新認識》〔註43〕，蘇哲：《內蒙古土默川、大青山的北魏鎮戍遺跡》〔註44〕，劉幻真：《固陽縣城圐圙北魏古城調查》〔註45〕。通過上述考古調查，我們可以清晰瞭解北魏北疆地區城址的分佈情況。

經過考古調查與對比，內蒙古自治區文物考古研究所、蒙古國游牧文化研究國際學院在所著《2014 年蒙古國後杭愛省烏貴諾爾蘇木和日門塔拉城址 IA－M1 發掘簡報》〔註46〕、《蒙古國布爾干省達欣其楞蘇木詹和碩遺址發掘簡報》〔註47〕，認為蒙古國後杭愛省烏貴諾爾蘇木和日門塔拉城址 IA－M1、

〔註37〕 內蒙古文物工作隊、包頭市文物管理所：《內蒙古白靈淖城圐圙北魏古城遺址調查與試掘》，載《考古》，1984 年第 2 期，第 145～152 頁。

〔註38〕 李興盛、趙傑：《四子王旗土城子、城卜子古城再調查》，載《內蒙古文物考古》，1998 年第 1 期，第 13～19 頁。

〔註39〕 常謙：《北魏長川古城遺址考略》，載《內蒙古文物考古》，1998 年第 1 期，第 20～25 頁。

〔註40〕 索秀芬：《內蒙古地區北魏城址》，載《內蒙古文物考古》，2002 年第 1 期，第 90～96 頁。

〔註41〕 郭建中：《北魏泰常八年長城尋蹤》，載《內蒙古文物考古》，2006 年第 1 期，第 42～51 頁。

〔註42〕 魏雋如、張智海：《北魏柔玄鎮地望考述》，載《北方文物》，2009 年第 1 期，第 85～90 頁。

〔註43〕 張文平、苗潤華：《長城資源調查對於北魏長城及六鎮鎮戍遺址的新認識》，載《陰山學刊》，2014 年第 6 期，第 18～30 頁。

〔註44〕 蘇哲：《內蒙古土默川、大青山的北魏鎮戍遺跡》，北京大學中國傳統文化研究中心：《北京大學百年國學文粹·考古卷》，北京：北京大學出版社，1998 年，第 635～649 頁。

〔註45〕 劉幻真：《固陽縣城圐圙北魏古城調查》，張海斌主編：《包頭文物考古文集》（上），呼和浩特：內蒙古大學出版社，2009 年，第 495～502 頁。

〔註46〕 內蒙古自治區文物考古研究所、蒙古國游牧文化研究國際學院：《2014 年蒙古國後杭愛省烏貴諾爾蘇木和日門塔拉城址 IA－M1 發掘簡報》，載《草原文物》，2015 年第 2 期，第 32～43 頁。

〔註47〕 內蒙古自治區文物考古研究所、蒙古國游牧文化研究國際學院：《蒙古國布爾干省達欣其楞蘇木詹和碩遺址發掘簡報》，載《草原文物》，2015 年第 2 期，第 8～31 頁。

布爾干省達欣其楞蘇木詹和碩遺址 IM5 分別屬於柔然時期時期的北方草原民族墓葬，墓葬出土的絲綢、金器、銅器、漆器或來自於北魏統治的北方地區、或在製作工藝方面受到北方漢族的影響。通過上述考古發掘報告，我們可以清晰瞭解北魏與北方草原民族的物質文化交流情況。

4·有關北魏北疆民族史的研究

王鍾翰的《中國民族史》〔註 48〕論述了中國古代邊疆及內地少數民族的發展、少數民族與中原政權的關係、中原政權管理少數民族的政策、少數民族的遷徙、分佈與中原政權的經濟、文化交流、民族融合，其中部分涉及到北魏與北疆民族關係。

劉義棠的《中國邊疆民族史》〔註 49〕闡述了中國古代邊疆民族的盛衰歷程、與中原政權的和戰關係、邊疆民族的遷徙，其中涉及到北魏與北疆柔然的和戰關係。

馬大正主編的《中國邊疆經略史》〔註 50〕一書涉及到中國歷代政權對邊疆民族、遷入內地的邊疆民族的管理措施。

趙雲田的《中國治邊機構史》〔註 51〕，論述了中國歷代政權爲治理邊疆地區、管理邊疆地帶的民族所設置的軍政機構。

潘國鍵的《北魏與蠕蠕關係研究》〔註 52〕，對北魏北疆地理環境與北魏國防政策的關聯、北魏與蠕蠕的和戰關係、北魏制定對蠕蠕的攻防政策、北魏北疆軍鎮在北魏與蠕蠕和戰關係變遷過程中的演變等有部分程度的闡述。

有關北魏北疆民族史的論文，具有代表性的有：田建平：《略論柔然與北魏的關係》〔註 53〕，崔明德：《柔然與中原王朝的和親》〔註 54〕，張金龍：《北魏中後期的北邊防務及其與柔然的和戰關係》〔註 55〕，趙曉燕：《略論柔然與

〔註48〕 王鍾翰：《中國民族史》，武漢：武漢大學出版社，2012 年。

〔註49〕 劉義棠：《中國邊疆民族史》，臺北：臺灣中華書局，1982 年。

〔註50〕 馬大正主編：《中國邊疆經略史》，武漢：武漢大學出版社，2013 年。

〔註51〕 趙雲田：《中國治邊機構史》，北京：中國藏學出版社，2002 年。

〔註52〕 潘國鍵：《北魏與蠕蠕關係研究》，臺北：臺灣商務印書館，1988 年。

〔註53〕 田建平：《略論柔然與北魏的關係》，載《內蒙古大學學報》(哲學社會科學版)，1986 年第 3 期，第 107～112、106 頁。

〔註54〕 崔明德：《柔然與中原王朝的和親》，載《西北民族學院學報》(哲學社會科學版)，1990 年第 4 期，第 50～56 頁。

〔註55〕 張金龍：《北魏中後期的北邊防務及其與柔然的和戰關係》，載《西北民族研究》，1992 年第 2 期，第 49～63 頁。

中原政權的關係》〔註56〕，周一良：《北朝的民族問題與民族政策》〔註57〕。上述論文對和戰形勢下的北魏與北疆強族柔然的關係以及北魏所制定北疆民族政策有一定的分析。

佈雷特‧辛斯基著、藍勇等翻譯的《氣候變遷和中國歷史》〔註58〕，許倬雲、孫曼麗：《漢末至南北朝氣候與民族移動的初步考察》〔註59〕，上述兩篇論文涉及到氣候環境變遷對北魏與北方民族關係的影響。

胡玉春：《從柔然汗國與北魏的關係看北魏北邊防務的興衰》〔註60〕，何建國、郭建菊：《北魏六鎮與柔然關係探析》〔註61〕，上述論文闡述了北魏與柔然的和戰關係對北魏北疆防務政策、防禦工程修築的影響。

三‧本書研究的主要內容

北魏北部邊疆與民族政策所涉及的內容較爲廣泛，可以進行深入探討的方面較多。本書選取六項內容，進行專題研究。

第一章，北魏北部邊疆的形成與地理環境。分爲兩個專題進行探討。一、北魏北部邊疆的形成。論述北魏建立者拓跋珪北征陰山諸部、西征劉衛辰部、東征後燕進程中，北魏北疆西部、中部與東部連成一體、東西貫穿。二、北魏北部邊疆的地理環境。分自然地理與人文地理兩部分展開闡述。關於自然地理，從山川地勢、自然氣候與水利環境三個角度作爲切入點，闡述上述因素對北魏在北疆地帶攻防的影響。關於人文地理，包括前代軍事防禦工程的分佈、民族分佈與北疆交通路線，說明前代防禦工程的分佈對北魏在北疆地帶營造國防工程的影響；通過對北疆民族分佈的分析，揭

〔註56〕 趙曉燕：《略論柔然與中原政權的關係》，載《煙台大學學報》（哲學社會科學版），2009 年第 1 期，第 106～114 頁。

〔註57〕 周一良：《北朝的民族問題與民族政策》，周一良：《周一良集》第一卷《魏晉南北朝史論》，瀋陽：遼寧教育出版社，1998 年，第 149～223 頁。

〔註58〕 佈雷特‧辛斯基著；藍勇、劉建、鍾春來、嚴奇岩譯：《氣候變遷和中國歷史》，載《中國歷史地理論叢》，2003 年第 2 期，第 50～65、159 頁。

〔註59〕 許倬雲、孫曼麗：《漢末至南北朝氣候與民族移動的初步考察》，（美）狄‧約翰、王笑然，主編；王笑然譯：《氣候改變歷史》，北京：金城出版社，2014 年，第 144～166 頁。

〔註60〕 胡玉春：《從柔然汗國與北魏的關係看北魏北邊防務的興衰》，載《內蒙古社會科學》，2012 年第 4 期，第 72～75 頁。

〔註61〕 何建國、郭建菊：《北魏六鎮與柔然關係探析》，載《山西大同大學學報》（社會科學版），2015 年第 4 期，第 39～42、45 頁。

示北魏在北疆地區所面臨的複雜邊疆形勢以及制約北魏制定北疆民族政策的現實因素；探究北魏平城京畿與北疆乃至漠北之間的交通線，不僅闡述其爲北魏控制北疆、影響漠北的交通樞紐，而且揭示其爲北魏與北疆民族進行政治、經濟、文化交流的重要樞紐。

第二章，北魏經略北部邊疆。分爲三個專題。一、北魏歷代統治者對北部邊疆的經略。北魏統治者對北疆的經略，肇始於道武帝，但正式開始於明元帝，迄於孝莊帝，以孝文帝時期爲界，明元帝至孝文帝期間的歷代統治者對其北疆防禦經略漸趨完善，不僅形成三道規模龐大、系統完善的防線，而且還使北疆防線逐漸推進至陰山以北、乃至漠南地區；宣武帝以後，期間由於內亂漸趨頻繁、國力衰弱，北魏統治者對北疆的經略已呈現出鬆弛之像。二、北魏經略北疆的作用與成敗。北魏統治者對其北疆的經略，起到了成功禦柔然等北方強族於域外的作用，保障了北疆地區、北方腹地的安全；北魏統治者經略北疆過程中，雖然充分利用北疆地區多山川險阻這一有利地勢，但是由於對北疆軍鎮駐防軍軍力與駐防軍將領軍政素養、北疆軍鎮後勤保障、軍鎮將士待遇、不顧北疆自然環境而在當地實行大規模屯田等方面並沒有給予足夠關注，進而使其經略北疆成敗並存。三、影響北魏北疆軍事地位的因素，在自然地理與氣候、國家實力演變、軍鎮內部矛盾這些因素作用下，北疆軍事地位經歷了從北魏初期、中期的磐石之堅到後期的漸趨空虛這一變化過程。

第三章，北魏北疆軍鎮機構及駐防兵種。由於北疆防禦在北魏邊疆防禦中佔有重要地位，同時受中國古代大一統政權以及統一北方政權邊疆經略中「重北輕南」觀念的影響，北魏對其北疆的經略是非常重視的。北魏統治者在北疆軍鎮中設置了完善的組織機構，以保障北疆軍政事務的正常運轉。北疆軍鎮機構中，鎮將爲最高指揮官；鎮副將爲中層官員，作爲鎮將的副手；除此之外，還有眾多下屬官員負責軍鎮內部具體事務。北魏國家還通過大鴻盧、尚書、護高車中郎將、客館等機構管理涉及北疆的軍政事務。三、北魏北疆軍隊的武器裝備與後勤給養。由於北疆防守事關北魏安危，爲加強北疆駐防軍防禦與進攻的力量，北魏當時最先進的武器裝備傾向於供給北疆軍鎮；以北疆駐防軍的武器裝備配備情況而言，北疆駐防軍分爲步兵、騎兵與弓箭兵等兵種；以邊疆屯田、調撥附近軍鎮物資與從全國徵調爲探討的切入點，說明上述三種方式共同保障北疆軍鎮的後勤給養。

　　第四章，北魏的北部邊疆民族政策。由於北魏與北疆民族勢力的此消彼長、互有盛衰，所以，北魏根據形勢的變化制定了不同的政策，主要以聯姻、冊封、征討、因俗而治、以夷制夷爲主。北魏自建立，在北疆地區所面臨的最大威脅來自於柔然，這就決定了北魏制定北疆民族政策以柔然爲重中之重，也就是說，北魏制定的所有北疆民族政策實際上是圍繞柔然而展開。由於北魏在制定北疆民族政策時過多著眼於「上層路線」而較少關注下層路線，使其得失並存。

　　第五章，北魏與北疆民族的使者往來。在相對和平時期，北魏與北疆民族互派使者，往來於雙方高層之間。以使者所擔負使命而言，北魏派往北疆民族的使者有冊封使者、安撫使者、和親使者、宣勞使者、報聘使者、核查使者、責讓使者；北疆民族派遣到北魏的使者主要有朝貢使者與和親使者。正是由於擔負不同使命的使者頻繁往來於雙方，一方面，保障北疆地區相對和平的局面，減少雙方高層的衝突；另一方面，促進了雙方的政治、經濟與文化交流，促進了民族融合進程。

　　第六章，北魏與北部邊疆民族的經濟、文化交往。北魏北疆雖然起著防禦北疆勁敵、保障邊疆及北方腹地安全與穩定的作用，但更爲重要的是，北疆發揮著融通中原農耕區與北方草原游牧區的積極作用。以北魏和北疆民族的經濟交往而言，雙方互通物資，豐富彼此的物質資源；從國家政治層面而論，雙方物資互通有無的能否正常進行，在一定程度上關係到雙方和平往來的持續。以北魏與北疆民族的文化交流而論，北魏的典章制度對柔然的影響佔據重要地位，具體而言，就是柔然逐步採納北魏制度也就是北魏所實行的漢制，如採用年號、設置中央官署，進而使自己逐漸具備中原漢家政權的色彩；由於北魏與北疆民族尤其是柔然，具有共同的佛教信仰，因此，共同的宗教信仰紐帶更有利於雙方各個階層的和平往來，密切雙方關係。

第一章　北魏北部邊疆的形成與地理環境

第一節　北魏北部邊疆的形成

在道武帝率領軍隊對北方部族、政權的軍事征討過程中，北魏北部邊疆逐漸形成。

一·登國五年

登國元年（386），拓跋珪建立北魏。初建的北魏周邊強敵林立，北方有柔然、西南有後秦、東南有強盛的後燕，其勢力範圍局限於陰山南部以盛樂為中心的地域。至登國五年（390），北魏通過對北方部族領地的兼併將其北部邊疆擴展至陰山北麓。史載登國五年「（劉）衛辰遣子直力鞮征（賀）訥。（賀）訥告急請降」〔註1〕。在劉衛辰部的軍事進攻態勢下，賀訥部向北魏投降，其領地隨之納入北魏控制範圍。關於賀訥部領地範圍，《魏書》卷二《道武帝紀》載登國元年（386）道武帝避亂曾移徙至賀訥部地界，「（北魏）諸部騷動，人心顧望……（道武）帝慮內難，乃北踰陰山，幸賀蘭部，阻山為固」，如上所述，登國五年北魏北吞賀訥部之後，其北部邊疆之中部擴展到陰山北麓地帶。

〔註1〕魏收：《魏書》卷八三《外戚上·賀訥傳》，北京：中華書局，1974 年，第 1812 頁。

二·登國六年至九年

在前期擴展北疆的基礎上，登國六年（391），道武帝又率軍「出討（劉衛辰部）」，擒劉衛辰之子直力鞮，取得了「自河已南，諸部悉平」〔註2〕之具有歷史意義的戰果，從而牢固控制鄂爾多斯高原地區，把北疆範圍向西延伸。登國九年（394），道武帝「使東平公元儀屯田於河北五原，至於楜楊塞外」〔註3〕。根據道武帝派遣拓跋儀率軍在五原至楜楊塞一帶屯田這一歷史事實，本文認為，表面看來，此舉與保障北魏軍糧有關，而其實質則顯示當時北魏已有效控制這一地區。所以，至登國九年，北魏在北部的勢力範圍向北已延伸至陰山北麓，向西延伸至鄂爾多斯高原。北魏北部邊疆的西、中兩部已經初步連成一體。

三·皇始元年

登國十年（395），北魏通過參合陂之戰，對後燕給予決定性打擊，嚴重削弱了後燕的實力，為自己的東擴掃清障礙。於是北魏在皇始元年（396）東征後燕，其北疆進一步向東擴展。皇始元年六月，道武帝派遣將軍王建等三軍東征，「討（後燕慕容）寶廣寧太守劉亢泥」〔註4〕，佔領後燕廣寧郡；慕容寶上谷太守慕容普鄰在北魏兵鋒威懾之下，「捐郡奔走」〔註5〕，北魏又進佔上谷郡。

至皇始元年，北魏北部邊疆已形成，西起鄂爾多斯高原，包括內蒙古陰山一帶，東至河北北部〔註6〕。北魏北疆成為捍衛北魏初期首都盛樂、之後新都平城及平城京畿之地安全的重要屏障。如《太平寰宇記》卷四九《雲州》所載，「雲州，《禹貢》冀州之域……春秋時為北狄地……後魏道武帝又於此（盛樂）建都，東至上谷軍都關，西至河，南至中山隘門塞，北至五原，地方千里，以為甸服。」

〔註2〕 魏收：《魏書》卷二《道武帝紀》，北京：中華書局，1974年，第24頁。
〔註3〕 魏收：《魏書》卷二《道武帝紀》，北京：中華書局，1974年，第26頁。
〔註4〕 魏收：《魏書》卷二《道武帝紀》，北京：中華書局，1974年，第27頁。
〔註5〕 魏收：《魏書》卷二《道武帝紀》，北京：中華書局，1974年，第27頁。
〔註6〕 胡阿祥先生在所著《中古文學地理研究》下編《中古文學的地理背景》第九章《疆域地理：東晉十六國南北朝的疆域變遷》中論及北魏疆域的開拓變遷時指出「盛樂時代（386～398）的北魏……在遷都平城以前，已經控制了北到陰山以北、東及灤河上游、西有鄂爾多斯高原、南據河東河北大部的廣大地區。」

正是基於道武帝時期北魏北部邊疆基礎的奠定，才有自道武帝，北魏眾多統治者在北疆一帶修建防禦工事、設置軍鎮，與北方草原強族柔然在北部邊疆地帶形成對峙之格局。

第二節　北魏北部邊疆的自然地理環境

北魏北疆地帶的自然地理環境，與北魏制定的經略北疆政策，密切相關。

一‧北部邊疆的山川地勢

1‧山川地勢

關於北魏北部邊疆地勢，可從北魏與柔然勢力範圍分界得知。如《魏書》卷一○三《蠕蠕傳》所載：

> （柔然）西則焉耆之地，東則朝鮮之地，北則渡沙漠，窮瀚海，
>
> 南則臨大磧……（可汗）社崙學中國，立法置戰陳，卒成邊害。

根據上述史料，柔然從社崙時開始（約為北魏道武帝時期），主要以陰山及陰山以北大漠一帶地區為核心，對北魏北疆形成嚴重威脅。即北魏與柔然的對抗及北魏對柔然的防禦，主要沿陰山一帶展開。

陰山山脈橫亙於內蒙古中部、河北北部，山脈南麓地勢陡峭、山勢險峻；北麓山勢較平緩。

陰山山脈自西向東，由狼山、色爾騰山、烏拉山、大青山、涼城山、樺山、大馬群山等組成。關於以上山脈及地勢，見表 1.1

表 1.1　陰山山脈支系及地勢表

陰山山脈支系	支　系　地　勢
狼山	「（狼山山脈）東西長 270 公里，南北寬 30～60 公里，一般山峰海拔 1500～2000 米，比高 200～600 米，主峰大狼山海拔 1854 米，山勢西高東低……北坡平緩與內蒙古北部高原相接；南坡陡峭，懸崖絕壁較多」〔註 7〕。
	「自安北縣小餘太之附近起，沿高原而西亙，至于五原臨河，嶄岩峭壁，俯臨平原，一若天設屏幛，以為蒙漢之界限者。但入山北行百餘里，即見山勢漸平無附崇山峻嶺，蓋狼山與蒙古高原本為

〔註 7〕陳健安主編：《軍事地理學》第四章《我國邊疆歷史軍事地理及邊防要地》，
　　　北京：解放軍出版社，1988 年，第 192～193 頁。

	一連亙不絕之高原，自高原南向視之，初無所謂山脈，惟自地層拆斷，一部陷爲平原，始有今日峻峭之形勢耳。測其海拔，約由一千五百公尺至一千九百公尺，其山頂大致齊平，高原之地固當如是也」〔註8〕。
色爾騰山	「自安北縣綿亙而東，逾昆都崙河至固陽之正東，與蒙古高原相連接……峰巒聳立，山勢陡峻。其山頂，高出海平面約由一千八百公尺至二千二百公尺。惟在固陽低地，環而峙者蜿蜒起伏似小邱巒，其高不過一千四百公尺左右」〔註9〕。
烏拉山	「（烏拉山）東西長 94 公里，南北寬 10 公里，比高 700～1000 米，主峰大樺背山海拔 2322 米。山體陡峭，山勢險要」〔註10〕。 「層巒疊嶂，嵯峨叢生，巍立于安北包頭兩平地之間者……烏拉山脈東接大青山，西沒於原野，共長約二百里。其峰最高，位于哈德門溝之西，高于海面約一千九百餘公尺，與大青山最高點幾相齊平」〔註11〕。
大青山	「大青山西起包頭，東至集寧，東西長 240 公里，南北寬 20～60公里，山勢較高，海拔一般爲 1200～2000 米，比高 250～800 米。大青山主峰海拔 2327 米，山體北坡較緩，南坡陡峻」〔註12〕。 「自祈下營子而西綿亙至于包頭，峰巒疊出，山勢險阻。實則一如狼山，其與蒙古高原爲一連綿不斷之高原。惟自歸綏東北數十里起，西經薩拉齊以至包頭，地勢突然中斷，自陷落之平原北望高原，自覺懸崖絕壁形勢險峻，但賴巨溝急澗破山而出爲北通蒙古之孔道……其峰嶺高出海面約在二千公尺以上」〔註13〕。
涼城山	「涼城山脈，位于涼城縣之東北，包有馬鞍山，油蘆山等。此等山嶺，皆平緩起伏形似邱巒，然測其海拔，多足與烏拉山爭高」。〔註14〕

〔註8〕 孫健初：《綏遠及察哈爾西南部地質誌》第二章《地文·山脈》，北平：實業部地質調查所、國立北平研究院地質學研究所，1934年，第4頁。

〔註9〕 孫健初：《綏遠及察哈爾西南部地質誌》第二章《地文·山脈》，北平：實業部地質調查所、國立北平研究院地質學研究所，1934年，第4頁。

〔註10〕 陳健安主編：《軍事地理學》第四章《我國邊疆歷史軍事地理及邊防要地》，北京：解放軍出版社，1988年，第193頁。

〔註11〕 孫健初：《綏遠及察哈爾西南部地質誌》第二章《地文·山脈》，北平：實業部地質調查所、國立北平研究院地質學研究所，1934年，第4頁。

〔註12〕 陳健安主編：《軍事地理學》第四章《我國邊疆歷史軍事地理及邊防要地》，北京：解放軍出版社，1988年，第193頁。

〔註13〕 孫健初：《綏遠及察哈爾西南部地質誌》第二章《地文·山脈》，北平：實業部地質調查所、國立北平研究院地質學研究所，1934年，第4頁。

〔註14〕 孫健初：《綏遠及察哈爾西南部地質誌》第二章《地文·山脈》，北平：實業部地質調查所、國立北平研究院地質學研究所，1934年，第4頁。

| 樺山 | 「萬全以東之諸山……東西延長數百里……層巒疊嶂，高入雲際，測其海拔，多在一千九百公尺以上」〔註15〕。 |

2・北疆山川地形對北魏軍事防禦的影響

關於地形因素對軍事行為的影響，如《孫子兵法・地形篇》所載：

> 孫子曰：地形有通者、有掛者、有支者、有隘者、有險者、有遠者……隘形者，我先居之，必盈之以待敵；若敵先居之，盈而勿從，不盈而從之。險形者，我先居之，必居高陽以待敵；若敵先居之，引而去之，勿從也……凡此六者，地之道也，將之至任，不可不察也。

> 夫地形者，兵之引助也。料敵制勝，計險厄遠近，上將之道也。

據此，佔據「險厄」這一有利地勢，可以逸待勞、先發制敵，在戰爭中掌握主動權〔註16〕；通曉地勢之利，更是邊關將領的必備素養。所以，歷代政權經略邊疆及選任守邊將領，以通曉「地勢」為首要。如《魏書》卷三○《來大遷傳》所載「延和初，車駕北伐，大千為前鋒，大破虜軍。世祖以其壯勇，數有戰功，兼悉北境險要，詔大千巡撫六鎮，以防寇虜。經略布置，甚得事宜」便鮮明反映出諳熟北疆地勢是將領參與北疆經營乃至影響北疆經營成效的重要條件。

關於自然地形對歷代政權經營其北部邊疆軍事防禦的影響，諸如《續資治通鑑長編》卷三○北宋太宗端拱二年戶部郎中張洎奏議所載：

> 伏自北戎犯順，累載於茲，其故何哉？蓋中國失地利，分兵力，將從中御，士不用命也。北戎為患中國，自古而然，夏、商以還，桀暴滋甚。備禦之術，簡冊具存。或度塞以塵兵，或和親而結好，或誘部落以分其勢，或要盟誓以固其心，謀議紛紜，咸非得策。舉其要略，唯練兵聚穀，分屯塞下，來則備禦，去則無追，是矣。

〔註15〕孫健初：《綏遠及察哈爾西南部地質誌》第二章《地文・山脈》，北平：實業部地質調查所、國立北平研究院地質學研究所，1934年，第4頁。

〔註16〕關於地形對武器配置的影響及不同武器在不同地形環境中作用的發揮，《通典》卷一四八《兵一》載漢文帝時，匈奴入寇，晁錯上書論邊備之要「丈五之溝，漸車之水，陵阜崎嶇，積石相接，此步兵之地，車騎二不當一。平原廣澤，漫衍相屬，此車騎之地，步兵十不當一。候視相及，川谷分限，此弓弩之地，短兵百不當一。兩陣相近，平地淺草，此長戟之地，刀楯三不當一。草木蒙籠，樹葉蔚茂，此矛鋋之地，長戟二不當一。穹崇險隘，阻阨相視，此刀楯之地，弓弩三不當一。」

夫中國所恃者，險阻而已。朔塞而南，地形重阻，深山大谷，連亙萬里，蓋天地所以限華戎，而絕內外也。雖冒頓之盛，稱雄代北，控弦百萬，與大漢爭鋒，擁眾南侵，裁及白登而止。自時厥後，逮至隋、唐，匈奴恃強，或犯關塞，終未有窺兵中夏，徑越邊防，嘯聚犬羊，長驅河、洛者，慮漢兵守其險，而絕其後也……自飛狐以東，重關複嶺，塞垣巨險，皆爲契丹所有。燕薊以南，平壤千里，無名山大川之阻，蕃漢共之。此所以失地利，而困中國也。

根據上述史料，本文認爲，首先，多山川險阻的自然地形爲中原政權與北疆民族間的天然屏障，進而使歷代政權對北部邊疆的軍事經略，主要依託於北疆的有利自然地形。只要佔據北疆有利的自然地理形勢，中原政權在與北疆民族的對抗中便會佔有絕對優勢。而若失去自然地形優勢，中原政權在與北疆民族的對抗中就會屈居下風。如北魏在有效控制陰山地帶之後，在陰山南北地區修築長城、設置軍鎮，形成了完善的縱深、協同防禦體系，進而有效地抵禦柔然的南侵。其次，在中原政權穩固控制北疆地勢的情況下，即使北疆民族南侵進入中原所經營的陰山防線以南，但基於對中原政權重組北疆防線以切斷自己軍事撤退路線的顧慮，南侵的北疆民族也不敢擅自長驅直入中原腹地。如柔然對北魏的多次軍事侵襲，其最南端也只到達陰山以南、平城以北之間的善無，《魏書》卷一〇三《蠕蠕傳》載道武帝時期柔然南侵北魏：

天興五年，社崙聞太祖征姚興，遂犯塞，入參合陂，南至豺山及善無北澤。時遣常山王遵以萬騎追之，不及。

《魏書》卷二七《穆崇傳附穆壽傳》又載太武帝時期柔然南侵：

（太武帝）輿駕征涼州，命壽輔恭宗，總錄要機，內外聽焉……（太武帝）召壽及司徒崔浩、尚書李順，世祖謂壽曰：『蠕蠕吳提與牧犍連和，今聞朕征涼州，必來犯塞，若伏兵漠南，殄之爲易。朕故留壯兵肥馬，使卿輔佐太子。收田既訖，便可分伏要害，以待虜至，引使深入，然後擊之，擒之必矣。涼州路遠，朕不得救。卿若違朕指授，爲虜侵害，朕還斬卿。崔浩、李順爲證，非虛言也。』壽頓首受詔。壽信卜筮之言，謂賊不來，竟不設備。而吳提果至，侵及善無，京師大駭。壽不知所爲，欲築西郭門，請恭宗避保南山。惠太后不聽，乃止。遣司空長孫道生等擊走之。

據此，北魏太武帝欲引柔然深入北方腹地，然後封鎖陰山地區，全殲柔然軍隊的戰略意圖正是史料中所載北方游牧民族雖然屢犯中原關塞，卻「終未有窺兵中夏，徑越邊防，嘯聚犬羊，長驅河、洛者，慮漢兵守其險，而絕其後」的反映。

以上論述反映出，陰山不僅將北魏與草原民族柔然天然地分隔，而且，陰山還是北魏防守北疆、修築防禦工事所憑藉的天然屏障。自北魏明元帝正式經營北疆，北魏歷代統治者對北疆的經略部署，如《魏書》中所載北魏明元帝下令修築之陰山南麓泰常八年長城、北魏太武帝下詔設置之六鎮、獻文帝與孝文帝時所修築之六鎮長城南北兩線、宣武帝時增築六鎮防區的戍堡，均以陰山為依託而展開。既然陰山是北魏經略北疆可以直接利用的天然屏障，所以，北魏經營北疆伊始，就以攻防相配合；自獻文帝開始，北魏歷代統治者更是以陰山屏障為依託，在北疆防守方面全面趨向於以築城固守為核心的漢族政權式的捍衛邊疆政策，較少採用以攻為守的策略；即使北魏對漠北有征討作戰，也多以自衛性質為主。簡而言之，正是由於陰山天然屏障的存在，使北魏這一胡族性質的政權不得不逐漸採用漢族式的築城固守方式。

二‧北魏北疆地區的氣候

氣候冷暖的變化，對古代中國北方內地及北方草原游牧民族的生產、生活都產生非常大的影響。對北方內地政權而言，氣候冷暖的變化，首先會影響到農業經濟的發展與否，而農業經濟發展的遲與緩，又決定了社會整體實力及國家綜合實力的強與弱。其次，氣候冷暖的變化，又會影響國家政治的穩定，諸如寒冷、乾燥等異常氣候的發生往往會促使民眾的頻繁流動進而引起地方基層社會的不穩；國家用於應對異常氣候、賑濟民眾的支出會大幅增加，因而使國家經濟負擔加重；更為重要的是，異常氣候會嚴重影響國家對內、對外軍事作戰進程、邊疆地區軍事防禦體系的運行，使國家邊備受到侵蝕，給邊疆民族的入侵創造條件。也就是學者所說，古代中原王朝（包括游牧民族入主北方所建立的政權）興盛、衰落的變遷往往與氣候的冷暖變化緊密相連〔註17〕。就北方草原民族而論，由於其「逐水草而居」的生產、生活方式嚴重依賴於自然氣候，因此，一旦異常氣候發生，北方草原民族便會面

〔註17〕　藍勇：《唐代氣候變化與唐代歷史興衰》，載《中國歷史地理論叢》，2001年第1期，第4頁。

臨巨大生存壓力，爲解決由異常氣候所帶來的生存壓力，其必然會加速向漠南，乃至向北方腹地遷徙的進程，進而形成對中原政權北部邊疆、北方內地的嚴重威脅，中原政權與北方游牧民族的軍事衝突難以避免。所以，探討北魏經略其北部邊疆、北魏與北部邊疆地區民族的關係，氣候變遷是不可忽視的因素。

本部分從《魏書》卷一一二上《靈徵志上》及帝紀有關北魏氣候的記載中，選取風、水、雹、雪（寒、冰等異常寒冷天氣亦計入「暴雪」中）、霜、霧、旱等項，以審慎觀察包括北部邊疆在內的北魏北方、西北、東北地區氣候的變化（爲全面觀察北魏時期北方氣候變化，覆蓋西北、東北方地區的氣候史料）。

根據《魏書》卷一一二上《靈徵志上》有關史料作表 1.2

表 1.2　北魏時期北方地區氣候變化表

名稱	時　代	氣　候　表　現
風	明元帝永興三年（411）	「二月甲午，京師（平城）大風。」 「十一月丙午，（平城）又大風。」
	永興四年（412）	「四年正月癸卯，元會而大風晦冥，乃罷。」
	永興五年（413）	「十一月庚寅，京師（平城）大風，起自西方。」
	神瑞元年（414）	「四月，京師（平城）大風。」
	神瑞二年（415）	「正月，京師（平城）大風。」
	太武帝太延二年（436）	「四月甲申，京師（平城）暴風，宮牆倒，殺數十人。」
	太延三年（437）	「十二月，京師（平城）大風，揚沙折樹。」
	太平眞君元年（440）	「二月，京師（平城）有黑風竟天，廣五丈餘。」
	文成帝和平二年（461）	「三月壬午，京師（平城）大風晦暝。」
	孝文帝延興五年（475）	「五月，京師（平城）赤風。」
	太和二年（478）	「七月庚申，武川鎮大風，吹失六家，羊角而上，不知所在。」
	太和八年（484）	「三月，冀、定、相三州暴風。」 「四月，濟、光、幽、肆、雍、齊六州暴風。」
	太和九年（485）	「六月庚戌，濟、洛、肆、相四州及靈丘、廣昌鎮暴風折木。」

	太和十二年（488）	「五月壬寅，京師（平城）連日大風，甲辰尤甚，發屋拔樹。」 「六月壬申，京師（平城）大風。」
	太和十四年（490）	「七月丁酉朔，京師（平城）大風，拔樹發屋。」
	太和二十三年（499）	「閏月庚申，河州暴風，大雨雹。」
	宣武帝景明元年（500）	「二月癸巳，幽州暴風，殺一百六十一人。」
	景明三年（502）	「九月丙辰，幽、岐、梁、東秦州暴風昏霧，拔樹發屋。」
	正始二年（505）	「二月癸卯，有黑風羊角而上，起於柔玄鎮，蓋地一頃，所過拔樹。甲辰，至於營州，東入於海。」
	延昌四年（515）	「三月癸亥，京師（洛陽）暴風，從西北來，發屋折樹。」
	孝明帝熙平二年（517）	「九月，瀛州暴風大雨，自辛酉至於乙丑。」
水	道武帝天賜三年（406）	「八月，霖雨，大震，山谷水溢。」
	太武帝延和元年（432）	「六月甲戌，京師（平城）水溢，壞民廬舍數百家。」
	太平眞君八年（447）	「七月，平州大水。」
	宣武帝延昌元年（512）	「夏，京師（洛陽）及四方大水。」
雹	孝文帝延興四年（474）	「四月庚午，涇州大雹，傷稼。」
	承明元年（476）	「八月庚申，并州鄉郡大雹，平地尺，草木禾稼皆盡。」 「（八月）癸未，定州大雹殺人，大者方圓二尺。」
	宣武帝景明元年（500）	「六月，雍、青二州大雨雹，殺麞鹿。」
	景明四年（503）	「五月癸酉，汾州大雨雹。」 「六月乙巳，汾州大雨雹，草木、禾稼、雉兔皆死。」 「七月甲戌，暴風，大雨雹，起自汾州，經并、相、司、兗，至徐州而止，廣十里，所過草木無遺。」
雪	太武帝始光二年（425）	「十月，大雪數尺。」
	始光三年（426）	《魏書》卷四上《太武帝紀上》載「冬十月丁巳，車駕西伐，幸雲中，臨君子津。會天暴寒，數日冰結。」
	太平眞君八年（447）	「五月，北鎮寒雪，人畜凍死。」
	孝文帝太和四年（480）	「九月甲子朔，京師（平城）大風，雨雪三尺。」
	宣武帝正始元年（504）	「五月壬戌，武川鎮大雨雪。」
	孝明帝正光二年（521）	「四月，柔玄鎮大雪。」

霜	明元帝永興至神瑞年間（409～415）	《魏書》卷三《明元帝紀》載，「（神瑞二年十月）丙寅，詔曰：『古人有言，百姓足則君有餘，未有民富而國貧者也。頃者以來，頻遇霜旱，年穀不登，百姓飢寒不能自存者甚眾，其出布帛倉穀以賑貧窮。』」
	太武帝太延元年（435）	「七月庚辰，大隕霜，殺草木。」
	文成帝和平六年（465）	「四月乙丑，隕霜。」
	孝文帝太和三年（479）	「七月，雍、朔二州及枹罕、吐京、薄骨律、敦煌、仇池鎮並大霜，禾豆盡死。」
	太和七年（483）	「三月，肆州風霜，殺菽。」
	太和九年（485）	「六月，洛、肆、相三州及司州靈丘、廣昌鎮隕霜。」
	太和十四年（490）	「八月乙未，汾州隕霜。」
	宣武帝景明元年（500）	「八月乙亥，雍、并、朔、夏、汾五州，司州之正平、平陽頻暴風隕霜。」
	正始元年（504）	「五月壬戌，武川鎮隕霜。」 「六月辛卯，懷朔鎮隕霜。」 「八月庚子，河州隕霜殺稼。」
	正始二年（505）	「五月壬申，恒、汾二州隕霜殺稼。」 「七月辛巳，豳、岐二州隕霜。」 「（七月）乙未，敦煌隕霜。」 「（七月）戊戌，恒州隕霜。」
	正始四年（507）	「四月乙卯，敦煌頻隕霜。」 「八月，河州隕霜。」
	永平元年（508）	「三月乙酉，岐、豳二州隕霜。」 「四月戊午，敦煌隕霜。」
霧	孝文帝太和十二年（488）	「十一月丙戌，土霧竟天，六日不開，到甲夜仍復濃密，勃勃如火煙，辛慘人鼻。」
	宣武帝景明三年（502）	「八月己酉，濁氣四塞。」
	景明四年（503）	「八月辛巳，涼州雨土覆地，亦如霧。」
	正始二年（505）	「正月己丑夜，陰霧四塞，初黑後赤。」
	正始三年（506）	「正月辛丑，土霧四塞。」 「九月壬申，黑霧四塞。」
	延昌元年（511）	「二月甲戌，黃霧蔽塞。」
旱	明元帝永興至神瑞年間（409～415）	《魏書》卷三《明元帝紀》載，「（神瑞二年十月）丙寅，詔曰：『古人有言，百姓足則君有餘，未有民富而國貧者也。頃者以來，頻遇霜旱，年穀不登，百姓飢寒不能自存者甚眾，其出布帛倉穀以賑貧窮。』」

太武帝太延元年（435）	《魏書》卷四上《太武帝紀上》載，「（太延元年）六月甲午，詔曰：『……去春小旱，東作不茂。憂勤克己，祈請靈祇，上下咸秩。』」
文成帝太安五年（459）	《魏書》卷五《文成帝紀》載，「（太安五年）冬十有二月戊申，詔曰：『……六鎮、雲中、高平、二雍、秦州，偏遇災旱，年穀不收。其遣開倉廩以賑之。有流徙者，諭還桑梓。欲市糴他界，為關傍郡，通其交易之路。』」
和平五年（464）	《魏書》卷五《文成帝紀》載，「（和平五年）閏月戊子，（文成）帝以旱故，減膳責躬。」
獻文帝天安元年（466）	《魏書》卷六《獻文帝紀》載，「是歲，州鎮十一旱，民饑，開倉賑恤。」
皇興二年（468）	《魏書》卷六《獻文帝紀》載，「（皇興二年）十有一月，以州鎮二十七水旱，開倉賑恤。」
孝文帝延興三年（473）	《魏書》卷七上《孝文帝紀上》載，「是歲，州鎮十一水旱，丏民田租，開倉賑恤。相州民餓死者二千八百四十五人。」
太和元年（477）	《魏書》卷七上《孝文帝紀上》載，「（太和元年十二月）丁未，詔以州郡八水旱蝗，民饑，開倉賑恤。」
太和二年（478）	《魏書》卷七上《孝文帝紀上》載，「是歲，州鎮二十餘水旱，民飢，開倉賑恤。」
太和四年（480）	《魏書》卷七上《孝文帝紀上》載，「是歲，詔以州鎮十八水旱，民飢，開倉賑恤。」
太和八年（484）	《魏書》卷七上《孝文帝紀上》載，「十有二月，詔以州鎮十五水旱，民飢，遣使者循行，問所疾苦，開倉賑恤。」
太和九年（485）	《魏書》卷七上《孝文帝紀上》載，「是年，京師及州鎮十三水旱傷稼。」
太和十一年（487）	《魏書》卷七下《孝文帝紀下》載，「（太和十一年六月）癸未，詔曰：『春旱至今，野無青草……公卿內外股肱之臣，謀猷所寄，其極言無隱，以救民瘼。』」
太和十七年（493）	《魏書》卷七下《孝文帝紀下》載，「（太和十七年五月）丁丑，（孝文帝）以旱撤膳。」
太和二十年（496）	《魏書》卷七下《孝文帝紀下》載，「（太和二十年七月）戊寅，帝以久旱，咸秩群神；自癸未不食至于乙酉。」

	「十有二月甲子，以西北州郡旱儉，遣侍臣循察，開倉賑恤。」
宣武帝景明元年至三年（500～502）	《魏書》卷八《宣武帝紀》載，「（景明）三年春二月戊寅，詔曰：『自比陽旱積時，農民廢殖，窘言增愧，在予良多。申下州郡，有骸骨暴露者，悉可埋瘞。』」
景明四年（503）	《魏書》卷八《宣武帝紀》載，「（景明四年四月）己亥，帝以旱減膳徹懸。」
	《魏書》卷四一《源賀傳附源懷傳》載景明年間源懷上奏，「景明以來，北蕃連年災旱，高原陸野，不任營殖。」
	《魏書》卷四一《源賀傳附源懷傳》載，「（景明後期，宣武帝）詔（源懷）為使持節，加侍中、行臺，巡行北邊六鎮、恒燕朔三州，賑給貧乏……自京師遷洛，邊朔遙遠，加連年旱儉，百姓困弊。懷銜命巡撫，存恤有方，便宜運轉，有無通濟。」
正始元年（504）	《魏書》卷八《宣武帝紀》載，「（正始元年）六月，以旱徹樂減膳……甲午，帝以旱親薦享於太廟……庚子，以旱見公卿已下，引咎責躬。」
正始三年（506）	《魏書》卷八《宣武帝紀》載，「（正始三年五月）丙寅，詔曰：『掩骼埋胔，古之令典，順辰修令，朝之恒式。今時澤未降，春稼已旱。或有孤老餒疾，無人贍救，因以致死，暴露溝壑者，洛陽部尉依法棺埋。』」
正始四年至永平元年（507～508）	《魏書》卷八《宣武帝紀》載，「（永平元年三月）丙午，以去年旱儉，遣使者所在賙恤。」
	《魏書》卷八《宣武帝紀》載，「（永平元年五月）辛卯，帝以旱故，減膳撤懸。」
永平二年（509）	《魏書》卷八《宣武帝紀》載，「（永平二年五月）辛丑，帝以旱故，減膳徹懸，禁斷屠殺。」
延昌元年至二年（512～513）	《魏書》卷八《宣武帝紀》載，「延昌元年春正月乙巳，以頻水旱，百姓饑弊，分遣使者開倉賑恤。」
	「夏四月，詔以旱故，食粟之畜皆斷之……戊辰，以旱……詔河北民就穀燕恒二州。辛未，詔饑民就穀六鎮。丁丑，帝以旱故，減膳撤懸。」
	「（延昌二年）秋八月辛卯，詔曰：『頃水旱互侵，頻年饑儉，百姓窘弊。』」
孝明帝正光元年（520）	《魏書》卷九《孝明帝紀》載，「（正光元年五月）癸未，詔曰：『……今炎旱歷時，萬姓彫弊。』」

| 正光三年（522） | 《魏書》卷九《孝明帝紀》載，「（正光三年）六月己巳，詔曰：『……炎旱頻歲，嘉雨弗洽，百稼燋萎，晚種未下，將成災年，秋稔莫覬……上下群官，側躬自厲，理冤獄，止土功，減膳撤懸，禁止屠殺。』」《魏書》卷一六《道武七王·京兆王黎傳附元叉傳》載「自叉專政，億兆離德，重以歲時災厲，年年水旱，牛馬殞踣，桑柘焦枯，饑饉相仍，莩色滿道。」 |

　　為進一步瞭解北魏時期北方地區異常氣候的出現頻率，現據表 1.2，作表 1.3 北魏時期北方異常氣候發生頻率表（以每十年為統計的時間單位）。

表 1.3　北魏時期北方異常氣候發生頻率表

時間單位	風	水	雹	雪	霜	霧	旱
401～410		1					
411～420	6				2		2
421～430				1			
431～440	3	1			1		
441～450		1		1			
451～460							1
461～470	1				1		3
471～480	2		3	1	1		3
481～490	6				3	1	3
491～500	2		1		1		2
501～510	2		1	1	11	5	4
511～520	2	1				1	2
521～530				1			1

　　由表 1.2、表 1.3 可見，首先，自公元 411 年起，北魏就進入以暴風、雪、霜多發為代表的氣候嚴寒期，其中以公元 471 至 510 年期間最為頻繁。表明當時北方地區氣候的總體特徵是趨於寒冷，和竺可楨的自兩晉時期，中國古代氣候開始逐漸進入寒冷期，當時年平均氣溫在−1℃至−2℃之間波動〔註18〕的觀點相符合。諸如《魏書》卷八二《祖瑩傳》所載孝文帝、宣武

〔註18〕 竺可楨：《中國近五千年來氣候變遷的初步研究》，載《考古學報》，1972 年第 1 期，第 15～38 頁。

帝時，王肅所詠描述平城及陰山地區氣候變遷的《悲平城詩》：

> 悲平城，驅馬入雲中。陰山常晦雪，荒松無罷風。

據上述史料，可見北魏中後期陰山一帶雪、大風頻繁的情況，這正與《魏書》卷一一二上《靈徵志上》的相關記載符合。

甚至北疆嚴寒氣候還會延緩北魏對柔然的軍事作戰行動，如《魏書》卷一○三《蠕蠕傳》所載明元帝時，北魏的一次北征柔然之役，就因大量士兵凍傷而被迫延緩、中止：

> （明元帝）遣山陽侯奚斤等追之（柔然），遇寒雪，士眾凍死墮指者十二三。

《魏書》卷二六《尉古真傳附尉眷傳》又載文成帝曾因嚴寒氣候考慮中止巡行北疆：

> 高宗北巡狩，以寒雪方降，議還。（尉）眷諫曰：「今動大眾，以威北敵，去都不遠，而便旋駕，虜必疑我有內難。雖方寒雪，兵人勞苦，以經略大體，宜便前進。」高宗從之，遂渡漠而還。

根據上述史料，寒雪氣候對北魏徵討柔然進程、統治者巡行北疆軍鎮都產生不利影響，那麼，其對陰山地區北魏軍鎮駐防軍日常軍事戍守的影響更不可忽視。如《魏書》卷一一二上《靈徵志上》載太武帝太平真君八年，「五月，北鎮寒雪，人畜凍死。」這說明極端嚴寒氣候嚴重威脅、影響到北疆軍鎮駐防士兵的生存、日常戍守與訓練。

第二，北魏前期的首都平城及北疆地區的生態環境逐漸遭到破壞。

北疆地區生態環境的失衡，首先體現在土地的沙化方面。

《魏書》卷二《道武帝紀》所載：

> （登國）九年（394）春三月，帝北巡。使東平公元儀屯田於河北五原，至於棝楊塞外。

由這段史料可以看出道武帝時期，北魏北疆西部、中部地區的生態氣候還是較良好的。但是至太武帝時期，北疆地區的生態環境開始遭到破壞，如《魏書》卷三八《刁雍傳》所載北魏太武帝太平真君七年（446年），刁雍上書：

> 奉詔高平、安定、統萬及臣所守（薄骨律鎮）四鎮，出車五千乘，運屯穀五十萬斛付沃野鎮，以供軍糧。臣鎮去沃野八百里，道多深沙，輕車來往，猶以為難，設令載穀，不過二十石，每涉深沙，

必致滯陷。又穀在河西，轉至沃野，越度大河，計車五千乘，運十
萬斛，百餘日乃得一返，大廢生民耕墾之業。

根據北魏太武帝下詔由河西軍鎮向沃野鎮運輸給養及運輸受沿途沙化環
境所困這一事實，本文認為，北魏北疆西部軍鎮地區土壤嚴重沙化，生態遭
到嚴重破壞。這是因為北疆地區經過半個世紀的過度開發，自然環境承載力
超出極限；生產方式方面，北疆地區由游牧經濟向農耕經濟轉變，游牧區變
為農耕區，必然使臨近大漠的陰山地區生態受到影響。其次，北疆生態的失
衡還表現在異常風暴、沙塵暴、揚塵等惡劣天氣的頻發。如《魏書》卷一一
二上《靈徵志上》載孝文帝太和二年：

　　　七月庚申，武川鎮大風，吹失六家，羊角而上，不知所在。

《魏書》卷一一二上《靈徵志上》又載宣武帝正始二年：

　　　二月癸卯，有黑風羊角而上，起於柔玄鎮，蓋地一頃，所過拔
　　樹。甲辰，至於營州，束入於海。

據此，北疆地區異常的暴風勢必嚴重影響、干擾當地軍鎮戍卒的日常生
活與軍事戍守。

第三，自公元 451 年起，到北魏後期，北方地區旱情發生的頻率逐漸增
加、旱情的強度漸趨增強。其中北魏北部邊疆地區的乾旱尤為嚴重。如《魏
書》卷五《文成帝紀》所載：

　　　（太安五年）冬十有二月戊申，詔曰：「……六鎮、雲中、高
　　平、二雍、秦州，徧遇災旱，年穀不收。其遣開倉廩以賑之。」

《魏書》卷八《宣武帝紀》載：

　　　延昌元年北方地區「頻水旱」，導致「（延昌）二年二月……六
　　鎮大饑」，為穩定北疆六鎮形勢，宣武帝下詔「開倉賑贍」。

據此，並參考當時相關史實，北魏後期的嚴重旱情影響北疆軍鎮的後勤
給養。

可以說，嚴寒、土壤的沙化、乾旱及由此引起的饑荒，加劇了北部邊疆
地區的嚴峻形勢。

總之，異常的自然生態氣候對北魏歷史發展產生了重要影響。首先，北
方寒冷氣候及沙塵天氣，是促使北魏孝文帝遷都的不可忽視的原因〔註 19〕。
其次，極端寒冷氣候、沙塵天氣、乾旱引起北疆軍鎮戍守生活的艱苦不堪，

〔註19〕李憑：《北魏平城時代》，上海：上海古籍出版社，2011 年，第 255 頁。

勢必影響氣候正常條件下北疆地區軍鎮原有的軍事活動和日常生活的發展軌跡，進而影響北疆軍鎮地位。異常的氣候，對北魏前期首都平城這樣重要的城市都產生了很大的壓力，那麼對處於平城以北的北疆地區來說，其不利影響更不可忽視。

三·北魏北疆的水利環境

黃河上游、中游覆蓋北魏西北、北方邊疆地區。北魏北疆地區，分佈著眾多的黃河支流水系。

據酈道元《水經注》、楊守敬《歷代輿地沿革圖》、譚其驤《中國歷史地圖集·東晉十六國南北朝》所載，北魏北疆地區的河流、湖泊有銅口渠、南河、屠申澤、北河、長河、石門水、白渠水、沙陵湖、芒干水、武泉水、白道中溪水、塞水、樹頹水、中陵川水、吐文水、沃水、可不溼水、羊水、如渾水、九十九泉、灅水、桑乾水、馬邑川水、夏屋山水、崞山水、旋鴻池、魚水、乞伏袁池、武周川水、黃水、火山西溪水、火山東溪水、安陽水、祁夷水、穀水、連水、石山水、協陽關水、溫泉水、于延水、修水、延鄉水、雁門水、敦水、㶟水、陽門水、神泉水、託臺穀水、寧川水、黑城川水、清夷水、平鄉川水、牧牛川水、陽溝水、靈亭水、馬蘭溪水、泉溝水、清泉河、薊水、潞水、殷繁水、沽水、九源水、尖穀水、候鹵水、濡河、鮑丘水、道人溪水、孟廣㘚水、大榆河。

關於北疆軍鎮地區的水系，《水經注》卷三《河水》載懷朔鎮區域：

> 河水又東流，石門水南注之，水出石門山。《地理志》曰：北出石門郭。即此山也。西北趣光祿城。甘露三年，呼韓邪單于還，詔遣長樂衛尉高昌侯董忠、車騎都尉韓昌等，將萬六千騎，送單于居幕南，保光祿徐自為所築城也，故城得其名矣。城東北，即懷朔鎮城也。

《水經注》卷三《河水》載武川鎮區域：

> 芒干水又西南，逕雲中城北，白道中溪水注之，水發源武川北塞中，其水南流，逕武川鎮城，城以景明中築，以禦北狄矣。

《水經注》卷一三《灅水》載柔玄鎮區域：

> 灅水又東，左得于延水口，水出塞外柔玄鎮西長川城南小山。

《水經注》卷一四《沽水》載禦夷鎮區域：

> 沽河出禦夷鎮西北九十里丹花嶺下，東南流，大谷水注之。水發鎮北大谷溪，西南流，逕獨石北界，石孤生，不因阿而自峙。又南，九源水注之，水導北川，左右翼注，八川共成一水，故有九源之稱。其水南流，至獨石注大谷水。大谷水又南逕獨石西，又南逕禦夷鎮城西，魏太和中，置以捍北狄也。又東南，尖谷水注之，水源出鎮城東北尖溪，西南流逕鎮城東，西南流注大谷水，亂流南注沽水。

《水經注》卷一四《鮑丘水》載禦夷鎮區域：

> 鮑邱水出禦夷北塞中，南流逕九莊嶺東，俗謂之大榆河。又南逕鎮東南九十里西密雲戍西，又南，左合道人溪水，水出北川，南流逕孔山西，又歷密雲戍東，左合孟廣峒水，水出峒下，峒甚層峻，峨峨冠衆山之表。其水西逕孔山南，上有洞穴開明，故土俗以孔山流稱。峒水又西南至密雲戍東，西注道人水，亂流西南逕密雲戍城南，右會大榆河，有東密雲，故是城言西矣。

《水經注》卷一四《濡水》載禦夷鎮區域：

> 濡水出禦夷鎮東南，其水二源雙引，夾山西北流，出山，合成一川。又西北逕禦夷故城東，鎮北百四十里北流，左則連淵水注之，水出故城東，西北流逕故城南，又西北逕綠水池南，池水淵而不流。其水又西屈而北流，又東逕故城北，連結兩沼，謂之連淵浦。又東北注難河，難河右則汙水入焉。水出東塢南，西北流逕沙野南，北人名之曰沙野。鎮東北二百三十里，西北入難河，濡、難聲相近，狄俗語訛耳。

　　根據上述史料，北魏北疆地區有著較優越的水利環境。但是應該注意到，相較於陰山及附近地勢所賦予北疆地區的防禦功能即重要的軍事地理價值而言，黃河及支流所具有的軍事地理價值色彩較遜色，但是卻保障了北疆地區日常運轉所需的水資源，保障了當地的農業耕作灌溉。可以說，北魏在北疆地區只要得天時、地利與人和，北疆地區農業經濟便可處於興盛的局面，不僅可使北魏在保障北疆軍鎮後勤給養方面無需大費周折，又可使北疆軍鎮偏向於自給自足、維持軍鎮正常運轉。

圖 1.1　《水經注圖》所載之懷朔鎮水利環境圖〔註20〕

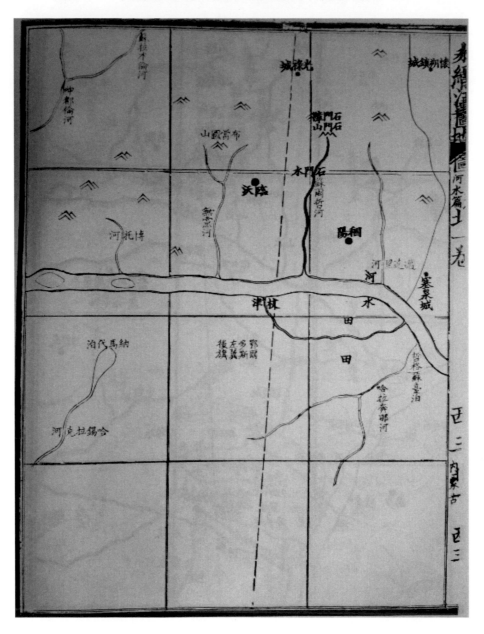

（圖中之黑體標識，爲北魏時期修築之城鎮、存在之城址、河流）

〔註20〕　（清）楊守敬，等編繪：《水經注圖》，北京：中華書局，2009 年，第 118 頁。

圖 1.2　　《水經注圖》所載之禦夷鎮水利環境圖〔註21〕

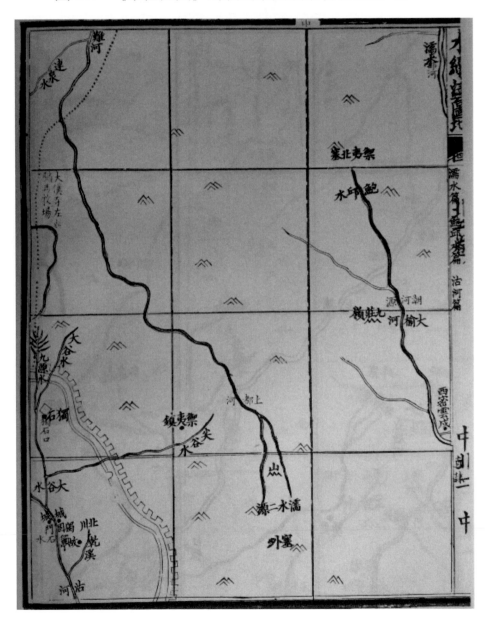

（圖中之黑體標識，為北魏時期修築之城鎮、存在之城址、河流）

〔註21〕　（清）楊守敬，等編繪：《水經注圖》，北京：中華書局，2009 年，第 82 頁。

第三節　北魏北部邊疆的人文地理環境

一・北疆地區前代軍事防禦工程的分佈

北魏北疆地區，分佈著自戰國至漢代的軍事防禦工程。

1・戰國趙北長城

據文獻、考古調查，戰國趙長城有趙肅侯下令修築之長城（趙南長城）與趙武靈王下令修築之長城（趙北長城）。其中趙肅侯下令修築之長城主要分佈於山西境內，趙武靈王下令修築之長城「自代并陰山下，至高闕爲塞」，蜿蜒曲折、斷續地分佈於內蒙古自治區、河北省境內。其中內蒙古自治區境內的趙武靈王長城分佈於陰山山脈的灰騰梁山、大青山、烏拉山等山系的南麓，遺跡總長約 500 公里〔註 22〕；河北省境內的趙武靈王長城分佈於張家口市的張北縣、萬全縣、懷安縣、尚義縣境內，遺跡總長約 83 公里〔註 23〕。

關於趙武靈王長城的分佈，見圖 1.3 趙武靈王長城示意圖

圖 1.3　趙武靈王長城示意圖〔註 24〕

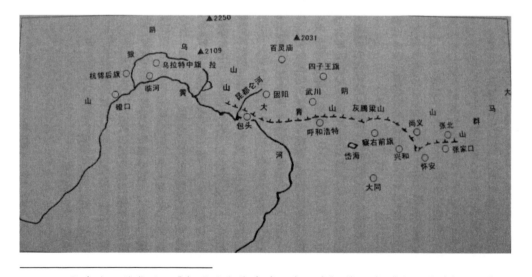

〔註 22〕段清波、徐衛民：《中國歷代長城發現與研究》第一章《戰國長城》，北京：科學出版社，2014 年，第 139〜146 頁。

〔註 23〕河北省地方志編纂委員會：《河北省志》第 81 卷《長城志》第一編《戰國——金代長城》第一章《燕、趙、中山長城》，北京：文物出版社，2011 年，第 24 頁。

〔註 24〕轉引自景愛：《中國長城史》第三章《長城群體始建時期（下）——戰國》「趙武靈王長城示意圖」，上海：上海人民出版社，2006 年，第 122 頁。

關於趙武靈王下令修築之趙北長城在北魏時期的沿用與否，《水經注》卷三《河水》載：

> 芒干水又西南逕白道南谷口，有城在右，縈帶長城，背山面澤，謂之白道城。自城北出有高阪，謂之白道嶺。沿路惟土穴，出泉，挹之不窮。余每讀《琴操》，見《琴慎相和雅歌錄》云：飲馬長城窟。及其跋陟斯途，遠懷古事，始知信矣，非虛言也。顧瞻左右，山椒之上，有垣若頹基焉。沿溪亘嶺，東西無極，疑趙武靈王之所築也。

據此，首先，「白道嶺」為今內蒙古呼和浩特北部大青山中山梁之一段，酈道元在《水經注》中所載分佈於白道嶺一線的長城，據考古發掘研究，應為趙武靈王下令修建之趙北長城〔註25〕；第二，「有垣若頹基」，則表明白道嶺段趙北長城在北魏時期未經沿用。

至於其他地段的趙北長城在北魏時期是否被利用，《水經注》卷三《河水》又載：

> 河水又屈而東流，為北河……東逕高闕南。《史記》：趙武靈王既襲胡服，自代并陰山下，至高闕為塞。山下有長城，長城之際，連山刺天，其山中斷，兩岸雙闕，善能雲舉，望若闕焉。即狀表目，故有高闕之名也。自闕北出荒中，闕口有城，跨山結局，謂之高闕戍。自古迄今，常置重捍，以防塞道。

根據上述資料，首先，北魏利用前代所築之高闕戍，及附近「其山中斷，兩岸雙闕，善能雲舉，望若闕焉」這一險要地勢，捍衛北疆、抵禦柔然。其次，《水經注》所載高闕戍附近所存趙武靈王下令修建之長城，謂之「陽山秦漢長城」〔註26〕，北魏利用高闕戍，亦應沿用高闕戍附近之「陽山秦漢長城」〔註27〕。

〔註25〕內蒙古自治區文化廳、內蒙古自治區文物考古研究所：《內蒙古自治區長城資源調查報告・北魏長城卷》第一章《概述》，北京：文物出版社，2014年，第3頁。

〔註26〕內蒙古自治區文化廳、內蒙古自治區文物考古研究所：《內蒙古自治區長城資源調查報告・北魏長城卷》第一章《概述》，北京：文物出版社，2014年，第3頁。

〔註27〕內蒙古自治區文化廳、內蒙古自治區文物考古研究所：《內蒙古自治區長城資源調查報告・北魏長城卷》第一章《概述》，北京：文物出版社，2014年，第3頁。

　　關於趙北長城在北魏北部邊疆東端即今河北省西北部的分佈，見圖
1.4。河北省境內的趙北長城在北魏時期是否沿用，見本部分第三段「漢代
長城」。

圖 1.4　河北省趙北長城走向分佈圖〔註28〕

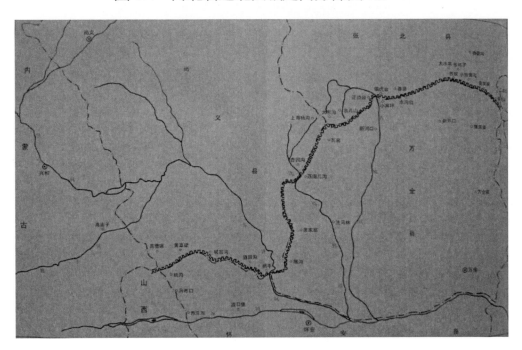

2．秦始皇長城

　　公元前 214 年，為防禦北方匈奴，秦始皇下令在戰國秦、趙、燕北疆原
有長城的基礎上進行重新修葺、建築，修築西起甘肅東部，途經寧夏南部、
陝西中北部、內蒙古中部與東部、河北北部，東至遼東半島的長城防禦體系。
如《史記》卷八八《蒙恬傳》載：

　　　　秦已并天下，乃使蒙恬將三十萬眾北逐戎狄，收河南。築長城，
　　因地形，用制險塞，起臨洮，至遼東，延袤萬餘里。

　　《水經注》卷三《河水》又載：

　　　　始皇三十三年，起自臨洮，東暨遼海，西并陰山，築長城……
　　城塹萬餘里。

〔註28〕轉引自河北省地方志編纂委員會：《河北省志》第 81 卷《長城志》「戰國趙北
　　　　長城走向分佈圖」，北京：文物出版社，2011 年。

關於秦始皇長城分佈，見圖 1.5 秦始皇長城走向示意圖

圖 1.5　秦始皇長城走向示意圖〔註 29〕

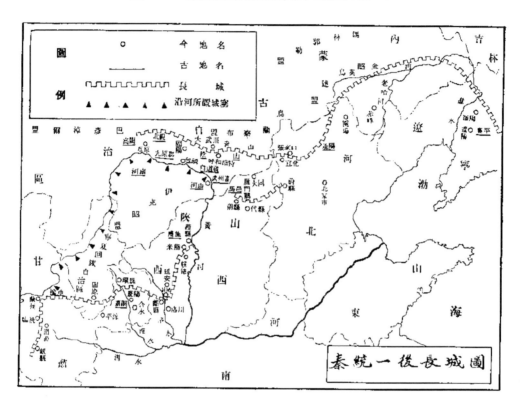

據考古調查，內蒙古中部的秦始皇長城遺址主要有巴彥淖爾盟磴口縣哈隆格乃山口障塞遺跡、狼山北口長城遺跡、呼魯斯太溝長城遺跡、烏拉特中旗烏不浪口長城遺跡、巴音哈太東南山區長城遺跡、烏拉特前旗小餘太長城遺跡、包頭固陽西斗鋪長城遺跡、烏蘭察布盟化德縣長城遺跡〔註 30〕。據此，分佈於內蒙古中部的秦始皇長城途徑北魏六鎮中的沃野鎮、懷朔鎮、武川鎮等軍鎮轄區。

秦始皇長城在北魏北部邊疆的東端即今河北省北部的分佈，見圖 1.6。

〔註 29〕轉引自張維華：《中國長城建置考（上編）·秦統一後長城圖》，北京：中華書局，1979 年，第 137 頁。

〔註 30〕段清波、徐衛民：《中國歷代長城發現與研究》第二章《秦始皇長城研究綜述》，北京：科學出版社，2014 年，第 168～172 頁。

圖 1.6　河北省張家口秦漢長城走向分佈圖〔註31〕

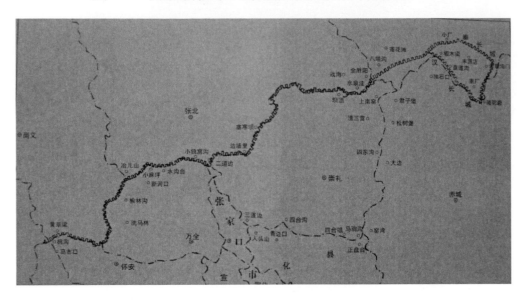

　　河北省境內的秦始皇長城自西向東綿延曲折於張家口的懷安、尚義、萬全、張北、崇禮、沽源等縣的交界地帶及承德的豐寧、圍場，總長約 462 公里〔註 32〕。河北省境內的秦始皇長城在北魏時期是否沿用，見本部分第三段「漢代長城」。

3・漢代長城

　　西漢在戰國趙長城、秦長城基礎上，增築、新修建長城，以鞏固北疆邊防，防禦匈奴。漢長城西起新疆，途徑甘肅、內蒙古、河北，東至遼東半島，部分漢長城向北延伸至蒙古國南戈壁省〔註33〕。

　　漢長城之外長城途徑北魏六鎮之懷朔鎮、武川鎮轄區。漢外長城之北長城「起始於武川縣哈拉合少鄉後石背圖村，爲西北走向，經達爾罕茂明安旗、烏拉特中旗、烏拉特後旗進入蒙古國南戈壁省，最後終止於巴彥達賴附近的尚德山」；漢外長城之南長城「起始於武川縣烏蘭不浪鄉馬鞍山，爲西北走

〔註31〕轉引自河北省地方志編纂委員會：《河北省志》第 81 卷《長城志》「張家口境內秦漢長城走向分佈圖」，北京：文物出版社，2011 年。

〔註32〕河北省地方志編纂委員會：《河北省志》第 81 卷《長城志》第一編《戰國——金代長城》第二章《秦漢長城》，北京：文物出版社，2011 年，第 32 頁。

〔註33〕段清波、徐衛民：《中國歷代長城發現與研究》第三章《漢長城綜合研究》，北京：科學出版社，2014 年，第 197～214 頁。

向，經過固陽縣、達爾罕茂明安鎮、烏拉特中旗、烏拉特後旗進入蒙古國南戈壁省，最後終止於扎格蘇舍呼都格附近」〔註34〕。

漢長城在內蒙古其他地區地段有赤峰市寧城段、烏蘭察布盟察哈爾右翼前旗段、烏蘭察布盟豐鎮段、烏蘭察布盟卓資段、烏蘭察布盟興和段、巴彥淖爾盟烏拉特段〔註35〕。由上可見，內蒙古的漢外長城、漢長城，基本上途經北魏六鎮轄區。

北魏北部邊疆東端，即今河北省西北部分佈有東、西兩段漢長城。西段「由內蒙古興和、山西省天鎮與河北省懷安、尚義交界處入境，自西向東經張家口市懷安、尚義、張北、萬全、崇禮、沽源、赤城等縣，大部分利用原趙北長城、秦始皇長城」〔註36〕。東段「分佈於承德市的豐寧、隆化、灤平、承德等縣，東入內蒙古寧城縣大營子」〔註37〕。

關於漢長城、漢外長城分佈、走向，見圖1.7、圖1.8。

關於北魏明元帝在泰常八年下詔修建的長城在河北省的分佈、走向，見圖1.9。

關於北魏懷朔鎮地區附近秦代、漢代長城的分佈、走向，見圖1.10。

由圖1.4、圖1.5、圖1.6、圖1.7、圖1.9中所示河北省境內的趙武靈王長城、秦始皇長城、漢長城與北魏泰常八年長城的分佈、走向，及長城考古調查，懷安、尚義、萬全、張北縣境內的北魏長城沿用了原趙國長城、秦始皇長城及漢長城〔註38〕的一部分。

〔註34〕段清波、徐衛民：《中國歷代長城發現與研究》第三章《漢長城綜合研究》，北京：科學出版社，2014年，第205頁。

〔註35〕段清波、徐衛民：《中國歷代長城發現與研究》第三章《漢長城綜合研究》，北京：科學出版社，2014年，第208～209頁。

〔註36〕河北省地方志編纂委員會：《河北省志》第81卷《長城志》第一編《戰國──金代長城》第二章《秦漢長城》，北京：文物出版社，2011年，第38頁。

〔註37〕河北省地方志編纂委員會：《河北省志》第81卷《長城志》第一編《戰國──金代長城》第二章《秦漢長城》，北京：文物出版社，2011年，第38頁。

〔註38〕河北省地方志編纂委員會：《河北省志》第81卷《長城志》第一編《戰國──金代長城》第三章《北朝──金代長城》，北京：文物出版社，2011年，第51頁。

圖 1.7　漢長城走向示意圖〔註 39〕

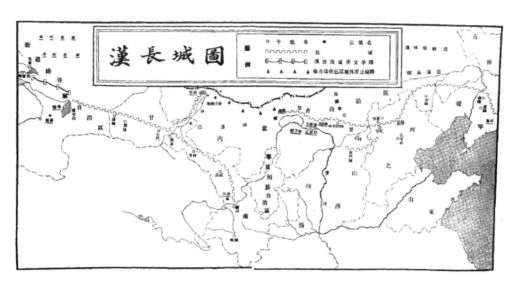

圖 1.8　漢外長城走向示意圖〔註 40〕

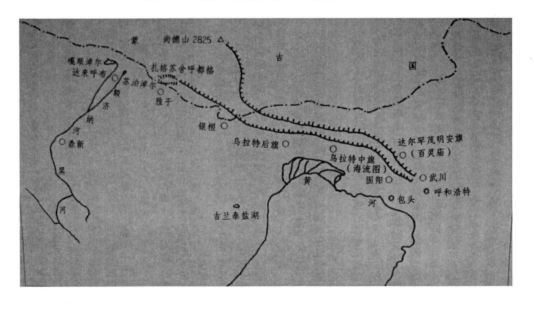

〔註 39〕　轉引自張維華：《中國長城建置考（上編）・漢長城圖》，北京：中華書局，1979
年，第 159 頁。

〔註 40〕　轉引自景愛：《中國長城史》第四章《長城整體改造時期——秦漢》，上海：
上海人民出版社，2006 年，第 189 頁。

圖 1.9　河北省北魏泰常八年長城走向分佈圖〔註41〕

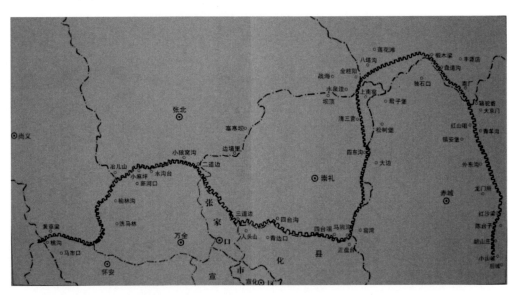

圖 1.10　北魏懷朔鎮地區秦代、漢代長城分佈、走向圖〔註42〕

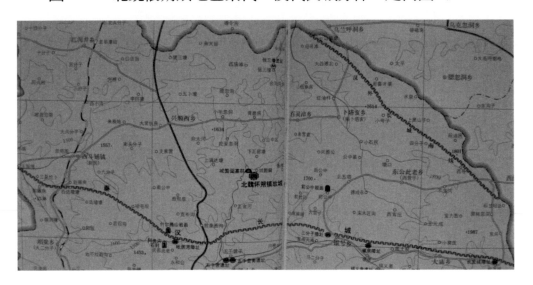

〔註41〕　轉引自河北省地方志編纂委員會：《河北省志》第81卷《長城志》「北魏泰常八年長城走向分佈圖」，北京：文物出版社，2011年。

〔註42〕　轉引自國家文物局主編：《中國文物地圖集・內蒙古自治區分冊（上）・包頭市・固陽縣文物圖》，西安：西安地圖出版社，2003年，第130～131頁。

二‧北部邊疆地區的民族分佈

（一）北部邊疆的強族——北魏在北疆的防禦對象

1‧柔然的侵擾

關於北魏北疆所面臨的嚴峻形勢，《魏書》卷一○三《蠕蠕傳》載丘豆伐可汗郁久閭社崙（約為北魏道武帝至明元帝初期）時，柔然勢力範圍「西則為耆之地，東則朝鮮之地，北則渡沙漠，窮瀚海，南則臨大磧」，並且郁久閭社崙「學中國，立法置戰陳，卒成邊害」。至「能得眾心」的郁久閭大檀為柔然可汗，柔然對北魏的威脅更加嚴重，如始光元年（424），柔然入寇雲中，「圍世祖（太武帝）五十餘重」，致使北魏首都平城大震。所以，北魏要鞏固北方形勢、維持統治，必需將柔然抵禦於域外。

2‧高車的叛服無常

除柔然之外，高車也給北魏北部邊疆地區帶來潛在威脅，如《魏書》卷一○三《高車傳》載：

> （高車）後徙於鹿渾海西北百餘里，部落強大，常與蠕蠕為敵，亦每侵盜于國家。

為防禦高車，北魏道武帝、太武帝對高車進行了五次大規模的軍事打擊。如《魏書》卷二《太祖道武帝紀》所載自建國伊始，北魏就開始對高車進行大規模軍事征討：

> （天興）二年春正月……庚午，車駕北巡，分命諸將大襲高車，大將軍、常山王遵等三軍從東道出長川，鎮北將軍、高涼王樂真等七軍從西道出牛川，車駕親勒六軍從中道自駁髯水西北。
>
> 二月丁亥朔，諸軍同會，破高車雜種三十餘部。

《魏書》卷一○三《蠕蠕傳》又載太武帝率軍對高車給予關鍵性的軍事打擊：

> （神麚二年）八月，世祖聞東部高車屯巳尼陂，人畜甚眾，去官軍千餘里。遂遣左僕射安原等往討之。暨巳尼陂，高車諸部望軍降者數十萬。

由上述史料，高車實力雖然因北魏道武帝、太武帝的五次大規模軍事征討有所削弱，但是，至北魏孝明帝時期，高車仍然是北魏北部、西北部邊疆的強族，對北魏仍有潛在威脅，如《魏書》卷六九《袁翻傳》載孝明帝時期，

涼州刺史袁翻就如何安置歸降的柔然首領阿那瓌、婆羅門及處理柔然、高車勢力曾上書：

> 謬以非才，忝荷邊任，猥垂訪逮，安置蠕蠕主阿那瓌、婆羅門等處所遠近利害之宜……至於皇代勃興，威馭四海，爰在北京，仍梗疆場。自卜惟洛食，定鼎伊瀍，高車、蠕蠕迭相吞噬。始則蠕蠕衰微，高車強盛，蠕蠕則自救靡暇，高車則僻遠西北。及蠕蠕復振，反破高車，主喪民離，不絕如綫。而高車今能終雪其恥，復摧蠕蠕者，正由種類繁多，不可頓滅故也。然鬪此兩敵，即卞莊之算，得使境上無塵數十年中者，抑此之由也。

> 今蠕蠕爲高車所討滅……且蠕蠕尚存，則高車猶有內顧之憂，未暇窺窬上國。若蠕蠕全滅，則高車跋扈之計，豈易可知。今蠕蠕雖主奔於上，民散於下，而餘黨實繁，部落猶眾，處處碁布，以望今主耳。高車亦未能一時并兼，盡令率附。

> 又高車士馬雖眾，主甚愚弱，上不制下，下不奉上，唯以掠盜爲資，陵奪爲業。河西捍禦強敵，唯涼州、敦煌而已。涼州土廣民希，糧仗素闕，敦煌、酒泉空虛尤甚，若蠕蠕無復暨立，令高車獨擅北垂，則西顧之憂，匪旦伊夕。愚謂蠕蠕二主，皆宜存之，居阿那瓌於東偏，處婆羅門於西裔，分其降民，各有攸屬……凡諸州鎮應徙之兵，隨宜割配，且田且戍。雖外爲置蠕蠕之舉，內實防高車之策。一二年後，足食足兵，斯固安邊保塞之長計也。若婆羅門能自克屬，使餘燼歸心，收離聚散，復興其國者，乃漸令北轉，徙渡流沙，即是我之外蕃，高車勁敵。西北之虞，可無過慮。

> 時朝議是之。

據此並參考當時相關史實，北魏統治者採取的是共同扶持柔然、高車之策，讓柔然與高車互相牽制，即以夷制夷，以確保北方草原不爲某一民族單獨稱霸，以緩解其北部邊疆的壓力。

（二）北部邊疆的其他民族

北魏還通過戰爭、強制遷徙等方式，向北部邊疆地區遷徙包括柔然、高車在內的北方民族部眾。

1・北魏道武帝至明元帝時期的遷徙北方部族

雖然北魏道武帝、明元帝頻繁下令征討、遷徙柔然、高車等北疆強族，但是其對北疆其他部族的征討、遷徙也是較爲重視的。如《魏書》卷一○三《高車傳附吐突鄰傳》載：

> 太祖時有吐突隣部，在女水上，常與解如部相爲唇齒，不供職事。登國三年，太祖親西征，渡弱洛水，復西行趣其國，至女水上，討解如部落破之。明年春，盡略徙其部落畜產而還。

《魏書》卷一○三《高車傳附越勒倍泥傳》又載：

> 越勒倍泥部，永興五年，轉牧跋那山西。七月，遣奚斤討破之，徙其人而還。

據此，自北魏道武帝、明元帝遷徙被俘北方部族後，北魏北部邊疆地區出現多部族混居的現象。

2・北魏太武帝時期的遷徙北方部族

由於太武帝對北方民族一系列軍事征討的勝利，北魏加快了向北部邊疆地區遷徙被俘民族的步伐。

《魏書》卷四上《太武帝紀上》載：

> （神麚二年）八月，（太武）帝以東部高車屯巳尼陂，詔左僕射安原率騎萬餘討之……冬十月，振旅凱旋于京師，告於宗廟。列置新民於漠南，東至濡源，西暨五原、陰山，竟三千里。詔司徒平陽王長孫翰、尚書令劉潔、左僕射安原、侍中古弼鎮撫之。

關於北魏此次征討高車，《魏書》卷一○三《高車傳》又載：

> 世祖征蠕蠕，破之而還，至漠南，聞高車東部在巳尼陂，人畜甚眾，去官軍千餘里，將遣左僕射安原等討之。司徒長孫翰、尚書令劉潔等諫，世祖不聽，乃遣原等並發新附高車合萬騎，至於巳尼陂，高車諸部望軍而降者數十萬落，獲馬牛羊亦百餘萬，皆徙置漠南千里之地。

根據以上史料，北魏通過此次遷徙，使北部邊疆地區分佈著眾多高車部眾。北魏遷徙被俘高車部眾於北疆，旨在使其成爲戍守北疆可資利用的力量。但是，如果北魏對被遷徙的部眾疏於控制，這部分部眾便會成爲北疆地區的潛在隱患、威脅北疆的穩定。如《魏書》卷七上《孝文帝紀上》載：

> （延興元年）冬十月丁亥，沃野、統萬二鎮敕勒叛。詔太尉、

> 隴西王源賀追擊,至枹罕,滅之,斬首三萬餘級;徙其遺迸於冀、
> 定、相三州爲營戶。

由此,北魏爲消除分佈在北疆被遷徙高車的潛在威脅,採取內徙高車於北方內地的措施。

《魏書》卷二九《奚斤傳》載奚斤隨從道武帝「征高車諸部,大破之。又破庫狄、宥連部,徙其別部諸落於塞南。」

根據以上論述,經過道武帝至太武帝時的民族遷徙,北魏北部邊疆地區的民族成份漸趨複雜。

(三)北魏北疆地帶民族的生活特性

前述已明瞭北魏北部邊疆地帶的自然地理,在此,有必要對自然地理環境影響下的草原民族生活特徵有精確瞭解。因爲草原民族逐水草而居的生活特性及其游牧生活所帶來的機動性極強的特點,會給北魏北疆帶來難以應對的軍事壓力;更爲重要的是,自然地理環境所影響的草原民族生活特性還最終與北魏政權制定經略北疆政策緊密相連〔註43〕,尤其是北魏實行積極對外擴張政策、征討漠北較頻繁的時期,即以攻爲守的階段。本部分即以北魏北疆勁敵柔然爲例進行說明。

《魏書》卷三五《崔浩傳》載漠北環境及柔然活動規律「漠北高涼,不生蚊蚋,水草美善,夏則北遷」,進而柔然「恃其絕遠,謂國家力不能至,自寬來久,故夏則散眾放畜,秋肥乃聚,背寒向溫,南來寇抄。」以上史料反映出,首先,北疆地帶的自然地理環境影響柔然夏季北遷、冬季南徙、分散而居等逐水草及避寒冷等游牧生活方式。其次,正由於柔然冬季南徙以避寒冷及隨之而來的寇掠行爲,使得北魏與柔然之間的軍事征戰體現出鮮明的季節性特徵,如《魏書》卷三五《崔浩傳》所載每逢北魏太武帝北征柔然之際,崔浩有「北土多積雪,至冬時常避寒南徙。若因其時,潛軍而出,必與之遇,則可擒獲」之議,並爲太武帝所採納,說明當時北魏北征柔然,以秋冬季節爲主。第三,柔然「夏則散眾放畜,秋肥乃聚」使其「遊魂鳥集,水草爲家」〔註44〕,即經常遷徙的游牧生活使柔然採用機動性極強的騎兵作戰

〔註43〕潘國鍵在《北魏與蠕蠕關係研究》第一章《史辯》中認爲「地理環境和草原民族生活特性,以及中國制定對抗草原民族的國策,息息相關。」

〔註44〕魏收:《魏書》卷四一《源賀傳附源懷傳》,北京:中華書局,1974 年,第 927頁。

方式，進而有「歷代驅逐，莫之能制」〔註45〕的局面，因此，為對抗、削弱柔然，北魏採取遠距離長途奔襲之策即用騎兵打擊柔然。第四，既然柔然「逐水草畜牧」，決定其「無城郭」、「以氈帳為居」〔註46〕，必然影響到戰術方面，野戰為柔然所擅長、而攻城為其所短；因此，北魏統治集團在不同時期制定應對柔然策略時均考慮到「以己所長制彼所短」，如《魏書》卷五四《高閭傳》所載北魏孝文帝時高閭闡述「（柔然）所長者野戰，所短者攻城。若以狄之所短，奪其所長，則雖眾不能成患，雖來不能內逼」，因而有在北疆軍鎮以北修築長城之議並為孝文帝所採納，最終收穫「以逸待勞」之優勢；《魏書》卷四一《源賀傳附源懷傳》載宣武帝時，源懷在就經略北疆時就曾建議「親校短長，因宜防制。知城郭之固，暫勞永逸」，也為宣武帝所採納。以上反映出，在對抗柔然方面，北魏除主動出擊，在邊疆防守上亦鑒於柔然騎兵機動性極高、但卻不擅長攻城的弱點，逐漸趨同於漢族政權防衛邊疆之策，即依託山川險阻、築城固守。

三‧北魏與北部邊疆、漠北的交通路線

北魏與北部邊疆、漠北的交通線路，在戰時狀態，主要服務於北魏在北部邊疆的防禦與北魏向漠北的軍事征討；在和平時期，服務於北魏與漠北民族之間的政治、經濟與文化交流。當時的北魏與北部邊疆、漠北的交通線路，不僅將北魏首都平城與北部邊疆軍鎮相連接；藉此路線還可通向漠北柔然可汗領地。

《太平寰宇記》卷四九《雲州》引《冀州圖》載漢至北魏時期中原進入北方之交通要道，「引入塞三道，自周、秦、漢、魏以來，前後出師北伐，唯有三道：其中道正北發太原，經鴈門、馬邑、雲中，出五原塞，直向龍城，即匈奴單于十月大會祭天之所也；一道東北發向中山，經北平、漁陽向白檀、遼西，歷平岡，出盧龍塞，直向匈奴左地，即左賢王所理之處；一道西北發自隴西，經武威、張掖、酒泉、燉煌，歷伊吾塞，匈奴右地，即右賢王所理之處。」

〔註45〕 魏收：《魏書》卷四一《源賀傳附源懷傳》，北京：中華書局，1974年，第927頁。

〔註46〕 沈約：《宋書》卷九五《索虜‧芮芮傳》，北京：中華書局，1974年，第2357頁。

　　光緒《山西通志》卷四四《關梁考一》認為《冀州圖》所言進入北方草原三道之中道「正北發太原，經雁門、馬邑、雲中，出五原塞」〔註47〕，在出塞前，需經過稒陽道，並認為「以出稒陽為中道」〔註48〕。本文謹慎遵從此說。

　　北魏懷朔鎮所控制之稒陽道為溝通北方草原與中原的重要交通道路，可從以下史實中得到證實。如《魏書》卷一九上《景穆十二王上‧陽平王新成傳附元安壽傳》載：

　　　　（元安壽，孝文帝時）累遷懷朔鎮大將，都督三道諸軍事，北討……與陸睿集三道諸將議軍途所詣。於是中道出黑山，東道趨士盧河，西道向侯延河。軍過大磧，大破蠕蠕。

　　上述記載中所言之「黑山」，為昆都侖溝北部陰山，即今天的大青山〔註49〕。懷朔鎮就在昆都侖溝北部陰山地區。《綏乘》卷五《山川考上》亦載「黑山之說，蓋亦古陰山之隨地而異名者也。北人青、黑二字往往通用。如青冢土黑，問者以冢草獨青釋之，陰山以西望之黝然而黑，因先有黑山之名，而後名青山，又名大青山，其實乃一山耳。」既然懷朔鎮是控制稒陽道的軍事重鎮，稒陽道又是當時出塞道路中地理位置居中、據平城較近者，所以，北魏北征柔然，稒陽道是首選。

　　關於柔然南侵北魏路線的選擇，如《魏書》卷四一《源賀傳附源懷傳》載：

〔註47〕（清）曾國荃、張煦等修，王軒、楊篤等纂：《山西通志》，《續修四庫全書》編纂委員會：《續修四庫全書‧史部‧地理類》（第642冊），上海：上海古籍出版社，2013年，第245頁。

〔註48〕（清）曾國荃、張煦等修，王軒、楊篤等纂：《山西通志》，《續修四庫全書》編纂委員會：《續修四庫全書‧史部‧地理類》（第642冊），上海：上海古籍出版社，2013年，第248頁。
　　　王文楚在《從內蒙古昆都侖溝幾個故城遺址看漢至北魏時期陰山稒陽道交通》一文中論述（光緒）《山西通志》中有關北魏懷朔鎮附近稒陽塞（道）為「中道」符合當時歷史與地理情形，王文楚闡述稒陽道於漢代屬五原郡範圍，從漢至北魏，是從陰山南部河套平原到陰山以北草原地區的重要交通孔道；同時由於此條出塞道路經過曾屬五原的稒陽，亦稱「稒陽道」；並認為稒陽道（中道）與《山西通志》所引《冀州圖》中出塞之東北道路、西向道路即《魏書》中所言之東道、西道相比，其處於出塞三道中的地理中樞，以交通便利而言，成為自漢至北魏溝通陰山南北地區的重要孔道。

〔註49〕王文楚：《從內蒙古昆都侖溝幾個古城遺址看漢至北魏時期陰山稒陽道交通》，載《復旦學報（社會科學版）》（增刊），1980年第1期，第117頁。

正始元平九月，有告蠕蠕率十二萬騎六道並進，欲直趨沃野、懷朔，南寇恒代。

按《魏書・地形志》，恒、代爲北魏前期首都平城京畿之地。根據上述史料，柔然南越陰山，途徑懷朔鎮，便可直達平城地區，進而表明懷朔鎮所控制的稒陽道爲柔然南侵北魏北方腹地時最便捷路線。

《魏書》卷九《孝明帝紀》載正光元年，孝明帝下詔：

蠕蠕王阿那瓌，遭離寇禍，遠來投庇，邦分眾析，猶無定主，而永懷北風，思還綏集。啓訴情切，良用愍然。夫存亡恤敗，自古通典。可差國使及彼前後三介，與阿那瓌相隨；并敕懷朔都督，簡銳騎二千，躬自率護，送達境首，令觀機招納。

《魏書》卷九《孝明帝紀》又載正光二年，「蠕蠕後主郁久閭侯匿伐來奔懷朔鎮」，之後來到洛陽，朝見北魏孝明帝。上述史料表明北魏護送歸附的柔然可汗北歸、柔然首領歸附北魏到達洛陽，都要經過懷朔鎮所控制的稒陽道。

綜上所論，首先，稒陽道是北魏時期連接中原地區與北方草原之間的重要交通孔道。這條交通孔道，由平城開始，向西北、北方依次途徑雁門、馬邑、雲中、稒陽道（懷朔鎮）、五原，之後可直達北方草原腹地。其次，這條交通路線所扮演的角色，戰爭時期，是北魏北征、柔然南侵的軍事路線；而在和平時期，卻是北魏與北方草原游牧民族之間進行政治、經濟、文化往來的交通孔道。

除「平城－馬邑－雲中－稒陽道（懷朔鎮）－五原」這一交通線外，當時還有連接北魏與北疆地帶的其他交通線。

《魏書》卷三○《來大千傳》載：

（來大千）從（太武帝）討蠕蠕，戰功居多。遷征北大將軍，賜爵盧陵公，鎮雲中，兼統白道軍事。賊北叛，大千前後追擊，莫不平殄。

《魏書》卷三○《閭大肥傳》又載：

世祖初，（閭大肥）復與奚斤出雲中白道討大檀，破之。

同時結合《魏書》卷一○三《蠕蠕傳》所載「天興五年，社崙聞太祖征姚興，遂犯塞，入參合陂，南至豺山及善無北澤」及《魏書》卷二七《穆崇傳附穆壽傳》所載「（柔然）吳提果至，侵及善無，京師大駭」，本文認爲，從

平城出發，向西北經過善無，至雲中、雲中以北的白道〔註 50〕，向北至武川鎮，之後北進，便可到達北方草原。與懷朔鎮、稒陽道和平城之間的距離相比較，白道由於更接近平城，基於交通便捷方面的考慮，白道逐漸成爲北魏時期連接中原與北方草原地區的另一重要交通孔道。

　　總而言之，基於交通、地理條件便利考慮，「平城－馬邑－雲中－稒陽道（懷朔鎮）－五原」、「平城－善無－雲中－白道－武川鎮」是北魏與北方草原之間的重要軍事交通與經濟、文化往來路線〔註 51〕。

〔註 50〕王文楚在《從內蒙古昆都侖溝幾個古城遺址看漢至北魏時期陰山稒陽道交通》一文中認爲，「北魏之初，建都盛樂，後遷都平城，盛樂、平城是當時的政治、軍事重心，白道正是連接盛樂、平城和蒙古高原的交通要道，近捷是交通發展的便利條件，白道通路因此逐漸興盛起來。」

〔註 51〕除上述兩條連接北魏與北疆地帶、北方草原的交通路線之外，據《太平寰宇記》卷四九《雲州志》引《冀州圖》所載西道、東道一線，大致是北魏徵討柔然進軍路線中的西道與中道，《魏書》中所記載北魏進軍的西道、東道所起作用，亦應是戰時，爲北魏進軍路線；和平時期，爲北魏與北方游牧民族經濟、文化交往路線。

第二章 北魏經略北部邊疆[註1]

第一節 北魏歷代統治者對其北部邊疆的經略

關於北魏初建後，其北部邊疆所面臨的嚴峻形勢，《魏書》卷一〇三《蠕蠕傳》載，丘豆伐可汗郁久閭社崙（約爲北魏道武帝至明元帝初期）時，柔然勢力範圍「西則焉耆之地，東則朝鮮之地，北則渡沙漠，窮瀚海，南則臨大磧」，並且郁久閭社崙「學中國，立法置戰陣，卒成邊害」，儼然成爲北魏北方的勁敵；到「能得眾心」的郁久閭大檀爲柔然可汗時，柔然對北魏的威脅更加嚴重。如始光元年（424），柔然入寇，兵鋒直指雲中，「圍世祖〔太武帝〕五十餘重」，致使北魏首都平城大震。形勢決定，北魏要鞏固其北方領地、維持統治，必需將柔然禦於域外。

雖然道武帝認識到這一點，積極「北驅朔漠」[註2]，派軍打擊柔然；天興二年（399）道武帝派遣奚斤率軍進擊塞北侯莫陳部，於今內蒙古陰山附近大峨谷「置戍而還」[註3]，開始於北疆地帶築塞防守，開啓了北魏經略北疆的歷史，但因那時北魏把主要精力集中於「克剪方難，遂啓中原」[註4]；同時由於道武帝在位後期「內多釁隙」[註5]，諸多因素牽掣道武帝未曾有較大

[註1] 第二章《北魏經略北部邊疆》中第一節《北魏歷代統治者對其北部邊疆的經略》與第二節《北魏經略北疆的作用與成敗》，作爲項目中期成果「試探北魏北部邊疆軍事經略及其成敗」，發表於《內蒙古社會科學》2016年第3期。

[註2] 魏收：《魏書》卷三《明元帝紀》，北京：中華書局，1974年，第64頁。

[註3] 魏收：《魏書》卷二九《奚斤傳》，北京：中華書局，1974年，第698頁。

[註4] 魏收：《魏書》卷二《道武帝紀》，北京：中華書局，1974年，第45頁。

[註5] 魏收：《魏書》卷三《明元帝紀》，北京：中華書局，1974年，第64頁。

的經略北部邊疆的舉措。

北魏對其北部邊疆的正式經略，起自明元帝拓跋嗣，迄於孝莊帝元子攸。至後期六鎮叛亂、河陰之變，國家內難日重，北魏對其北部邊疆的軍事經略也因而漸趨荒廢。

一・明元帝時期

1・修築長城

由於來自漠北柔然的威脅日漸嚴重，明元帝於泰常八年（423）下詔「築長城於長川之南，起自赤城，西至五原，延袤二千餘里，備置戍衛」〔註6〕。從此，北魏統治者對其北部邊疆的經略進入正式日程。以長城爲主、輔以戍堡的最前線防禦體系初具規模。由這段長城所經過的赤城、長川、五原，可以看出泰常八年長城主要分佈於陰山以南。據此，明元帝時期所經略的北魏北疆防線應在陰山南線。

如《歷代長城考》載「漢武而後，長城工事之勤，無如北朝元魏高齊」〔註7〕所示，北魏明元帝下令在陰山南線修築長城之意義：首先，開啓了北魏於北部邊疆修築長城等防禦設施的序幕；其次，掀起了魏晉南北朝至隋唐時期，中原政權於北方修築長城的高潮；第三，亦爲北方民族入主中原後於北方構築藩屏之始。對於游牧民族出身的拓跋鮮卑而言，和前代的匈奴與後世的突厥等北方民族一樣，其欲入主中原，必須突破中原於北方設置的長城等屏障，只不過拓跋鮮卑入主中原的過程中所遇來自於長城等障礙與匈奴、突厥相較甚少；但是拓跋鮮卑入主中原後，其原先在塞北的活動區域立刻爲其他北方民族所佔據，這時，拓跋鮮卑新佔據之中原與其原來所生活、但爲草原新霸主所佔之地域，又呈現出緊張對峙的狀態，具體而言，漠北新霸主柔然對北魏虎視眈眈、頻繁對北魏發起進攻。在此種形勢下，北魏統治者爲保障自己領土的完整與安全，在軍事方面，只有倣仿前代中原漢家政權，採用中原政權經營北部邊疆的方式，即於北疆修築長城等防禦設施做爲藩屏，抵禦柔然。簡而言之，入主中原的北魏，以中原社會的新環境爲立足的背景，決定了其在軍事方面不能繼續完整的保持原來的騎兵作戰方式，必須逐漸採用中原政權的築塞、築城固守的策略，應對來自於北方草原的威脅。而北魏

〔註6〕魏收：《魏書》卷三《明元帝紀》，北京：中華書局，1974年，第63頁。
〔註7〕壽鵬飛：《歷代長城考》，《得天廬存稿》之二，1941年。

自明元帝開始於北部邊疆地區修築長城、設置軍鎮、修建戍堡，可謂其在軍事上的漢化逐漸加深；同時也爲後世的入主中原的北方民族政權經營北部邊疆，提供了可借鑒的經驗。

　　據公佈的部分北魏泰常八年長城考古調查結果，河北省境內的北魏泰常八年長城分佈於張家口的赤城、沽源、崇禮、宣化、張家口市區、萬全、張北、尚義、懷安等縣〔註8〕。

　　關於河北省境內北魏泰常八年長城、烽燧等防禦設施及分佈，見表2.1、表2.2。

表2.1　河北省境內北魏泰常八年長城分佈、走向表〔註9〕

分　佈　地　區	走　向
赤城縣。位於縣境東南部、中部、西部。分佈於後城鄉、龍門所鄉、貓峪鄉、鎮寧堡鄉、炮梁鄉、東柵子鄉、龍關鎮。	基本成南－北和北－南走向。
崇禮縣。位於縣境東部、南部，分佈於清三營鄉、白旗鄉、西灣子鎮、馬丈子鄉、四臺嘴鄉、場地鄉、高家營鄉。	分別延崇禮、赤城交界呈北－南走向和崇禮、宣化交界呈東－西走向曲折前行。
宣化縣。位於縣境北部，分佈於李家堡鄉、大白陽鄉、葛峪堡鄉、東望山鄉、梅家營鄉，北與崇禮縣交界。	呈東　西走向。
張家口市區。位於市區東窯子鄉，分佈於市區北部、西北部與崇禮、萬泉交界處的山嶺上。	呈東－西和南－北走向。

表2.2　河北省境內北魏泰常八年長城烽燧分佈簡表〔註10〕

分佈地區	烽燧數量	烽燧形制、規模
赤城縣	65座	多爲圓形，底徑4～14米，殘高1.5～6米，多在牆體內側較高的山峰上，與牆體不相連。
崇禮縣	178座	石砌，平面呈圓形，底徑長4～20米，殘高0.8～5米。東段自樺皮嶺北坡至大尖山之間的部分烽燧四周有圍牆，牆體殘高0.5～2米，烽燧和圍牆之間有壕，深1～2米。

〔註8〕河北省地方志編纂委員會：《河北省志》第81卷《長城志》第一編《戰國——金代長城》第三章《北朝——金代長城》，北京：文物出版社，2011年，第49頁。

〔註9〕表2.1資料來源於《河北省志》第81卷《長城志》第一編《戰國——金代長城》第三章《北朝——金代長城》第一節《北魏明元帝赤城陰山長城》部分

〔註10〕表2.2數據來源於《河北省志》第81卷《長城志》第一編《戰國——金代長城》第三章《北朝——金代長城》第一節《北魏明元帝赤城陰山長城》部分

宣化縣	78座	石砌，平面呈圓形，底徑長4～20米，殘高0.8至5米。
張家口市區	敵臺、烽火臺56座	平面呈方形或圓形，石砌或夯土臺心外包磚石。底邊（徑）長8～10米，殘高3～10米，夯層0.15～0.2米。

2・秋冬季加強北疆防禦

柔然「夏則散眾放畜，秋肥乃聚，背寒向溫，南來寇抄」〔註11〕，表明受「逐水草而居」這一生產、生活方式的影響，每逢嚴寒之季，柔然便會離開蒙古高原酷寒之地，遷徙到漠南地區。柔然如果主動南侵，勢必影響北魏北部邊疆的穩定與安全；即使不發動軍事侵擾，柔然也會因其機動性極強、善於長途奔襲作戰的優勢，對北魏北部邊疆地區形成潛在隱患。所以，自明元帝起，北魏統治者在秋冬之際，會格外重視對北部邊疆的防禦。如《魏書》卷三《明元帝紀》載：

> （泰常七年）十有一月，泰平王親統六軍出鎮塞上，安定王彌與北新公安同居守。

由上述史料所載明元帝多從皇室與北族系成員中選任漠南地區駐軍將領，顯示出北魏統治者對秋冬之季北部邊疆軍事防禦的重視。

由於明元帝時期北魏統治集團內部政爭激烈，而且那時北魏尚未完全統一北方，黃河流域當時存在的幾個政權也分散著拓跋軍兵，北魏實力因此仍較為有限。這種局面下，北魏推行的內外政策是「隆基固本，內和外輯」〔註12〕，所以，在北疆防守方面，明元帝所實施的僅是以修建長城、秋冬季節加強北疆防守力量為代表的被動防禦策略。

二・太武帝時期

1・設置六鎮

為進一步完善北部邊疆防禦，北魏太武帝下詔在陰山地區設置六鎮。關於太武帝所置六鎮，清代學者沈垚在《六鎮釋》中所作北魏北疆六鎮為「沃野、懷朔、武川、撫冥、柔玄、懷荒」這一主張〔註13〕，得到多數學者的認

〔註11〕魏收：《魏書》卷三五《崔浩傳》，北京：中華書局，1974年，第817～818頁。

〔註12〕魏收：《魏書》卷二《明元帝紀》，北京：中華書局，1974年，第64頁。

〔註13〕沈垚：《落帆樓文集》卷一《六鎮釋》，《續修四庫全書》編纂委員會：《續修四庫全書・集部・別集類》第1525冊，上海：上海古籍出版社，2013年，第361頁。

同，本文亦遵從這一觀點。（關於古今學者對北魏六鎮見解，見本段論述後表2.4）

　　關於北魏六鎮的修築時間，《魏書》卷三〇《來大千傳》：「延和（432～434）初，車駕北伐，（來）大千爲前鋒，大破虜軍。世祖以其壯勇，數有戰功，兼悉北境險要，詔大千巡撫六鎮，以防寇虜。經略布置，甚得事宜」。這是六鎮最早見於史籍記載的年代，本文謹愼認爲六鎮設置於延和之前〔註14〕，但應該是在太武帝拓跋燾時期，特別應該在神䴥年間。

　　來大遷此次「經略布置」，結合北魏明元帝時所築長城，北魏北部邊疆形成了點（北疆六鎮）、線（泰常八年長城）相結合的防禦體系。

　　太武帝所設置六鎮，除沃野鎮地處陰山之南的黃河衝擊平原，懷朔鎮、武川鎮、撫冥鎮、柔玄鎮、懷荒鎮五鎮皆在陰山北部地勢險要之處。這就反映出，首先，北魏太武帝設置六鎮，旨在加強對山川險阻、地勢衝要之處的重點防守；其次，太武帝時，北魏北疆防線進一步向北推移，拓展到陰山北部地區。

　　關於六鎮地望，見表2.3 北魏六鎮鎮城簡表

表2.3　北魏六鎮鎮城簡表

軍鎮名稱	鎮城地望變化	鎮城城址如今位置	城址地勢	形制、規模
沃野鎮〔註15〕	開始設置於漢代沃野縣故城，今內蒙古自治區臨河市西南。太和十年，遷至漢朔方故城，今內蒙古自	內蒙古自治區巴彥淖爾盟烏拉特前旗大佘太鎮根子場村。即沃野鎮始設時的漢代沃野縣故城。	地處黃河衝擊平原，北依狼山，南鄰烏梁素海。	東西長約1500米，南北寬約600米。

〔註14〕六鎮設置年代，學界長期以來不能統一。周一良先生在《北魏鎮戍制度續考》中認爲六鎮設於道武帝皇始年間。張鼎彝在其所編撰的《綏乘》卷三中認爲六鎮設置於太武帝始光年間。臺灣三軍大學編著的《中國歷代戰爭史》第六冊《南北朝》中認爲北魏太武帝於神䴥二年，爲鞏固當年北征柔然的成果，下令在北部邊疆地區設置六鎮。鮑桐在《北魏北疆幾個歷史地理問題的探索》中根據《魏書》有關六鎮記載，分析太武帝於延和年間設置六鎮。李書吉在《六鎮防線考》中依據《魏書》中六鎮出現的時間順序，認爲六鎮設置於太武帝延和二年。

〔註15〕內蒙古自治區文物考古研究所：《內蒙古文化遺產叢書·巴彥淖爾文化遺產·魏晉北朝時期》，北京：文物出版社，2014年，第217～219頁。

	治區巴彥淖爾盟杭錦後旗東北部。 宣武帝正始初期，遷至唐代天德軍以北，即今烏梁素海以北。〔註16〕		
懷朔鎮 〔註17〕		內蒙古自治區包頭市固陽縣城東北35公里的陰山北麓懷朔鎮城圐圙村西南。	南依陰山，北倚蒙古高原，西南40公里爲北魏時期中原穿越陰山的咽喉要道「稒陽道」。	東牆長934米，南牆長1416米，西牆長1167米，北牆長1150米。
武川鎮 〔註18〕		內蒙古自治區包頭市達爾罕茂明安聯合旗希拉穆仁城圐圙古城		
撫冥鎮 〔註19〕		內蒙古自治區烏蘭察布盟四子王旗烏蘭花鎮土城子村西南。	位於陰山北部內蒙古高原丘陵地帶。城址東側爲平坦開闊的小平原，遠處爲陰山餘脈的筆架山西緣。	城址由主城和套城組成。主城東西長約912米，南北寬約921米。套城南牆向西約766米，西牆向北長約839米，北牆向東長約1100米，東牆向南長約466米。

〔註16〕 唐長儒先生根據《魏書》、《元和郡縣圖志》、《太平寰宇記》、《資治通鑒》、《水經注》等文獻中有關沃野鎮鎮城遷徙變化的相關記載，在《北魏沃野鎮的遷徙》一文中認爲北魏時期沃野鎮鎮城經歷三次遷徙，「沃野鎮始置實在漢沃野縣故城（今內蒙臨河縣西），太和十年（486）遷於漢朔方故城（今內蒙杭錦旗北），正始元年（504）又遷於唐天德軍北（今內蒙五原東北）。」

〔註17〕 內蒙古自治區文物考古研究所：《內蒙古文化遺產叢書·包頭文化遺產·魏晉北朝隋唐時期》，北京：文物出版社，2014年，第137～141頁。

〔註18〕 內蒙古自治區文物考古研究所：《內蒙古文化遺產叢書·包頭文化遺產·魏晉北朝隋唐時期》，北京：文物出版社，2014年，第135頁。

〔註19〕 內蒙古自治區文物考古研究所：《內蒙古文化遺產叢書·烏蘭察布文化遺產·魏晉北朝時期》，北京：文物出版社，2014年，第122頁。

柔玄鎮〔註 20〕		內蒙古自治區烏蘭察布盟察右後旗韓勿拉河流域克里孟古城。〔註 21〕		
懷荒鎮〔註 22〕		河北省張家口尚義縣哈拉溝古城。〔註 23〕		

圖 2.1　北魏六鎮分佈圖〔註 24〕

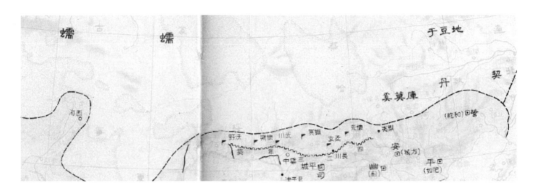

2・增設赤城鎮

《魏書》卷三《明元帝紀》載泰常八年所築長城之分佈：

> （泰常八年）二月戊辰，築長城於長川之南，起自赤城，西至五原，延袤二千餘里，備置戍衛。

據此，北魏於泰常八年所築之長城西起五原、東至赤城。而太武帝所置之六鎮分佈範圍僅覆蓋泰常八年長城之西部、中部、及東部小部分地區，所以，用於抵禦柔然的泰常八年長城東部地區在防禦上存在空虛。因此，太武帝在懷荒鎮東南部的赤城設置軍鎮（赤城鎮出現於北魏，始於太武帝時期，且僅見於《魏書》卷五二《趙逸傳》，所以，本文謹慎推斷赤城鎮設置於太

〔註 20〕鮑桐：《北魏北疆幾個歷史地理問題的探索》，載《中國歷史地理論叢》，1999年第 3 期，第 68 頁。

〔註 21〕張文平、袁永明主編：《輝騰錫勒草原訪古》，北京：文物出版社，2017 年，第 127 頁。

〔註 22〕鮑桐：《北魏北疆幾個歷史地理問題的探索》，載《中國歷史地理論叢》，1999年第 3 期，第 68～69 頁。

〔註 23〕張文平、袁永明主編：《輝騰錫勒草原訪古》，北京：文物出版社，2017 年，第 133 頁。

〔註 24〕轉引、截取自程光裕、徐聖謨主編：《中國歷史地圖》（上冊），臺北：中國文化學院出版部，1980 年，南北朝圖（一）宋魏圖，第 35～36 頁。

武帝時期），以加強北部邊疆東部地區的軍事防禦。

關於太武帝所設赤城鎮將及其行事事蹟，《魏書》卷五二《趙逸傳》載：

> 趙逸……（太武帝）拜中書侍郎。神廳三年三月……久之，拜
> 寧朔將軍、赤城鎮將，綏和荒服，十有餘年，百姓安之。頻表乞免，
> 久乃見許。

又《魏書》卷八六《孝感・趙琰傳》載趙逸之生卒：

> 皇興中，京師儉，婢簡粟耀之，（趙）琰遇見切責……初爲兗
> 州司馬，轉團城鎮副將。還京，爲淮南王他府長史。時禁制甚嚴，
> 不聽越關葬於舊兆。琰積三十餘年，不得葬二親。

根據上述史料，本文認爲，首先，趙逸在擔任北疆東部防區赤城鎮將期
間，在安撫邊疆民族、維護邊疆地區穩定方面發揮了積極作用。第二，趙逸
至遲在太武帝太延年間（435～439）出任赤城鎮將〔註25〕，太平眞君五年
（公元444），趙逸開始上表請求去職；由「（趙逸）頻表乞免，久乃見許」，
表明趙逸任赤城鎮將直到太武帝後期；「時禁制甚嚴」，應在孝文帝太和年
間；據「（趙）琰積三十餘年，不得葬二親」，可謹愼得知，趙逸卒於太武帝
後期即太平眞君末年。據此，趙逸自太武帝太延年間直到太平眞君年間久任
赤城鎮將。太武帝讓趙逸久任赤城鎮將，一方面是鑒於趙逸「綏和荒服」這
一治理、防守邊疆的政績；另一方面，也和太延至太平眞君年間北魏頻繁與
北疆民族發生軍事衝突這一嚴峻的邊疆形勢有關。

3・修築「畿上塞圍」

北魏太武帝還下令在六鎮防線、陰山以南、平城以北之間的地區修築「畿
上塞圍」，以配合六鎮防線及泰常八年長城，加強對北疆與首都平城的防禦。
關於太武帝下令修築「畿上塞圍」，《魏書》卷四下《太武帝紀下》載：

> （太平眞君七年六月）丙戌，發司、幽、定、冀四州十萬人築
> 畿上塞圍，起上谷，西至於河，廣袤皆千里。

> （太平眞君九年）二月癸卯，行幸定州。山東民飢，啓倉賑之。
> 罷塞圍作。

《資治通鑑》卷一二四、一二五有關太武帝下令修築「畿上塞圍」記載

〔註25〕 牟發松：《北魏軍鎮考補》，載《魏晉南北朝隋唐史資料》（第7期），武漢：
武漢大學出版社，1985年，第65頁。

與《魏書》相同。

　　根據上述史料，本文認爲，首先，從北魏此次徵發勞動力眾多、歷時較長，可見修築「畿上塞圍」工程規模之大，即《魏書》所載「廣袤皆千里」。其次，「畿上塞圍」之「畿」，當指北魏首都平城及周邊地區，「上」，據學者研究，應爲平城以東之上谷〔註26〕。第三，關於「畿上塞圍」的地理分佈，「廣袤皆千里」之「廣」，爲東西走向，「畿上塞圍」的東方起點爲上谷，向西依次經過燕州廣寧與大寧兩郡，向北至參合陂，經平城北部，向西北包括北魏舊都盛樂，最終西至黃河河套東側；「袤」，爲「畿上塞圍」的南北走向，即黃河河套東部至北魏關中重鎮離石鎮一帶〔註27〕。據此，北魏太武帝下令所築「畿上塞圍」之東西走向部分，與北魏六鎮、泰常八年長城尤其是與陰山南線的雲中、白道等軍事防禦區相互配合，有利於鞏固北疆防線的後方、加強北疆防守，抵禦柔然入侵。

　　據考古調查，分佈於內蒙古烏蘭察布灰騰梁之上的類似於漢代烽燧，但與漢代烽燧有所區別的烽戍遺存帶，學者認爲是北魏畿上塞圍的遺存〔註28〕。此區域北魏烽戍遺址共 46 座，分佈於烏蘭察布的集寧、興和、察右前旗、察右中旗和卓資等地；自東向西延綿分佈有數條線路，「同一條線路之上的烽戍可兩兩相望，不同線路之上的烽戍有時亦可交叉相望」〔註29〕。如上考古調查，分佈於內蒙古烏蘭察布的北魏畿上塞圍部分之烽戍分佈形勢，有助於加強平城以北至六鎮東部之間區域的防禦。

〔註26〕 朱大渭：《北朝歷代建置長城及其軍事戰略地位》，《朱大渭學術經典文集》，太原：山西人民出版社，2013 年，第 417 頁。

〔註27〕 朱大渭：《北朝歷代建置長城及其軍事戰略地位》，《朱大渭學術經典文集》，太原：山西人民出版社，2013 年，第 417～418 頁。

〔註28〕 張文平、袁永明主編：《輝騰錫勒草原訪古》，北京：文物出版社，2017 年，第 135 頁。

〔註29〕 張文平、袁永明主編：《輝騰錫勒草原訪古》，北京：文物出版社，2017 年，第 135 頁。

圖 2.2　左雲縣境內明長城內側的北魏「畿上塞圍」夯築牆體遺存〔註30〕

圖 2.3　內蒙古烏蘭察布灰騰梁北魏烽戌分佈圖〔註31〕

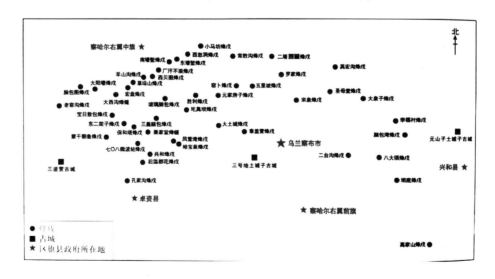

〔註30〕轉引自魏堅：《金陵與畿上塞圍——左雲北魏遺存初識》圖六，吉林大學邊疆
　　　　考古研究中心：《邊疆考古研究》（第 9 輯），北京：科學出版社，2010 年，第
　　　　219 頁。
〔註31〕轉引自張文平、袁永明主編：《輝騰錫勒草原訪古》，北京：文物出版社，2017
　　　　年，圖 5-4　灰騰梁北魏烽戌分佈示意圖，第 136 頁。

4・重視夏季對北疆的防禦

太武帝時期，每逢夏季，北魏會對東部之北燕、西部之北涼進行軍事征討，而活躍於北方、實力強大的柔然也會趁機南侵，對北魏的軍事征討形成掣肘。所以，太武帝在夏季征討東、西部割據政權時，會特別加強北部邊疆地區的防禦。如《魏書》卷四上《太武帝紀上》載：

> （延和元年）六月庚寅，車駕伐和龍。詔尚書左僕射安原等屯于漠南，以備蠕蠕。

> （太延五年）六月甲辰，車駕西討沮渠牧犍……大將軍、長樂王嵇敬，輔國大將軍、建寧王崇二萬人屯漠南，以備蠕蠕。

《魏書》卷三〇《安同傳附安原傳》載：

> （太武帝）車駕征昌黎，（安）原與建寧王崇屯于漠南以備蠕蠕。

《魏書》卷四〇《陸俟傳》載：

> 世祖親征赫連昌，詔（陸）俟督諸軍鎮大磧，以備蠕蠕。

據上述史料，並參考當時相關史實，太武帝每逢征討東、西部政權之際加強北疆的軍事防禦，旨在解決因抽調軍隊所造成的北部邊疆及平城地區防守力量空虛的問題。

北魏太武帝對其北疆的經略，若以北魏與柔然的實力消長變化以及雙方的攻防形勢演變來劃分，可分為兩個階段，以神䴥二年（429）為界限，此前為北魏在北疆的被動防守，此後為北魏在北疆的主動防禦。

前一階段，太武帝即位初期，北魏一方面必須防禦實力處於上升狀態的柔然，另一方面，北魏還在與西秦、北涼、北燕及大夏等政權對峙，這使北魏太武帝無法集中精力對付柔然。因而，此時北魏經略其北疆，太武帝只好利用明元帝泰常八年長城及陰山等險要地勢做被動的防守。

神䴥二年以後，北魏與柔然的攻守態勢發生重要轉變。北魏於始光二年（425）和神䴥二年（429）發動的兩次大規模軍事進攻，使柔然受到嚴重削弱。其中，始光二年北魏的北征，迫使柔然「大檀部落駭驚北走」〔註32〕，從此柔然王庭逐漸遠離北魏；神䴥二年的北征，北魏又奪取大勝，柔然損失慘重，陷於「國落四散」的嚴重局面；同時而稍後，高車乘柔然兵敗「殺大

〔註32〕魏收：《魏書》卷一〇三《蠕蠕傳》，北京：中華書局，1974年，第2292頁。

檀種類」。柔然政權元氣大傷，部民逃離，「前後歸降（北魏者）三十餘萬」，北魏又「俘獲（柔然）首虜及戎馬百餘萬匹」〔註33〕。此後，再無柔然對北魏大規模軍事進攻的記錄，本文據此認為此後柔然勢衰且腹背受敵，再無發動對北魏大規模進攻的軍事能力。柔然離亂後，北魏又連續幾次發動大規模軍事襲擊，以進一步削弱柔然實力。

既已控制住柔然，北魏乃於 431 年擊大夏、436 年吞北燕、439 年占北涼，遂統一整個北方地區。版圖範圍、人口規模的擴大，使北魏實力大增，具備了將柔然的主要力量驅逐於西北的雄厚力量。因而出現了太武帝在北疆設置軍鎮、戍堡、調整軍事佈防、修築「畿上塞圍」以將北疆防線向北推進的這些積極防禦政策的實施。從此至孝文帝時，北魏統治者均實行向北推進防線、修建軍事工程等積極的防禦策略。

表 2.4　歷代學者關於北魏北疆六鎮詮釋表

學　　者	所詮釋之北魏北疆六鎮	資　料　來　源
（唐）李吉甫	沃野、懷朔、武川、撫冥、柔玄、懷荒	李吉甫：《元和郡縣圖志》卷四《豐州》，北京：中華書局，1983 年，第 115 頁。
（宋）王應麟	懷荒、沃野、武川、懷朔、高平、薄古律	王應麟：《玉海》卷一九《地理・州鎮》，上海：上海書店，1987 年，第 365 頁。
（宋、元）胡三省	武川、撫冥、懷朔、懷荒、柔玄、禦夷	《資治通鑒》卷一三六南齊永明二年條「胡三省注」
（清）沈垚	沃野、懷朔、武川、撫冥、柔玄、懷荒	沈垚：《落帆樓文集》卷一《六鎮釋》，《續修四庫全書・集部・別集類》第 1525 冊，上海：上海古籍出版社，2013 年，第 361～362 頁。
（清）顧祖禹	武川、撫冥、懷朔、懷荒、柔玄、禦夷	顧祖禹：《讀史方輿紀要》卷四《歷代州域形勢四・南北朝》，北京：中華書局，2005 年，第 176～177 頁。
（清）張穆	懷朔、武川、撫冥、懷荒、柔元（柔玄）、禦夷	張穆：《蒙古游牧記》卷五，臺北：文海出版社，1965 年，第 236 頁。
（清）楊守敬	沃野、懷朔、武川、撫冥、懷荒、禦夷	楊守敬：《歷代輿地沿革圖・北魏地形志圖》，臺北：聯經出版事業公司，1975 年，第 36～38 頁。

〔註33〕魏收：《魏書》卷一〇三《蠕蠕傳》，北京：中華書局，1974 年，第 2293 頁。

（清）段長基	武川、撫冥、懷朔、懷荒、柔元（即柔玄）、禦夷	段長基：《歷代疆域表》（第3冊），上海：商務印書館，1937年，第83頁。
夏曾佑	懷朔、高平、禦夷、懷荒、柔玄、沃野	夏曾佑：《中國古代史》第二篇《中古史》第二章《中衰時代（魏晉南北朝）》第三十節《拓跋氏之衰亂》，石家莊：河北教育出版社，2000年，第509頁。
谷霽光	薄骨律、柔玄、懷朔、沃野、武川、撫冥	谷霽光：《北魏六鎮的名稱和地域》，載《禹貢》（半月刊）第一卷第八期（1934年），第6～7頁。
俞大綱	沃野、懷朔、武川、撫冥、柔玄、懷荒	俞大綱：《北魏六鎮考》，載《禹貢》（半月刊）第一卷第十二期（1934年），第2～4頁。
臺灣三軍大學《中國歷代戰爭史》編纂委員會	武川、懷朔、撫冥、柔玄、懷荒、禦夷	臺灣三軍大學，編著：《中國歷代戰爭史》第六冊《南北朝》，北京：中信出版社，2012年，第116頁。
程光裕、徐聖謨	沃野、懷朔、武川、撫冥、柔玄、懷荒	程光裕、徐聖謨，主編：《中國歷史地圖》（上冊），臺北：中國文化學院出版部，1980年，第35～36頁。
嚴耕望	太武帝至孝文帝時期：懷朔、武川、撫冥、柔玄、懷荒、赤城 孝文帝時期以後：沃野、懷朔、武川、撫冥、柔玄、懷荒	嚴耕望：《中國地方行政制度史·魏晉南北朝地方行政制度》卷下《北朝地方行政制度》第十一章《北魏軍鎮》，上海：上海古籍出版社，2007年，第705頁。
王仲犖	沃野、懷朔、武川、撫冥、柔玄、懷荒	王仲犖：《北周地理志》附錄《北魏延昌地形志北邊州鎮考證》，北京：中華書局，1980年，第1102頁。
牟發松	太武帝至孝文帝太和十年：懷朔、武川、撫冥、柔玄、懷荒、赤城。 孝文帝太和十年以後：沃野、懷朔、武川、撫冥、柔玄、懷荒	牟發松：《六鎮新釋》，載《爭鳴》，1987年第6期，第98～102頁。
岑仲勉	沃野、懷朔、武川、撫冥、柔玄、懷荒	岑仲勉：《北魏國防的六鎮》、《懷荒鎮故址辯疑》，載岑仲勉：《中外史地考證》，北京：中華書局，1962年，第186～195頁。
潘國鍵	沃野、懷朔、武川、撫冥、柔玄、懷荒	潘國鍵：《北魏與蠕蠕關係研究》，臺北：臺灣商務印書館，1988年，第16頁。

張文平、苗潤華	沃野、懷朔、武川、撫冥、柔玄、懷荒	張文平、苗潤華:《長城資源調查對於北魏長城及六鎮鎮戍遺址的新認識》,載《陰山學刊》,2014 年第 6 期,第 18～30 頁。
李宗俊	沃野、懷朔、武川、撫冥、柔玄、懷荒	李宗俊:《唐前期西北軍事地理問題研究》第一章《朔方節度》,北京:中國社會科學出版社,2015 年,第 23 頁。
佐川英治	北魏遷都洛陽前:懷朔、武川、撫冥、柔玄、懷荒、赤城。 北魏遷都洛陽後:沃野、懷朔、武川、撫冥、柔玄、懷荒。另外加禦夷鎮。〔註 34〕	佐川英治:《北魏六鎮史研究》,《中國中古史研究》編委會:《中國中古史研究》第五卷,上海:中西書局,2015 年,第 104 頁。
張文平	470 年之前,沃野、懷朔、撫冥、柔玄、懷荒、禦夷;470 年之後,沃野、懷朔、武川、撫冥、柔玄、懷荒。	張文平、袁永明,主編:《輝騰錫勒草原訪古》,北京:文物出版社,2017 年,第 133 頁。

三・獻文帝時期

郁久閭予成即位爲柔然可汗後(約北魏獻文帝天安年間),柔然實力有所恢復,曾兩次侵犯北魏北疆。正是由於柔然邊患威脅的再次出現,使北魏北部邊疆防禦體系的弱點暴露出來,即《通典》卷一九六《邊防典第十二・蠕蠕》所載「六鎮勢分,倍眾不鬭,互相圍逼,難以制之」。也就是駐防軍力量分散,不能形成對外敵入侵的有效抵抗。新的形勢決定,北魏統治集團必須對其北疆的經略政策進行大規模調整。

關於北魏獻文帝調整其經營北疆的政策,《通典》卷一九六《邊防典第十二・蠕蠕》記載了當時北魏大臣刁雍提出的建議:「今宜依故於六鎮之北築長城,以禦北虜。雖有暫勞之勤,乃有永逸之益。即於要害,往往開門,造小城於其側,因地卻敵,多置弓弩。狄來有城可守,有兵可捍。既不攻城,野掠無獲,草盡則走,終必懲艾」。刁雍的建議不但受到獻文帝的重視,並被採納,得以實施。據之,此次北魏調整北疆防禦策略,以六鎮爲後方防禦

〔註 34〕 佐川英治在《北魏六鎮史研究》中指北魏遷都洛陽後,「將『沃野──禦夷』七鎮稱爲『六鎮』。沒有稱爲七鎮是因爲即便在遷都洛陽後,原本安置東部高車的懷朔鎮以東六鎮依然發揮著作用。」

依託，於六鎮之北再修築長城。這就意味著，北魏北疆防線此時在陰山以北六鎮一線的基礎上，得以進一步向北推進。而其中的「即於要害」、「因地卻敵」，則反映出此時北魏在其北疆防禦中已經注意到「純用人力」的古代邊疆防守要略為「每依山河爲險要」〔註 35〕、「地形者，兵之助」〔註 36〕等影響軍事行動的地形因素；「造小城於其側」，就是在要害城堡周圍，分築輔助軍事設施；「多置弓弩」，則表明北魏重視配備兼具防禦與進攻性能的武器。由上可見，當時北魏北方守軍已經注意其主翼與側翼軍事設施的相互配合，配備高效能的軍事裝備，並且注重結合山川之險，從而形成了對作戰機動性極強的柔然騎兵的有效防禦。

《通典》卷一九六《邊防典第十二·蠕蠕》又載刁雍還建議結合北部邊疆自然地形對北疆駐防軍的兵種進行調整。「宜發近州武勇四萬人，及京師二萬人，合六萬人，爲武士。於苑內立征北大將軍府，選忠勇有志幹者以充其選，下置官屬。分爲三軍，二萬人專習弓射，二萬人專習刀楯，二萬人專習騎矟……至八月，征北部率所鎮與六鎮之兵，直至磧南，揚威漠北。狄若來拒，與之決戰。若其不來，然後分散其地，以築長城。」根據這段史料，本文認爲，首先，「二萬人專習弓射」，弓屬於拋射兵器，爲冷兵器時代對抗步兵與騎兵的有利武器，結合北疆軍鎮所處陰山有利的自然地形，「專習弓射」的二萬人成爲進可攻退可守的軍事力量；其次，「二萬人專習刀楯」，是用於近距離格鬥作戰的力量，盾是用以掩護身體、抵禦弓箭鋒刃的防護型武器，通常與刀劍等近距離格鬥兵器配合使用〔註 37〕；第三，「二萬人專習騎矟」，則是主要用於進攻的作戰機動效率極高的騎兵。北魏北疆陰山地區，山地、溝壑、平原等複雜地形匯聚，所以，北魏此次軍事佈防調整，採用多種武器共同配置、多兵種協同防禦的策略。

獻文帝採納刁雍修建長城、調整北疆軍鎮兵種部署的建議，獲得了「邊境獲其利」這一積極成果。

關於北魏中期在其北疆地區所修建的長城，據考古調查，稱爲「北魏六鎮長城」，按長城走向，又可分爲北魏六鎮長城北線與南線〔註 38〕；以修築時

〔註 35〕　景佐綱，修；張鏡淵，纂：《察哈爾省·懷安縣志》，《中國方志叢書·塞北地方》，臺北：成文出版社，1968 年，第 19 頁。
〔註 36〕　杜佑：《通典》卷一五九《兵十二》，北京：中華書局，1988 年，第 4072 頁。
〔註 37〕　《中國軍事史》編寫組《中國歷代軍事裝備》第二章《冷兵器時代的軍事裝備》，北京：解放軍出版社，2007 年，第 77 頁。
〔註 38〕　內蒙古自治區文化廳、內蒙古自治區文物考古研究所：《內蒙古自治區長城資

間順序而論，六鎮長城南線早於北線〔註39〕。所以，《通典》卷一九六《邊防典第十二・蠕蠕》所載刁雍「於六鎮之北築長城」，應為「北魏六鎮長城」之南線長城〔註40〕。

關於北魏六鎮長城南線的分佈，《內蒙古自治區長城資源調查報告・北魏長城卷》載：「起自烏蘭察布市商都縣東北部的山丘前坡地上，呈東北－西南走向，貫穿於商都縣中部，再經察哈爾右翼後旗中部、察哈爾右翼中旗北部，穿越四子王旗中南部，這段牆體大體呈東－西走向。到四子王旗中南部復轉東北－西南走向，進入達爾罕茂明安聯合旗東南部，在丘陵草原地帶西南行，止於陰山山脈北麓」〔註41〕。牆體總長 260.151 千米〔註42〕。（關於北魏六鎮長城南線在內蒙古各行政區的分佈，見表2.7）

據考古發掘與調查，六鎮長城南線發現戍堡15座，均為土築，於南線長城所經區域均有分佈，其中四子王旗較集中，戍堡據長城牆體直線距離為0.13～1.23千米，戍堡間距約3千米〔註43〕。由此可以看出，北魏六鎮長城南線地帶的軍事防禦設施分佈較為密集，明顯能夠改善北魏前期北疆軍事據點稀疏、駐防軍軍力分散等缺陷，有利於北魏對北疆的防禦與對柔然的主動出擊。

關於六鎮長城南線戍堡分佈規模見表2.5

　　　源調查報告・北魏長城卷》第一章《概述》，北京：文物出版社，2014年，第5頁。

〔註39〕 內蒙古自治區文化廳、內蒙古自治區文物考古研究所：《內蒙古自治區長城資源調查報告・北魏長城卷》第一章《概述》，北京：文物出版社，2014年，第5頁。

〔註40〕 內蒙古自治區文化廳、內蒙古自治區文物考古研究所：《內蒙古自治區長城資源調查報告・北魏長城卷》第一章《概述》，北京：文物出版社，2014年，第4～5頁。

〔註41〕 內蒙古自治區文化廳、內蒙古自治區文物考古研究所：《內蒙古自治區長城資源調查報告・北魏長城卷》第二章《六鎮長城南線》，北京：文物出版社，2014年，第8頁。

〔註42〕 內蒙古自治區文化廳、內蒙古自治區文物考古研究所：《內蒙古自治區長城資源調查報告・北魏長城卷》第二章《六鎮長城南線》，北京：文物出版社，2014年，第7頁。

〔註43〕 內蒙古自治區文化廳、內蒙古自治區文物考古研究所：《內蒙古自治區長城資源調查報告・北魏長城卷》第五章《結論》，北京：文物出版社，2014年，第86頁。

表2.5　六鎮長城南線戍堡情況簡表〔註44〕

戍堡名稱	所屬地區	規模、形制
常家村戍堡	商都縣	40*37 米
當郎忽洞 1 號戍堡	察哈爾右翼後旗	42*37 米
當郎忽洞 2 號戍堡	察哈爾右翼後旗	42*40 米
格爾哈套戍堡	察哈爾右翼中旗	41*38 米
德義戍堡	四子王旗	41*22 米
蘇計營盤 1 號戍堡	同上	40*38 米
蘇計營盤 2 號戍堡	同上	41*38 米
蘇計營盤 3 號戍堡	同上	42*38 米
蘇計營盤 4 號戍堡	同上	46*43 米
蘇計營盤 5 號戍堡	同上	45*38 米
嘎順戍堡	同上	42*38 米
善達戍堡	達爾罕茂明安聯合旗	30*25 米
鄂黑烏蘇 1 號戍堡	同上	西牆 35，其他 30 米。
鄂黑烏蘇 2 號戍堡	同上	35*35 米
塔拉牧民戍堡	同上	31*31 米

　　刁雍此次邊疆防禦調整，六鎮南線長城與沿線戍堡相互配合，結合兵種的重新調整及武器裝備的改善，以六鎮為後方防禦依託，使北疆防線又進一步向北推移，北疆地區形成了完善的縱深防禦體系。

　　自太武帝給予柔然重創，北魏北疆獲得「邊疆息警」〔註45〕的有利形勢；柔然則因此「怖威北竄，不敢復南」〔註46〕。從北魏文成帝時期起，柔然便把對外擴張的重心轉移到西域，至獻文帝後期，柔然已經取得了對西域的大體控制，「西方諸國，今皆已屬蠕蠕」〔註47〕。柔然在文成帝、獻文帝時期雖數次南侵北魏，但規模較為有限，已不能構成對北魏北疆的較大威脅。北魏北部邊疆環境雖然得到改善，但柔然依舊時而犯邊，故而北魏獻文帝不得

〔註44〕表 2.4 數據來源於內蒙古自治區文化廳、內蒙古自治區文物考古研究所著《內蒙古自治區長城資源調查報告・北魏長城卷》第五章《結論》之表四北魏長城戍堡統計表。

〔註45〕魏收：《魏書》卷一○三《蠕蠕傳》，北京：中華書局，1974 年，第 2295 頁。

〔註46〕魏收：《魏書》卷一○三《蠕蠕傳》，北京：中華書局，1974 年，第 2295 頁。

〔註47〕魏收：《魏書》卷一○二《西域傳》，北京：中華書局，1974 年，第 2263 頁。

不下令繼續在北疆進行主動、積極的防禦部署。

四・孝文帝時期

太和十九年（495），李衝上書孝文帝，分析北魏南北邊疆形勢，「魏境所掩，九州過八，民人所臣，十分而九。所未民者，惟漠北之與江外耳」〔註48〕。李沖所言之「江外」，指南朝蕭齊政權，此時蕭齊正陷入宗室就爭奪最高統治權所進行的骨肉相殘的內部鬬爭中，不存在大規模北攻北魏的力量，不能構成對北魏南部邊疆的大規模威脅。這裡的「漠北」，主要指柔然，雖則柔然經過北魏太武帝至孝文帝初期一系列的軍事打擊，力量已被大幅削弱，但此時尚存一部分實力，並不時對北魏北疆地區進行擄掠，仍是威脅北魏北方邊疆穩定的隱患。因此，孝文帝對北疆的經略仍然高度重視，主要體現在修建長城、調整六鎮指揮區、設置禦夷鎮、秋冬季節加強北疆防禦四個方面。

1・修建長城

《魏書》卷五四《高閭傳》載太和八年（484），高閭上書孝文帝，奏請修建長城。按高閭此次上書與皇興年間刁雍上書，多有相似。清代學者嚴可均認爲刁雍上表與高閭上表，除個別字句，表文全同。根據《高閭傳》，大臣上奏請求修建長城者乃高閭，非刁雍〔註49〕。但是根據考古實地調查，北魏六鎮長城分爲南北兩線，並且南線的修築時間早於北線，據此，高閭上書奏請修築之長城應爲六鎮長城北線。

據考古調查資料，「北魏六鎮長城」之北線長城走向趨勢爲成東北－西南走向蜿蜒分佈於烏蘭察布、包頭、呼和浩特，東段起點爲烏蘭察布四子王旗白音朝克圖鎮烏蘭哈達嘎查，向西南經四子王旗，進入包頭達爾罕茂明安聯合旗，向南進入呼和浩特武川縣二份子鄉，西南至西烏蘭不浪鎮水泉村西南的丘陵北坡溝口東岸，牆體總長爲 190.063 千米〔註50〕。（關於北魏六鎮長城北線在內蒙古各行政區的分佈，見表 2.7）

六鎮北線長城沿線發現有戍堡遺址 17 座，均分佈於烏蘭察布盟四子王旗境內，17 座戍堡與六鎮北線長城「牆體的直線距離爲 0.015～0.356 千米，戍

〔註48〕 魏收：《魏書》卷五三《李沖傳》，北京：中華書局，1974 年，第 1184 頁。
〔註49〕 嚴可均，輯：《全後魏文》，北京：商務印書館，1999 年，第 298 頁。
〔註50〕 內蒙古自治區文化廳、內蒙古自治區文物考古研究所：《內蒙古自治區長城資源調查報告・北魏長城卷》第三章《六鎮北線長城》，北京：文物出版社，2014 年，第 47～48 頁。

堡間距 1.7～2.7 千米……低山丘陵地區，戍堡間距略短；平緩草原地區，戍堡間距稍遠」〔註 51〕。根據資料，可以看出在已發現戍堡的地區內，戍堡分佈的密集度較高，一定程度上會改變「六鎮勢分，倍眾不鬭，互相圍逼，難以制之」這一不利局面。

關於六鎮北線長城戍堡分佈、規模，見表 2.6 六鎮長城北線地區戍堡情況簡表

表 2.6　六鎮長城北線戍堡情況簡表〔註 52〕

戍 堡 名 稱	所 屬 地 區	規模、形制
白星圖 1 號戍堡	烏蘭察布盟四子王旗	27*23.5 米
白星圖 2 號戍堡	同上	27*25.5 米
白星圖 3 號戍堡	同上	20*18 米
紅水泡 1 號戍堡	同上	22*20 米
紅水泡 2 號戍堡	同上	27*25 米
烏蘭淖爾 1 號戍堡	同上	26*24 米
烏蘭淖爾 2 號戍堡	同上	26*25 米
烏蘭淖爾 3 號戍堡	同上	26*26 米
敦達吾素 1 號戍堡	同上	26*26 米
敦達吾素 2 號戍堡	同上	26*25 米
敦達吾素 3 號戍堡	同上	24*23 米
敦達吾素 4 號戍堡	同上	25*24 米
敦達吾素 5 號戍堡	同上	26*26 米
海日罕楚魯 1 號戍堡	同上	26*26 米
海日罕楚魯 2 號戍堡	同上	25*24 米
海日罕楚魯 3 號戍堡	同上	25*25 米
什卜太戍堡	同上	25*24 米

〔註 51〕 內蒙古自治區文化廳、內蒙古自治區文物考古研究所：《內蒙古自治區長城資源調查報告·北魏長城卷》第五章《結論》，北京：文物出版社，2014 年，第 86 頁。
〔註 52〕 表 2.6 數據來源於內蒙古自治區文化廳、內蒙古自治區文物考古研究所著《內蒙古自治區長城資源調查報告·北魏長城卷》第五章《結論》之表四北魏長城戍堡統計表。

表 2.7　北魏六鎮長城北線、南線在內蒙古各行政區分佈情況表〔註53〕

長城牆體	烏蘭察布商都縣	烏蘭察布察哈爾右翼後旗	烏蘭察布察哈爾右翼中旗	烏蘭察布四子王旗	包頭市達爾罕茂明安聯合旗	呼和浩特市武川縣
六鎮長城北線				途經白音朝克圖鎮、查干補力格蘇木、吉生太鎮。此區域長城牆體呈外向弧線形分佈，呈東北－西南走向。	途經達爾罕鎮、石寶鎮。此區域長城牆體呈外向弧線形分佈，成東北－西南走向。	途經二份子鄉、西烏蘭不浪鎮。此區域內長城牆體呈直線分佈，整體呈南－北走向。
六鎮長城南線	途經玻璃忽鏡鄉、屯墾隊鎮。此區域內長城牆體呈內外弧線形彎曲分佈，呈東北－西南走向。	途經紅格爾圖鎮、當郎忽洞蘇木。此區域內長城牆體呈直線分佈，呈東－西走向。	途經庫倫蘇木。此區域內長城牆體呈內外弧線形分佈，呈東南－西北走向。	途經供濟堂鎮、查干補力格蘇木、吉生太鎮。此區域內長城牆體前段大體呈直線分佈，局部地段內有內外弧線形彎曲，穿越山地呈西北行。至巴音陶勒蓋牧點以西的中斷牆體，總體呈外向圓弧形分佈，由東南－西北走向轉爲東北－西南走向。	途徑石寶鎮、希拉穆仁鎮。此區域內長城牆體呈內外弧線形彎曲分佈，成東北－西南走向。	

　　北魏六鎮長城兩北兩線地帶的軍事防禦設施分佈較爲密集，明顯能夠進一步改善北魏前期北疆軍事據點稀疏、駐防軍軍力分散等不利因素，有利於北魏的北部邊疆防禦與對柔然的主動出擊。除此之外，六鎮長城北線的修築，一方面，進一步鞏固了北魏對陰山以北地區即北魏北疆最前沿地帶的控制；另一方面，六鎮長城北線與南線南北結合，有利於對「六鎮防線」〔註54〕與獻文帝時向北推進的北疆防線這兩條防線的鞏固。

〔註53〕此表資料來源於內蒙古自治區文化廳、內蒙古自治區文物考古研究所所著《內蒙古自治區長城資源調查報告・北魏長城卷》第二章《六鎮長城南線》、第三章《六鎮長城北線》。

〔註54〕李書吉、趙洋：《六鎮防線考》，載《史志學刊》，2015 年第 1 期，第 79 頁。

　　《魏書》卷五四《高閭傳》載北魏孝文帝此次採納高閭「於六鎮之北築長城」之議，目的是「以禦北虜」，表面上是築城固守，但其實質則反映出：一方面，本是胡族性質的北魏政權逐漸用構築長城輔以軍事征討這一漢族政權防禦邊疆的方式來捍衛北疆、抵禦草原游牧民族的軍事威脅；另一方面，標誌著自獻文帝、孝文帝以來，北魏對其北疆的防禦政策由太武帝時的主動對外征討即以攻爲守轉變爲以積極防禦爲核心。正因爲獻文帝、孝文帝時北魏北疆防禦政策由攻向守的轉變，有學者認爲前代漢族政權在邊疆經略中的主防政策得到出身游牧民族的拓跋鮮卑統治者認可，進而北魏北疆防禦政策呈現出鮮明的「農業社會化」即漢族式特徵﹝註 55﹞。這或許可作爲北魏孝文帝在軍事方面進行漢化改革的重要舉措。

2.調整六鎮指揮區

　　北魏前期至孝文帝遷都平城之前，首都平城距北疆軍鎮較近，北魏可以對北部邊疆軍鎮管轄範圍內的事態做出快速反應。因此不須「聯合數鎮別置督將」﹝註 56﹞。但自孝文帝謀劃遷都洛陽及遷都洛陽之後，統治者的注意力逐漸南移，而且，新首都對北疆軍鎮的控制由於空間距離的增大而明顯困難。﹝註 57﹞這就使《通典》卷一九六《邊防典第十二.蠕蠕》所載「六鎮勢分，倍眾不鬭，互相圍逼，難以制之」的劣勢再次凸顯出來。因此，爲整合北疆軍鎮防守力量，從謀劃遷都開始，孝文帝傚仿「州刺史加督數州之制，而有北鎮都督區之制」﹝註 58﹞。在此政策影響下，北疆六鎮

﹝註 55﹞潘國鍵：《北魏與蠕蠕關係研究》第三章《史論：北魏與蠕蠕關係對中西歷史發展的影響》，臺北：臺灣商務印書館，1988 年，第 128～129 頁。

﹝註 56﹞嚴耕望：《中國地方行政制度史.魏晉南北朝地方行政制度》卷下《北朝地方行政制度》第二章《州郡縣與都督總管區》，上海：上海古籍出版社，2007年，第 447 頁。

﹝註 57﹞《魏書》卷七八《孫紹傳》載正光年間孫紹上書北魏孝明帝「往在代都，武質而治安；中京以來，文華而政亂。故臣昔於太和，極陳得失，具論四方華夷心態，高祖垂納，文應可尋」，由孫紹之上奏，可知，一方面，北魏孝文帝實行漢化改革後，由於北魏統治重心與關注重心向南部地區的轉移，北魏北部邊疆軍鎮從國家所獲得之關注程度不可與之前相較；另一方面，北魏孝文帝統治政策由武向文的轉變，必然會使北魏國家統治政策以武質爲主時期的積極進取，特別是在邊疆開拓與經營上的銳意進取態勢有所減弱，落實到北部邊疆經營上，相應地由之前的積極進攻與主動防禦相結合轉變爲以主動防禦爲主，甚至向被動防禦轉變。

﹝註 58﹞嚴耕望：《中國地方行政制度史.魏晉南北朝地方行政制度》卷下《北朝地方行政制度》第二章《州郡縣與都督總管區》，上海：上海古籍出版社，2007

形成了兩個都督區，西部形成了以懷朔鎮為主的都督區，東部形成了以柔玄鎮為主的都督區。

懷朔鎮都督區，《魏書》卷一九上《景穆十二王上‧陽平王新成傳附拓跋安壽傳》載孝文帝後期，拓跋安壽「累遷懷朔鎮大將，都督三道諸軍事，北討」。拓跋安壽任懷朔鎮大將都督之「三道」，以地理形勢便利而言，以懷朔鎮為中心，兼及懷朔以西之沃野鎮、以東之武川鎮。

柔玄鎮都督區，《魏書》卷一六《道武七王‧京兆王黎傳附元繼傳》載孝文帝時，元繼「除使持節、安北將軍、撫冥鎮都大將，轉都督柔玄、撫冥、懷荒三鎮諸軍事、鎮北將軍、柔玄鎮大將」。元繼所任柔玄鎮大將，兼有統轄撫冥、懷荒二鎮軍事指揮之權。由以上論述以及之前北魏統治者對北疆地區的經略，孝文帝時北魏北疆的經略、防禦格局為以漠南、陰山地區為防衛依託，在上述地區設置多重防線；尤其是陰山地帶的北疆軍鎮由於都督區的設置而彼此相互配合，進而形成唇亡齒寒之勢。

由於懷朔鎮、柔玄鎮分別控制著由草原經陰山南入中原的兩個重要交通孔道，即達爾罕茂明安聯合旗磧口、二連浩特磧口〔註 59〕，地理位置十分重要，所以懷朔鎮、柔玄鎮成為六鎮中的核心軍鎮。

3‧設置禦夷鎮

為進一步完善北部邊疆的防禦體系，北魏孝文帝於太和年間在北疆六鎮東部地區設置禦夷鎮。《水經注》卷一四《沽水》載，「（禦夷鎮城）魏太和中，置以捍北狄也」。北魏於孝文帝太和年間所置之禦夷鎮，首要防禦對象，為柔然。

　　　年，第 447 頁。

〔註 59〕鮑桐：《北魏北疆幾個歷史地理問題的探索》，載《中國歷史地理論叢》，1999
　　　年第 3 期，第 72 頁。

圖 2.4　北魏北部邊疆中部、東部之武川鎮、撫冥鎮、 柔玄鎮、懷荒鎮、禦夷鎮分佈圖〔註60〕

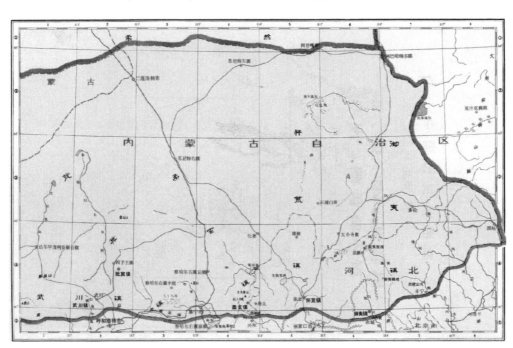

4‧重視秋冬季對北疆防禦的加強

孝文帝繼承了自明元帝開始實行的秋冬季加強北疆防禦的政策。如《魏書》卷一六《道武七王‧河南王曜傳附拓跋平原傳》載孝文帝太和初期至太和十一年：

> （拓跋平原）每歲率諸軍屯於漠南，以備蠕蠕。

儘管北魏前期統治者在秋冬之際臨時向北疆派遣軍隊以加強當地防禦，並且收到一定積極效果，但是仍有大臣對此措施提出質疑。如《魏書》卷四一《源賀傳》載：

> （孝文帝初期）詔（源賀）都督三道諸軍，屯于漠南。是時，
> 每歲秋冬，遣軍三道並出，以備北寇，至春中乃班師。賀以勞役京
> 都，又非禦邊長計，乃上言：「請募諸州鎮有武健者三萬人，復其徭
> 賦，厚加賑恤，分爲三部。二鎮之間築城，城置萬人，給強弩十二

〔註60〕轉引自譚其驤主編：《中國歷史地圖集‧東晉十六國南北朝時期》，北京：中國地圖出版社，1982 年，第 53 頁，武川、禦夷等鎮圖。

床，武衛三百乘。弩一床，給牛六頭；武衛一乘，給牛二頭。多造馬槍及諸器械，使武略大將二人以鎮撫之。冬則講武，春則種殖，並戍並耕，則兵末勞而有盈畜矣。又於白道南三處立倉，運近州鎮租粟以充之，足食足兵，以備不虞，於宜爲便。不可歲常舉眾，連動京師，令朝庭恒有北顧之慮也。」事寢不報。

根據上述史料，首先，源賀認爲北魏統治者每年秋冬之季加強北疆防禦是「勞役京都」、「非禦邊長計」。這是因爲，自明元帝經略北部邊疆，至孝文帝時期，北疆防禦以當地駐防軍及北疆軍鎮、附近所屬戍堡爲主，除此之外，無其他防禦力量。爲此，北魏統治者不得不在每年秋冬季臨時抽調軍隊到北疆地區駐防以加強北疆的防禦。就是說，雖然北魏北部邊疆自明元帝至孝文帝，歷經五代統治者的經略，國防工程體系日漸完善，但是，北疆地區的防守力量僅有北疆軍鎮的駐防軍，進而使北疆缺少「穩定的防務力量」〔註61〕。而爲補充北疆的駐防軍事力量，北魏統治者「每歲秋冬，遣軍三道並出，以備北寇，至春中乃班師」，軍隊頻繁移動、調防，又涉及到士兵的休整與訓練，及國家後勤保障問題；「歲常舉眾，連動京師」，表明影響到平城地區的防守，所以源賀有「勞役京都」、「非禦邊長計」之憂。第二，源賀所上非常完備的補充、完善北部邊疆防禦力量及後勤保障的方案，並沒有被北魏統治階層所採納，和獻文帝至孝文帝初期「宮闈之變」〔註62〕即統治階層內部政爭有關。據此，孝文帝後期，北魏應是繼續在每年秋冬季臨時向北疆派遣軍隊以加強北疆防守。

上述情況顯示出北魏孝文帝實施經略北疆政策之後，進一步加強、完善了自太武帝時形成的點（北疆軍鎮）、線（長城）相結合的防禦體系。

北魏孝文帝逐步實行漢化政策，同時把首都南遷洛陽，北魏的政治中心隨之南移〔註63〕；同時孝文帝施政的要點與目標是改變之前的北魏統治者「咸

〔註61〕 張金龍：《北魏中後期的北邊防務及其與柔然的和戰關係》，載《西北民族研究》，1992 年第 2 期，第 51 頁。

〔註62〕 魏收：《魏書》卷六《獻文帝紀》，北京：中華書局，1974 年，第 132 頁。

〔註63〕 宋代葉適在《習學記言序目》卷三四《魏書・帝紀》中認爲，「拓跋遷都平城，純用胡法控勒諸夏，故最爲長久。孝文慨慕華風，力變夷俗，始遷洛邑，根本既虛，隨即崩潰，亦不過數十年，天下復還中國之舊矣。然則用夏變夷者，聖人之道也；以夷制夏者，夷狄之利也；失其利則衰，反其常則滅」。《習學記言序目》卷三四《列傳・文成文明皇后馮氏傳》又載葉適所言「孝文都洛最無謂。周公雖有四方朝貢道里均之說，然成周固未嘗受遷邑之利，五帝三

以威武爲業，文教之事，所未遑也」〔註64〕。也就是說，北魏孝文帝的內外政策由武向文的轉變，加之此時柔然勢力已有所削弱，因此在經略北疆政策方面，孝文帝進一步繼承、實施了以積極防禦爲主的策略。雖然孝文帝較爲注重對北疆的經略，但需要注意的是，北魏首都南遷洛陽，北魏統治者對外擴展集中於南疆地區，這使得北魏統治者對北疆經營的重視程度、對北疆經略所投入的人力與物力，與北魏前期相比較，會有一定的減少。所以，自孝文帝後期起，北魏對其北疆的經略，就存在著逐漸鬆弛的現象，至宣武帝時期，北疆經略鬆弛的現象全面暴露出來，與此相應，柔然對北魏北疆的威脅與壓力也逐漸增大。

五·宣武帝時期

1·增設戍堡、調整六鎮防線

《魏書》卷四一《源賀傳附源懷傳》載正始元年（504），柔然再次南侵，宣武帝令源懷「出據北蕃，指授規略，隨須徵發，諸所處分皆以便宜從事」。

代何嘗有都洛之文。況王政廢興，豈在都邑，乃漢以後經生相承，誇大其辭耳。孝文自合更爲其國開百餘年深厚之業，豈謂一遷洛而根本浮動，墳廟宗族，皆已棄絕，邊徼鎮戍，單寒無衣。向非孝文，便當身見禍亂，然亦竟十餘年而國爲墟矣。蓋好名慕古而不實見國家大計，其害至此」。如史料所述，宋代葉適對北魏孝文帝遷都之措辭，甚爲激烈，乃至極端。葉適認爲北魏孝文帝遷都以及漢化改革，完全拋棄了拓跋鮮卑原有之尚武精神，不僅使鮮卑上層銳意進取之精神減少，亦使拓跋鮮卑在北方之根基即代北平城漸趨衰弱，進而使其對北方軍鎮關注逐漸減少，致使北方軍鎮防禦漸趨頹廢，最終導致北方防線的瓦解。葉適將北魏北方防線的削弱、甚至北魏的衰弱，歸爲北魏孝文帝漢化改革、遷都，有失之偏頗之嫌。因爲，北魏孝文帝實行漢化改革、遷都洛陽，最終是要把胡族性質的國家改造成漢族正朔式政權，以融入中原。需要注意的是，北魏孝文帝所實行的改姓氏、定姓族之策，實際上並沒有包括所有北族，只是實現了南遷洛陽北族的門閥化，將遷洛北族與漢族社會逐漸融爲一體；但是卻忽略了原本做爲北魏皇帝臣子、爲北魏守衛北方邊疆的六鎮集團成員，洛陽胡漢統治集團與六鎮集團成員在政治地位、經濟利益方面的差別愈加明顯，這必然會使六鎮集團成員對洛陽胡漢集團心生不滿，甚至對洛陽採取了反抗的方式即六鎮之亂的發生。所以，穩妥的說，由於北魏孝文帝遷都洛陽後、實行漢化改革過程中，一方面是對北方邊疆給予的關注不如從前，另一方面是沒有有效處理好六鎮集團與洛陽胡漢集團之間的利益關係致使六鎮集團由自己的邊疆捍衛者轉變爲對立者，進而最終瓦解了北魏前期統治者經營的北部邊疆防線。

〔註64〕魏收：《魏書》卷七下《孝文帝紀下》，北京：中華書局，1974年，第187頁。

源懷「至恒代，案視諸鎮左右要害之地，可以築城置戍之處。皆量其高下，揣其厚薄，及儲糧積仗之宜，犬牙相救之勢」以後上書，「去歲復鎮陰山，庶事蕩盡，遣尚書郎中韓貞、宋世量等檢行要險，防遏形便。謂準舊鎮東西相望，令形勢相接，築城置戍，分兵要害，勸農積粟，警急之日，隨便剪討」。宣武帝採納源懷請求，於是又建成「北鎮諸戍東西九城」。

關於北魏宣武帝正始年間源懷巡視、經營六鎮，《太平寰宇記》卷三六《關西道十二·靈州》載「蘭山澤六鎮三戍，按陸恭之《風土記》云：『正始三年，尚書源思禮、侍郎韓貞巡撫蕃塞，以沃野鎮居南，與蘭山六鎮不齊，源別置三戍。」《魏書》卷八八《良吏·宋世景傳》又載「（宋世景）頻爲左僕射源懷引爲行臺郎。巡察州鎮十有餘所，黜陟賞罰莫不咸允。遷徙七鎮，別置諸戍，明設亭候，以備北虜」。

根據上述史料，本文認爲，首先，源懷所言「去歲復鎮陰山，庶事蕩盡」，表明自宣武帝時期開始，北魏北部邊疆邊備鬆弛的現象日益顯露。正與《魏書》卷七八《孫紹傳》載孫紹於宣武帝延昌年間上奏「徵兵儲粟之要……山河要害之權，緩急去來之用，持平赴救之方，節用應時之法……何得而忽」相互印證。其次，源懷等人已注意到沃野鎮與其他北疆軍鎮在地理位置方面相比，過於偏南，所以，爲整合六鎮防線，使沃野鎮轄區與其他北疆軍鎮轄區東西連成一體，對沃野鎮鎮城進行遷徙，改變其原來鎮城過於偏南的形勢；「別置三戍」以進一步加強沃野鎮地區的防守力量；《魏書》所載源懷此次經略部署，修築「北鎮諸戍東西九城」、「遷徙七鎮，別置諸戍，明設亭候」，目的是提高北疆軍鎮地區軍事防禦城池的分佈密度，使各個軍鎮轄區相互銜接、消除防禦中的真空地帶，即《魏書》所載「令形勢相接」。第三，宣武帝此次經略北疆，表面看來，北疆軍鎮防線進一步完善與加強，六鎮鎮城與附屬戍堡爲主的防禦格局體系最終形成；但與北魏宣武帝統治集團重視重新部署北疆軍鎮防線的情況相反，位於北疆軍鎮以北的六鎮長城從宣武帝時起已不見於《魏書》等史籍記載。據此，本文審慎認爲，北魏宣武帝統治集團重視對北疆軍鎮防線的經營，其實質則顯示了當時北魏北疆前沿防線從六鎮長城一線南退至六鎮一帶，之前獻文帝、孝文帝下令修築的六鎮長城南線、北線在宣武帝時期已有棄置之傾向。

2．繼承軍鎮協同防守體系

《魏書》卷三〇《陸真傳附陸延傳》載正始年間陸延「都督沃野、武川、

懷朔三鎮諸軍事、安北將軍、懷朔鎮大將」。這段記載告訴我們，首先，陸延作爲懷朔鎮的最高軍事長官，有統轄懷朔鎮的權力；其次，陸延還擁有統一指揮、調度沃野鎮、武川鎮軍事事務及軍隊的權力。進而反映出自孝文帝時期形成的懷朔鎮都督區在宣武帝時期得到繼承，在捍衛北疆中繼續發揮重要作用。

北魏孝明帝時期，以懷朔鎮爲主的軍事協同防禦體系仍然存在。如《魏書》卷四四《宇文福傳》載：「熙平初……（宇文福）都督懷朔、沃野、武川三鎮諸軍事，征北將軍，懷朔鎮將」。這條史料表明，懷朔鎮自建立，至北魏後期，一直是北魏北疆軍鎮中抵禦柔然的核心軍鎮。

宣武帝時，北魏四周邊疆形勢較爲穩定，「邊徼稽服」〔註65〕。在北疆經略方面，宣武帝雖然實行以增建軍事防禦設施、調整六鎮軍事區爲代表的積極防禦策略；不可忽視的是，此期北魏北疆前沿防線已呈現出由六鎮長城一線向南收縮的趨勢。

六‧孝明帝時期至孝莊帝時期

宣武帝時，北魏北疆軍鎮已出現由州刺史指揮的現象，此前北疆軍鎮地位與州相平行的局面開始改變。如《魏書》卷五○《慕容白曜傳附慕容契傳》載慕容契「轉都督朔州、沃野懷朔武川三鎮三道諸軍事，後將軍，朔州刺史」。

軍鎮隸屬於州管轄，是北疆軍事區再一次的整合、擴大，有利於人員、軍事物資的統一調動，遇有外敵入侵，整合後的軍事區可憑藉自身力量獨擋一方。所以，北魏統治者有必要對軍鎮與州的地位問題進行改革。如《魏書》卷八九《酷吏‧酈道元傳》載「蕭宗以沃野、懷朔、薄骨律、武川、撫冥、柔玄、懷荒、禦夷諸鎮並改爲州，其郡縣戍名令準古城邑。詔道元持節兼黃門侍郎，與都督李崇籌宜置立，裁減去留，儲兵積粟，以爲邊備」。但據《魏書》卷一八《太武五王‧廣陽王建閭傳附元深傳》載「（孝明帝）遣兼黃門侍郎酈道元爲大使，欲復鎮爲州，以順人望。會六鎮盡叛，不得施行」。史實證明，因受六鎮叛亂的影響，孝明帝改軍鎮爲州的政策並沒有被實施。另據《魏書》卷一○六上《地形志上》所載「蔚州。永安中改懷荒、禦夷二鎮置」，可知孝明帝改鎮爲州的政策在孝莊帝時期得到了部分實施。

〔註65〕魏收：《魏書》卷八《宣武帝紀》，北京：中華書局，1974年，第215頁。

北魏自宣武帝以後「政綱不張」〔註66〕、「孝昌之末，天下淆然，外侮內亂」〔註67〕，混亂的政局及實力的削弱，必然使北魏統治者無暇他顧，因此在北疆經略方面，北魏後期的統治者只是局部的調整，無大規模的改革。需要注意的是，孝明帝、孝莊帝之際，是北魏國家內部實力、矛盾轉變的關鍵時期。孝明帝正光年間爆發的六鎮之亂（六鎮叛亂，一般被認爲是北魏後期北方軍鎮胡族集團對洛陽政府漢化的反抗活動，或者被排擠於洛陽中央政府之外的北方胡漢集團對門閥貴族的反抗），對北魏歷代統治者所經營的北疆防線給予嚴重打擊，北魏北疆防線從此逐漸瓦解，正如史載「正光之末，艱虞每起，戍卒跋扈，搖盪疆塞」〔註68〕、「北鎮紛亂，所在蜂起，六鎮蕩然，無復蕃捍」〔註69〕，上述史料反映出，六鎮之亂使北魏經營的北部邊疆防線蕩然無存；從此，北魏北方邊疆及腹地之安全再無保障依託。雖然六鎮之亂在北魏軍隊與柔然軍隊的聯合鎮壓之下被平定，而北魏卻又面臨河陰之變所帶來的下一波威脅，上述兩次內部矛盾，進一步加劇北魏實力削弱的趨勢。北魏統治集團在內亂中忙於自救，自然無法再對擔負捍衛北疆安全重任的軍鎮給予更多關注。即使北魏統治者想在北疆有所作爲，其改革措施也因動盪的局勢不得不推遲或擱置。

附論 1　北魏對陰山以南軍事防線的經營

善無，在北魏道武帝時期，被規劃爲首都平城的京畿之地，《魏書》卷一一○《食貨志》載，「天興初，制定京邑，東至代郡，西及善無，南極陰館，北盡參合，爲畿內之田」。因此，善無的防守，事關首都平城的安全。善無也自然成爲柔然南侵平城的必經之路。所以，自北魏道武帝規劃善無起，善無就多次遭到柔然的侵擾。如《魏書》卷一○三《蠕蠕傳》載，「天興五年，社崙聞太祖征姚興，遂犯塞，入參合陂，南至豺山及善無北澤」。

太武帝西征，曾抽調部分平城及北疆防守軍事力量，柔然再次趁機越過北魏北部邊疆防線，南侵至善無，《魏書》卷二七《穆崇傳附穆壽傳》載，「興

〔註66〕 魏收：《魏書》卷九《孝明帝紀》，北京：中華書局，1974 年，第 249 頁。

〔註67〕 魏收：《魏書》卷一○《孝莊帝紀》，北京：中華書局，1974 年，第 268 頁。

〔註68〕 洛陽市文物管理局：《洛陽出土少數民族墓誌彙編》，鄭州：河南美術出版社，2011 年，第 110 頁。

〔註69〕 魏收：《魏書》以四《高涼王拓跋孤傳傳元天穆傳》，北京：中華書局，1974 年，第 355 頁。

駕征涼州，命壽輔恭宗，總錄要機，內外聽焉……世祖謂壽曰：『蠕蠕吳提與牧犍連和，今聞朕征涼州，必來犯塞，若伏兵漠南，殄之爲易。朕故留壯兵肥馬，使卿輔佐太子。收田既訖，便可分伏要害，以待虜至，引使深入，然後擊之，擒之必矣……』……壽信卜筮之言，謂賊不來，竟不設備。而吳提果至，侵及善無，京師大駭」。後在平城守將長孫道生力戰之下，柔然撤退，京畿之地化險爲夷。基於上述情況，北魏統治者爲確保首都平城安全，除積極經略北部邊疆防線之外，對平城以北、陰山以南地區的軍事防禦部署也是非常重視的。

關於北魏在平城以北、陰山以南軍事佈防的選擇，可從以下記載中得知。

《魏書》卷三《明元帝紀》載，「（泰常四年）冬十有二月癸亥，西巡，至雲中，踰白道，北獵野馬於辱孤山。至于黃河，從君子津西渡，大狩於薛林山。」

《魏書》卷三〇《閭大肥傳》載，「世祖初，（閭大肥）復與奚斤出雲中白道討大檀，破之」。

明元帝從平城前往陰山地區狩獵、北魏軍隊征討柔然從平城向漠北進發，都必須經過雲中、白道，表明雲中、白道爲溝通平城與陰山、乃至漠北地區的重要交通孔道。

又如《魏書》卷三五《崔浩傳》所載崔浩上書明元帝「（蠕蠕）提挈而來，雲中、平城則有危殆之慮」便反映出北魏對雲中的控制與否，直接影響到首都平城的安危。

由《魏書》卷四一《源賀傳》載源賀就北疆軍鎮後勤補給問題上書獻文帝「於白道南三處立倉，運近州鎮租粟以充之，足食足兵，以備不虞，於宜爲便」可知武川鎮南部的白道適宜於作爲北魏北疆軍鎮的後勤補給區。

根據以上論述，雲中、白道具有重要的軍事地理地位，所以，北魏對平城以北、陰山以南地區軍事部署防禦，主要在雲中、白道地區展開。

1·經略雲中

北魏通過設置雲中鎮、雲中鎮將，以經略雲中地區的軍事佈防。

《魏書》卷三〇《安同傳附安原傳》載，「（明元帝時，安原）出監雲中軍事……（明元帝）知原驍勇，遂任以爲將，鎮守雲中。寬和愛下，甚得眾心。蠕蠕屢犯塞，原輒摧破之」。由此可知，自明元帝起，北魏就開始經略雲中的防守。

根據《魏書》中相關記載，將北魏時期雲中鎮將任職者列於表 2.8

表 2.8　北魏時期雲中鎮將任職者簡表

任職者	出　身	任職時間	事　　蹟	資料來源
安原	北族	明元帝	「（明元帝）知原驍勇，遂任以爲將，鎮守雲中。寬和愛下，甚得眾心。蠕蠕屢犯塞，原輒摧破之。」	《魏書》卷三○《安同傳附安原傳》
來大千	北族	太武帝	「從（太武帝）討蠕蠕，戰功居多。遷征北大將軍……鎮雲中，兼統白道軍事。賊北叛，大千前後追擊，莫不平殄。」	《魏書》卷三○《來大千傳》
周觀	北族	太武帝	「驍勇有膂力，每在軍陳，必應募先登……世祖即位，從討蠕蠕。以軍功進爲都副將，鎮雲中。」	《魏書》卷三○《周觀傳》
陸宜	北族	太武帝	「（陸）俟族弟宜，雲中鎮將。」	《魏書》卷四○《陸俟傳附陸宜傳》
朱修之	南朝劉宋降人	太武帝	「朱修之……世祖善其固守……爲雲中鎮將。」	《魏書》卷四三《朱修之傳》
司馬楚之	歸順北魏的東晉皇族	太武帝至文成帝	「（太武帝）拜（司馬楚之）假節、侍中、鎮西大將軍、開府儀同三司、雲中鎮大將、朔州刺史……在邊二十餘年，以清儉著聞。」	《魏書》卷三七《司馬楚之傳》
司馬金龍	東晉皇族後裔，司馬楚之之子。	獻文帝	「（獻文帝）拜（司馬金龍）鎮西大將軍、開府、雲中鎮大將、朔州刺史。」	《魏書》卷三七《司馬楚之傳附司馬金龍傳》
司馬躍	東晉皇族後裔，司馬楚之之子。	孝文帝	「（司馬躍）代兄爲雲中鎮將、朔州刺史。」「楚之父子相繼鎮雲中，朔土服其威德。」	《魏書》卷三七《司馬楚之傳附司馬躍傳》
奚干	北族	獻文帝至孝文帝	「故徵士奚君諱智字洮籌者……君故大人大莫弗烏洛頭之曾孫，內行羽眞散騎常侍鎮西將軍雲中鎮大將內亦干之孫，兗州治中衛將軍府長史步洛汗之子。」 「君諱眞……曾祖使持節鎮西將軍雲中鎮大將干，氣略勇毅，威偃邊夷。」	《故徵士奚君墓誌》，《漢魏南北朝墓誌彙編》 《魏故孝廉奚君墓誌銘》，《漢魏南北朝墓誌彙編》

　　《魏書》所記載的 9 任雲中鎮鎮將中，出自北族系者 5 人，占總人數的 55.55%，並且上述北族系出身者具有良好的軍事素養；由東晉、南朝投奔北魏者 4 人，占總人數的 44.45%，需要注意的是，這 4 人都是較早歸附北魏者，具有深厚的軍事素養，並且深得北魏統治者信任。由北魏統治者對雲中鎮鎮將選任的重視，可見雲中鎮在平城以北、陰山以南軍事防禦中所佔之地位。

2．經略白道

　　據《魏書》卷八七《節義・段進傳》所載「段進……世祖初，為白道守將。蠕蠕大檀入塞，圍之，力屈被執。進抗聲大罵，遂為賊殺」可知至遲在太武帝初期，已有白道鎮。

　　《水經注》卷三《河水注》載，「（芒干水）西南逕白道南谷口，有城在右，縈帶長城，背山面澤，謂之白道城。自城北出有高阪，謂之白道嶺。」根據上述史料，白道城在白道嶺以南、雲中鎮以北，是陰山南部雲中與陰山北部武川鎮往來的必經之路。據此，除武川鎮之外，白道城為雲中鎮防守及向北進攻的前沿。所以，北魏統治者對白道城及附近地區的防守部署是非常重視的。

　　夾於陰山防線與雲中之間的白道城力量較為薄弱，如果柔然突破陰山防線，進入陰山以南地區，白道城易於為柔然所佔。所以，北魏統治者讓白道後方的雲中鎮將領統領白道軍事事務，以整合雲中與白道的軍事力量。如《魏書》卷三〇《來大千傳》載，「（來大千）從（太武帝）討蠕蠕，戰功居多。遷征北大將軍……鎮雲中，兼統白道軍事。賊北叛，大千前後追擊，莫不平殄。」

　　有關白道、白道城、白道嶺之地望，據考古調查，今內蒙古呼和浩特西北攸攸板壩口子村壩口子古城為北魏白道城 〔註 70〕，呼和浩特西北攸攸板壩底村附近蜿蜒壩白色道路為白道、白道南北走向的山嶺為白道嶺 〔註 71〕。

〔註70〕蘇哲：《內蒙古土默特川、大青山的北魏鎮戍遺跡》，北京大學中國傳統文化研究中心：《北京大學百年國學文萃・考古卷》，北京：北京大學出版社，1998年，第 642 頁。

〔註71〕汪宇平：《從〈水經注〉的論述看呼和浩特市郊北部的山川形勢和文物古蹟》，閻文儒、陳玉龍：《向達先生紀念論文集》，烏魯木齊：新疆人民出版社，1986年，第 785～786 頁。

圖 2.5　北魏白道、白道嶺山川圖〔註72〕

圖 2.6　《水經注圖》所載之武川鎮、白道城、雲中城及
周邊山川、水利形勢圖〔註73〕

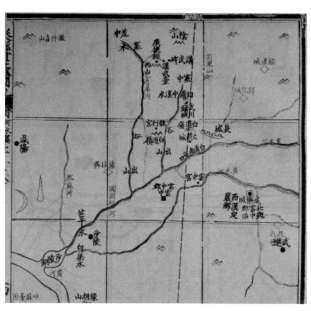

（圖中之黑體標識，為北魏時期修築之城鎮、存在之城址、河流）

〔註72〕 轉引自汪宇平：《從〈水經注〉的論述看呼和浩特市郊北部的山川形勢和文物
古蹟》，閻文儒、陳玉龍：《向達先生紀念論文集》，烏魯木齊：新疆人民出版
社，1986 年，圖七。

〔註73〕 （清）楊守敬，等編繪：《水經注圖》，北京：中華書局，2009 年，第 117 頁。

　　另據考古調查，位於內蒙古呼和浩特攸攸板壩口子村壩口子古城西北約11 公里的壩頂古城遺址與呼和浩特武川縣大青山鄉烏蘭不浪土城梁村西北約 1 公里的土城梁古城為北魏時期呼應陰山以北武川鎮與陰山之南白道城、乃至白道城以南雲中城的鎮戍遺址〔註74〕。據此，北魏時期在武川鎮地區，形成了以武川鎮為防禦的最前沿地帶，中間有壩頂城、土城梁城兩座鎮戍，向南依次有白道城、雲中城的縱深防禦體系。經過整合的雲中鎮與白道軍事部署，進一步加強了作為平城以北的武川鎮防守體系、蕃屏地位，使武川鎮在防禦柔然南侵中可獨當一面。

　　根據以上論述，至北魏太武帝後期，北魏首都平城以北至北疆地區，形成了北有六鎮防線，中間有陰山險要為憑藉，陰山以南次第有白道、雲中一線，泰常八年長城防線與畿上塞圍等共計四道軍事防線相互依託的防禦格局。

3・經略平城京畿

　　公元 494 年，北魏遷都洛陽後，一方面，統治者的注意力南移，另一方面，洛陽與北魏北疆軍鎮、舊都平城的地理距離增大。在上述因素影響下，首先，南遷洛陽的北魏統治者對北疆軍鎮及靠近北疆的舊都平城地區的指揮、控制在時間效率上必然不如以前；其次，北疆軍鎮及平城地區的防守力量由於政治中心的遷徙而受到部分程度的削弱。所以，為加強、完善北疆陰山地帶的防守，北魏統治者在陰山以南、平城舊都以北設置平城鎮，以加強陰山南線地區的防禦。

　　據平城鎮鎮府機構及其軍事長官在《魏書》中出現的時間，可以審慎認為，平城鎮始置於宣武帝前期。如《魏書》卷五〇《慕容白曜傳附慕容契傳》載「正始初，除（慕容契）征虜將軍、營州刺史。徙都督沃野、薄骨律二鎮諸軍事，沃野鎮將，轉都督禦夷、懷荒二鎮諸軍事，平城鎮將。」

　　《元朗墓誌》載「（宣武帝）以平城舊都，形勝之會，南據獫狁之前，東連肅貊之左，保境寧民，實擬賢戚。乃除君持節、征虜將軍、平城鎮將。君遂禦夷狄以威權，導民庶以禮信。其時十餘年間（宣武帝正始元年至孝明帝神龜元年，508～518），匈奴不敢南面如坐者，殆君之由矣」〔註75〕。據

〔註74〕蘇哲：《內蒙古土默特川、大青山的北魏鎮戍遺跡》，北京大學中國傳統文化研究中心：《北京大學百年國學文萃・考古卷》，北京：北京大學出版社，1998年，第 642 頁。

〔註75〕韓理洲，等輯校編年：《全北魏東魏西魏文補遺》，西安：三秦出版社，2010年，第 244 頁。

上述志文，首先，在地理形勢上，平城與北疆軍鎮一脈相連，北疆軍鎮與平城的堅守與否，事關北魏北方腹地的安危；其次，由元朗任職平城鎮將十餘年間，「匈奴不敢南面如坐者」，即柔然不能突破北疆陰山南北地帶防線，反映出平城鎮在與陰山一線軍鎮相互配合、加強陰山南部地帶防守中發揮了積極作用。

附論 2　北魏中後期的北疆軍鎮都督區

如前所述，自遷都洛陽開始，孝文帝邊仿傚中原腹地的都督區制度，在北疆軍鎮地帶實行都督區制。孝文帝之後的北魏統治者也繼承在北疆軍鎮推廣都督區制的措施，以加強北疆防守。孝文帝時，北疆軍鎮地區的都督區以懷朔鎮都督區和柔玄鎮都督區爲主；之後根據軍鎮的增設、整合，北疆軍鎮都督區又不斷得到調整。

表 2.9　北魏北疆軍鎮都督區簡表

北疆軍鎮都督區	任職都督者	都督區管轄範圍	時　間	史料來源
柔玄鎮都督區	元繼	柔玄鎮、撫冥鎮、懷荒鎮	孝文帝太和後期	《魏書》卷一六《道武七王·京兆王黎傳附元繼傳》
	元鷙	柔玄鎮、撫冥鎮、懷荒鎮	孝明帝正光二年	《元鷙墓誌》，《全北魏東魏西魏文補遺》
沃野鎮都督區	慕容契	沃野鎮、薄骨律鎮	宣武帝正始年間	《魏書》卷五四《慕容白曜傳附慕容契傳》
平城鎮都督區	元淑	平城鎮	宣武帝時期	《元淑墓誌》，《全北魏東魏西魏文補遺》
	慕容契	平城鎮、禦夷鎮、懷荒鎮	宣武帝正始年間	《魏書》卷五四《慕容白曜傳附慕容契傳》
朔州都督區	慕容契	朔州、沃野鎮、懷朔鎮、武川鎮	宣武帝正始年間	《魏書》卷五四《慕容白曜傳附慕容契傳》
	楊椿	朔州、沃野鎮、懷朔鎮、武川鎮	宣武帝永平年間	《魏書》卷五八《楊播傳附楊椿傳》
懷朔鎮都督區	陸延	懷朔鎮、沃野鎮、武川鎮	宣武帝正始年間	《魏書》卷三○《陸眞傳附陸延傳》
	宇文福	懷朔鎮、沃野鎮、武川鎮	孝明帝熙平年間	《魏書》卷四四《宇文福傳》

附論 3　《魏書》所失載之北魏北部邊疆軍鎮

　　查閱《北史》、《隋書》等正史文獻與《漢魏南北朝墓誌彙編》等墓誌文獻，北魏北部邊疆還有度斤鎮、賀延鎮的存在，而上述二鎮卻爲《魏書》所失載；因此，再結合《北史》、《隋書》與《漢魏南北朝墓誌彙編》展開對北魏北疆軍鎮的探討，可補《魏書》有關北魏北疆軍鎮記載之闕。

　　關於度斤鎮，《北史》卷三五《王慧龍傳附王寶興傳》載：「尙書盧遐妻，崔浩女也。初，寶興母及遐妻俱孕，浩謂曰：『汝等將來所生，皆我之自出，可指腹爲親。』及昏，浩爲撰儀，躬自監視，謂諸客曰：『此家禮事，宜盡其美。』及浩被誅，盧遐後妻寶興從母也，緣坐沒官。寶興亦逃避，未幾得出。盧遐妻時官賜度斤鎮高車滑骨，寶興盡賣貸產，自出塞贖之以歸。」根據上述史料並結合《魏書》有關崔浩家族在北魏太武帝後期的遭遇，可知：首先，王寶興到北方邊塞贖其從母應在北魏太武帝末期至文成帝之間。其次，按《魏書》，北魏多將降附與被俘之高車安置在其北部邊疆軍鎮一線，由此，部分高車部眾所在之度斤鎮亦位於北魏北疆軍鎮一線。而《隋書》卷五一《長孫覽傳附長孫晟傳》所載「（開皇）十七年，染干遣五百騎隨晟來逆女，以宗女封安義公主以妻之。晟說染干率眾南徙，居度斤舊鎮」亦可印證度斤鎮位於北魏北方前沿防線。第三，度斤鎮至遲在北魏太武帝時就已設置。

　　《元龍墓誌》載元龍父元度和在北魏之官曆「散騎常侍外都大官使持節鎮北將軍度斤鎮大將平舒男」〔註76〕，誌文云「太和之始」，元龍「襲爵平舒男」，據此，元度和至遲在北魏孝文帝延興至承明時期已任度斤鎮將；誌文又云元度和「任屬維城，守四方而作鎮」，表明度斤鎮在北魏北方軍鎮防禦體系中所佔之地位。

　　關於賀延鎮，《元寧墓誌》載元寧曾祖拓跋竭洛侯「使持節龍驤將軍雍州刺史外都大官賀延鎮都督武陽侯」〔註77〕，由誌文云元寧卒於正光五年（524），享年六十，可知元寧生於北魏文成帝和平五年（464），進而可審慎推測，拓跋竭洛侯出任賀延鎮都督大致在文成帝至獻文帝時期。《元愨墓誌》載「正光五年五月中，朔卒跋扈，侵擾邊塞，以君王室英傑，智勇絕倫，服未卒哭，詔起君爲統軍，北征賀延」〔註78〕亦顯示出賀延鎮位於北魏北疆地區。

〔註76〕趙超：《漢魏南北朝墓誌彙編》，天津：天津古籍出版社，2008年，第46頁。
〔註77〕趙超：《漢魏南北朝墓誌彙編》，天津：天津古籍出版社，2008年，第157頁。
〔註78〕洛陽市文物管理局，編著：《洛陽出土北魏少數民族墓誌彙編》，鄭州：河南美術出版社，2011年，第66頁。

墓誌中亦有「賀侯延鎭」之載。《元倪墓誌》載太和十五年，元倪之官曆「使持節安北將軍賀侯延鎭都大將始平公」〔註 79〕，說明賀侯延鎭於太和之世就已存在。有學者認爲賀侯延鎭「爲鮮卑語譯音，故稍有不同，或賀延爲其簡稱」〔註80〕。

綜觀北魏歷代統治者經略北疆，明元帝時期，北魏北依陰山，修築長城，憑藉陰山險要據守；太武帝時期，六鎭的成功設置，改變了自明元帝以來，北魏僅以陰山天險及長城爲防守屏障的局面，北魏北疆國防工程體系延伸至陰山以北、并向漠南挺近，進而使其北疆防線首次推進到陰山以北地區，由此使其對漠北柔然的政策由之前的被動防守轉變爲積極進攻的主動態勢與積極防禦相結合。以此爲基礎，又經過獻文帝、孝文帝的經略北疆，最終在孝文帝統治中期，北魏平城以北的北疆地區形成了至少三道非常穩固、規模龐大的軍事防線。第一道防線，即北魏北疆最前沿的六鎭長城防線；第二道防線，北魏北疆軍鎭防線，北依六鎭長城防線，南依陰山，即沃野鎭、懷朔鎭、武川鎭、撫冥鎭、柔玄鎭、懷荒鎭、赤城鎭、禦夷鎭，上述軍鎭多數位於陰山以北的險要之地，扼守交通要衝，構成以軍鎭鎭城爲核心軍事據點、以周圍戍堡爲輔，陰山以北東西點線結合的防禦體系。第三道防線，即陰山以南、平城以北的泰常八年長城與雲中至白道一線的防禦區。上述三道防線由北向南，依次展開，相互依託，步步爲營，形成了非常穩固與嚴密的軍事防禦體系。也就是說，北魏北疆防禦體系，始自明元帝，太武帝時期初具規模，至孝文帝中期最終形成。在此期間，柔然勢力不能深入陰山以南、京畿平城腹地，應與北魏北疆軍事防禦體系的嚴密、穩固密切相關。宣武帝至孝明帝統治時的六鎭之亂發生前，北魏北疆邊備出現鬆弛的現象、北疆防線雖然由六鎭長城一線向南收縮至六鎭一線，但是北魏統治者仍然較爲注重對六鎭、陰山一線的防禦經略，當地的軍事防禦據點進一步密集，所以，柔然勢力仍然不能爲患於陰山以南地區。需要注意的是，從孝文帝後期開始，至孝明帝時期，期間的北魏統治者經略北疆的重點集中在軍事防禦工程的修築方面，雖然有征討柔然的軍事行動，但卻是對柔然侵犯邊疆的回擊，較少主動

〔註79〕 洛陽市文物管理局，編著：《洛陽出土北魏少數民族墓誌彙編》，鄭州：河南美術出版社，2011 年，第 20 頁。

〔註80〕 牟發松：《北魏軍鎭考補》，武漢大學歷史系魏晉南北朝隋唐時研究室：《魏晉南北朝隋唐史資料》（第七期），1985 年，第 67 頁。

出擊柔然。所以，此時北魏統治者經略北疆政策由北魏前期至中期的主動出擊與積極防禦相結合轉變爲單純依靠防禦。上述變化過程應與北魏遷都、統治者注意中心南移，尤其是由於漢化政策的影響，進而使其邊疆經略政策逐漸與中原政權依賴單純據險固守有關〔註 81〕。

　　總之，北魏對其北部邊疆軍事經略由初建規模、至逐漸完備再到漸趨鬆弛，其北疆防線由向北推進與向南收縮，反映的是北魏在與北方民族衝突與融合的過程中，雙方關係互動、勢力彼此消長的變遷。

第二節　北魏經略北疆的作用與成敗

一‧北魏經略北疆的作用

　　自明元帝下詔在北疆地帶修建長城，其後的統治者又相繼下令在北疆地區設置軍鎮、修建長城、增設戍堡、調整軍鎮軍事區，北魏對北疆的經略漸趨完善，由此，北疆成爲北魏抵禦柔然南侵、捍衛北魏前期至中期首都平城及京畿地區、保障北方安全的重要屏障。即自北魏經略北疆起，柔然勢力被阻擋於陰山以北。也就是說，北魏經略北疆，起著軍事防禦作用。

　　在未對北疆進行經略的道武帝時期，天興五年（402），柔然「犯塞，入參合陂，南至豺山及善無北澤」〔註 82〕。善無，位於陰山以南，平城之西，爲首都平城的西部門戶，其堅守與否事關平城安危。這次進入陰山以南的柔然勢力在善無及附近北魏軍隊追擊下退卻。太延五年（439），太武帝率軍西征北涼之際曾對平城及北疆防禦進行布置，太武帝「留壯兵肥馬」於穆壽，令穆壽防守平城，同時規定待秋收後，穆壽所領之軍「可分伏要害，以待虜至，引使深入，然後擊之」，但是「（穆）壽信卜筮之言，謂賊不來，竟不設備」，致使「吳提果至，侵及善無，京師大駭」〔註 83〕，後在長孫道生等力戰之下，柔然向陰山以北逃竄。《魏書》卷一○三《蠕蠕傳》又載此事：「吳

〔註 81〕巴菲爾德著；袁劍譯：《危險的邊疆──游牧帝國與中國》，南京：江蘇人民出版社，2011 年，第 157 頁。

潘國鍵在《北魏與蠕蠕關係研究》中認爲北魏經略北疆政策的轉變，所具有之內涵：一方面是「草原民族拓跋種族的中國化和農業社會化的一種轉變」；另一方面是「漢代以來對抗漠北民族主防論的上承下啓。」

〔註 82〕魏收：《魏書》卷一○三《蠕蠕傳》，北京：中華書局，1974 年，第 2291 頁。

〔註 83〕魏收：《魏書》卷二七《穆崇傳附穆壽傳》，北京：中華書局，1974 年，第 665 頁。

提之寇也，留其兄乞列歸與北鎮諸軍相守，（嵇）敬、（王）崇等破乞列歸于陰山之北，獲之」。此次柔然部分勢力進入陰山以南，是由於穆壽防守疏忽所致。吳提所率軍兵雖然得以南入北魏境，但其兄乞列歸所部柔然軍卻被擋在北魏北方防線以外，經與北魏北疆駐防軍在陰山以北六鎮一帶相持，最後被北魏守軍擊敗，乞列歸所部柔然軍始終沒能得道南下。足以表明北魏經略北疆所起的軍事防禦作用。據《魏書》諸帝紀及《蠕蠕傳》，自文成帝開始，柔然間或南侵，卻沒有進入陰山以南、深入北魏京畿之地。由此足以看出北魏對北疆的經略，已成功地將柔然抵擋在陰山以北。如文成帝和平五年（464），「（郁久閭予成）率部侵塞，北鎮遊軍大破其眾」〔註84〕，孝文帝太和三年（479）十一月，「蠕蠕（郁久閭予成）率騎十餘萬南寇，至塞而還」〔註85〕。以上反映出柔然由於無法從北魏北疆防線打開缺口，其南侵勢力只得與北魏相持於北疆防線一帶。

二‧北魏經略北疆的成敗

1‧北魏經略北疆的成功之處

北魏統治者經略北疆的成功之處，首要在於充分注意並利用北疆地區多山川險阻這一有利地勢。如前述北魏太武帝下詔設置六鎮，據考古調查，除沃野鎮之外，其他五鎮均南以陰山北部地勢險要之處為後方依託。

駐防北疆軍鎮的將領也多熟悉北疆地勢、通曉地勢對用兵的影響。如北魏太武帝命來大千巡視、管理六鎮，就是因為其「兼悉北境險要」；宣武帝令源懷巡視北疆，也是因為其諳熟「檢行要險，防遏形便」。

北魏統治者、北疆軍鎮將領在北疆防守中對陰山及附近自然地勢的充分重視與利用，正是《孫子兵法‧地形篇》所說的「夫地形者，兵之助也。料敵制勝，計險厄遠近，上將之道」這一軍事地形理論在軍事防守實踐中的應用。

2‧北魏經略北疆的失敗之處

雖然北魏歷代統治者通過經略北疆，成功地把柔然勢力阻擋於陰山之北，保障了北疆、京畿等地的安全，但北魏經略北疆並不完全成功。因為，北疆經略中的修築長城、設置軍鎮與戍堡、調整軍鎮軍事區，都是由於人為

〔註84〕 魏收：《魏書》卷一〇三《蠕蠕傳》，北京：中華書局，1974 年，第 2295 頁。
〔註85〕 魏收：《魏書》卷七下《孝文帝紀下》，北京：中華書局，1974 年，第 147 頁。

因素的作用而營造的防禦工程、軍事防區，其能否持久地發揮防禦作用，關鍵還在於後續的人為因素是否得當，即北疆軍鎮駐防士兵的數量、質量、北疆後勤給養、北疆軍鎮高中級將領的軍政素養、北疆軍鎮士兵受重視程度等因素。除此之外，北魏統治者在北疆地區實行屯田，雖然部分程度保障了北疆駐防軍後勤給養，但是，在原本不能開展大規模墾田的草原地區實行墾田，必然會破壞北疆部分地區的自然生態環境，導致當地自然災害、農業歉收的發生。而北魏統治者經略北疆，對上述因素並沒有給予足夠關注，這恰恰是其經略北疆的失敗之處。

（1）北魏北疆駐防軍軍力與後勤給養問題

太平眞君七年（446），薄骨律鎮鎮將刁雍曾上書太武帝，指出北方與西北軍鎮之間的軍糧調劑問題：「奉詔高平、安定、統萬及臣所守（薄骨律）四鎮，出車五千乘，運屯穀五十萬斛付沃野鎮，以供軍糧」。但是由於運輸距離及沿途環境的影響，從西北軍鎮向北疆軍鎮調運軍糧所需時長、效率低，「（薄骨律）鎮去沃野八百里，道多深沙，輕車來往，猶以爲難，設令載穀，不過二十石，每涉深沙，必致滯陷。又穀在河西，轉至沃野，越度大河，計車五千乘，運十萬斛，百餘日乃得一返，大廢生民耕墾之業。車牛艱阻，難可全至，一歲不過二運，五十萬斛乃經三年」〔註86〕。北魏獻文帝時，源賀亦上書指出北疆經略之不足在於軍力與軍糧供給，源賀認爲「每歲秋多，遣軍三道並出，以備北寇，至春中乃班師」是「勞役京都，又非禦邊長計」，爲彌補不足，源賀獻策，「請募諸州鎮有武健者三萬人……分爲三部。二鎮之間築城，城置萬人，給強弩十二床，武衛三百乘。弩一床，給牛六頭；武衛一乘，給牛二頭。多造馬槍及諸器械，使武略大將二人以鎮撫之。多則講武，春則種殖，並戍並耕，則兵未勞而有盈畜矣。又於白道南三處立倉，運近州鎮租粟以充之，足食足兵，以備不虞，於宜爲便。不可歲常舉眾，連動京師，令朝庭恒有北顧之慮也」〔註87〕。但源賀之策並沒有被北魏統治者所採納。根據刁雍、源賀的上奏，本文認爲，其一，防禦力量不足爲北魏北疆軍鎮的首要問題。由《魏書》卷五四《高閭傳》所載高閭上書孝文帝闡述「計築長城，其利有五：罷遊防之苦，其利一也」，史料中「遊防」，有學者認爲是北魏所實行的「以季節性派遣軍隊

〔註86〕魏收：《魏書》卷三八《刁雍傳》，北京：中華書局，1974 年，第 868 頁。
〔註87〕魏收：《魏書》卷四一《源賀傳》，北京：中華書局，1974 年，第 922 頁。

大範圍巡迴的方式來防範柔然的入侵」〔註88〕,《魏書》所載北魏前期與中期統治者非固定、非長期向北疆軍鎮派遣軍隊以協助當地防守與學者的論述正可相互印證。如《魏書》卷一○三《蠕蠕傳》所載「和平五年,吐賀真死,子予成立……自稱永康元年,率部侵塞,北鎮遊軍大破其眾」便明確反映出北疆軍鎮守軍有時須與北魏臨時派遣的軍隊配合,才能將柔然阻擋於漠南地區。而北魏前期統治者於每年秋冬季節派駐大量軍隊於北疆軍鎮以加強防守,說明北魏北疆原有的固定駐防軍並沒有完全成為當時北疆防禦作戰中唯一的軍力,至後期,情況仍然如此,北魏孝明帝正光年間,「蠕蠕主阿那瓌寇掠北鄙,詔假(尒朱)榮節,冠軍將軍、別將,隸都督李崇北征。榮率其新部四千人追擊,度磧,不及而還」〔註89〕,史料表明,北魏後期,北魏戍守北方、北征甚至需要借助於北方部族軍兵,更可見當時北魏國家軍力已逐漸衰弱,至於北疆駐防軍軍力,則不足以全面承擔北疆防守、作戰任務。其二,北疆軍鎮雖然實行「且耕且戰」以保障輜重給養的策略,但還需從附近州鎮轉輸糧草才能勉強保障軍鎮士兵日常所需,足見北疆軍鎮後勤給養存在不足情況,如遇遠距離北出征討,軍鎮士兵給養便會嚴重不足。所以,北疆軍鎮自身給養存在不足的問題,必然會一定程度地制約北疆軍鎮日常防守及征討柔然的軍事作戰行動。總之,北疆軍鎮駐防力量與後勤給養的不足,顯示出雖然北魏對北疆進行數次經略,北疆的軍事防禦體系逐漸完善,但正如學者所論,北魏「卻沒有全面防守北疆的能力」〔註90〕。

（2）北魏北疆軍鎮鎮將之選任從嚴格到鬆弛

關於北魏初期至後期,北疆軍鎮將士的選任、身份地位與待遇的變化,《魏書》卷一八《太武五王·廣陽王建傳附元深傳》載「昔皇始以移防為重,盛簡親賢,擁麾作鎮,配以高門子弟,以死防遏,不但不廢仕宦,至乃偏得復除。當時人物,忻慕為之。及太和在歷,僕射李沖當官任事,涼州土人,悉免廝役,豐沛舊門,仍防邊戍。自非得罪當世,莫肯與之為伍」、「自定鼎

〔註88〕 佐川英治:《北魏六鎮史研究》,《中國中古史研究》編委會:《中國中古史研究》第五卷,上海:中西書局,2015 年,第 92 頁。

〔註89〕 魏收:《魏書》卷七四《尒朱榮傳》,北京:中華書局,1974 年,第 1644～1645頁。

〔註90〕 張金龍:《北魏中後期的北邊防務及其與柔然的和戰關係》,載《西北民族研究》,1992 年第 2 期,第 51 頁。

伊洛，邊任益輕，唯底滯凡才，出爲鎮將」。有關北魏北疆軍鎮鎮將、高級官吏及普通士兵的選擇任命，根據上述材料及《魏書》、《北齊書》、《周書》、《隋書》，用時間來劃分，我們可以把孝文帝時期當成劃分時段的中軸，孝文帝之前北魏從宗室、北族及較早歸附且具有良好的軍事與行政素養的漢族大族成員中選任，故此段北疆軍鎮日常軍事戍守及運行都能得到有效保障；孝文帝之後，北疆軍鎮鎮將選任標準逐漸鬆弛，不具備軍事與行政素養者開始出任軍鎮鎮將。這必然會影響到北魏北方軍鎮日常軍務的運行、鎮將與戍兵之間的關係、軍鎮內部力量的整合及其戰鬥力，進而影響軍鎮在保境安民方面作用的發揮。由《魏書》卷一九中《景穆十二王中・任城王澄傳》所載孝明帝時期「（元）澄以北邊鎮將選舉彌輕，恐賊虜窺邊，山陵危迫，奏求重鎮將之選，修警備之嚴，詔不從」便可看出，北魏後期北疆軍鎮鎮將選任的「彌輕」，不僅從軍鎮內部瓦解著軍鎮原來擁有的捍邊根基，而且，極容易滋生漠北柔然的侵邊之意。

（3）北魏對北疆軍鎮士兵漸趨輕視

前引《魏書》記載中多有北魏北疆軍鎮將領及軍鎮士兵身份地位變化的資料。北魏前期，北疆軍鎮將士受到北魏統治者的高度重視，得到非常優厚的待遇，故士兵得專一於北疆戍守；但自孝文遷洛、逐漸實行漢化改革措施以後，南遷洛陽的北魏統治集團上層對北疆軍鎮士兵漸趨輕視，致使軍鎮將士所受重視程度、待遇與前期相比出現天壤之別。北疆軍鎮將士地位的漸趨卑微，待遇的轉差，不僅使其無心固守北疆，還加深了其與洛陽統治集團間的矛盾〔註91〕，導致六鎮反抗事件爆發，最終促使北魏北疆防禦體系崩潰。

（4）北疆屯田對自然生態的破壞

爲保障北疆駐防軍的後勤給養，北魏統治者下令在北疆地區實行屯田，這雖然部分程度解決了北疆後勤給養問題，但是，在原本不能開展大規模墾田的草原地區實行墾田，必然會破壞北疆部分地區的自然生態環境，導致當地自然災害、農業歉收的發生。〔註92〕如《魏書》卷四一《源賀傳附源懷傳》

〔註91〕 王永平在所著《遷洛元魏皇族與士族社會文化史論》中認爲北魏孝文帝遷都洛陽後，「在北魏出現了兩個社會文化區域，一個是以洛陽爲中心的鮮卑與漢人聯合的文化區域，一個是以平城爲中心的鮮卑保守勢力的聚集區域，雙方之間的矛盾、衝突與對抗遲早要公開化」。本文認爲，六鎮之亂可謂是洛陽與平城兩個文化區域之間衝突的最終爆發。

〔註92〕 張文平、苗潤華在《長城資源調查對於北魏長城及六鎮鎮戍遺址的新認識》

載，「自京師遷洛，邊朔遙遠，加連年旱儉，百姓困弊。懷衒命巡撫，存恤有方，便宜運轉，有無通濟」；宣武帝時正始年間，源懷上書指出「景明以來，北蕃連年災旱，高原陸野，不任營殖」。《魏書》卷一一二上《靈徵志上》又載，「（正始）二年二月癸卯，有黑風羊角而上，起於柔玄鎮，蓋地一頃，所過拔樹」。根據上述史料，本文認爲，首先，至遲在孝文帝時期，北疆地區就因北魏前期實行的屯田而出現自然生態遭到破壞的情況，北疆軍鎮轄區的日常生活受到影響；其次，至宣武帝時，源懷就明確指出「高原陸野，不任營殖」，即北疆草原地區不適合進行大規模農業屯墾，之前北疆的大規模墾田引起北疆自然生態進一步惡化，導致農業減產。如《魏書》卷一一二上《靈徵志上》所載位於烏蘭察布草原的柔玄鎮轄區出現「黑風」，應與沙塵暴等異常氣候有關。總之，北魏在北疆草原地區進行大規模農業屯田，忽略了對當地自然環境的保護，導致自然災害發生，引起農業減產，影響北疆軍鎮的後勤保障，而部分北疆軍鎮鎮將不能及時安撫鎮戍士兵，又使軍鎮內部矛盾逐漸尖銳，進而嚴重影響北疆軍鎮在防禦邊疆方面作用的發揮。

北魏統治者在北疆駐防軍軍力與後勤給養、軍鎮將領選任、軍鎮士兵待遇、北疆屯田對生態的影響等方面的漸趨忽略，固然會逐漸破壞北疆防禦。但需要注意的是，北魏孝文帝遷都洛陽，亦破壞了北疆在四周邊疆防禦中的重中之重地位。據所見史料，主要體現在兩個方面。首先，使原先用於北疆防禦的投入會逐漸減少。如《魏書》卷六六《崔亮傳》所載「自遷都之後，經略四方，又營洛邑，費用甚廣。（崔）亮在度支，別立條格，歲省億計」與《魏書》卷五四《高閭傳》所載「遷都洛陽，閭表諫，言遷有十損，必不獲已，請遷於鄴。高祖頗嫌之」便鮮明反映出，遷都洛陽所需，在當時北魏國家財政支出中佔據了很大比例，必然會使用於包括北疆經營在內的其他方面支出受到嚴重影響；況且，北魏遷都洛陽後，洛陽城的擴建一直在持續中，所以，用於洛陽擴建的相關支出是北魏後期國家支出的大項，用於北疆防禦的支出因而會相應減少，這可從北魏孝文帝遷都洛陽後北疆防禦漸趨鬆弛得到佐證。其次，北魏孝文帝遷都洛陽，改變了遷都之前北魏北部邊疆地帶的政治地理格局形勢。北魏遷都洛陽之前，北魏北部邊疆經過明元帝至孝文帝前期的經略，形成了磐石之堅的地位；明元帝至孝文帝前期，北魏國家實力

一文中，也認爲北魏在北疆草原地區實行大規模的屯墾政策，給當地自然環境帶來不利影響。

逐漸強盛，在與北方柔然對峙中處於優勢地位；再者，明元帝至孝文帝時期，北魏頻繁征討柔然，對柔然予以決定性打擊，上述諸多因素使北魏對漠北柔然逐漸形成壓倒性優勢，此一階段，北魏在處理北疆事務中，逐漸擁有絕對的支配權。而北魏遷都洛陽後，一方面是政治中心遠離北疆；另一方面，北魏對北疆的關注程度不如以前，對北疆的投入因經營洛陽亦減少，北疆的磐石之堅地位被削弱，這就使北魏原先通過北疆對漠北柔然等族的震懾力隨之減輕，因而，北魏北疆地帶的壓力亦隨之增加。在此形勢下，漠北柔然在郁久閭阿那瓌治理之下，經過採納中原典章、傚仿北魏實行初步漢化改革等，逐漸復興，重新成為漠北實力首屈一指的政治實體，與北魏沿著北魏北疆地帶形成對峙之局。在此背景下，北魏在處理北疆事務中，已不再有絕對的支配權。正如學者所論，「遷都改變了北魏與蒙古草原諸游牧部落的政治聯繫，為北方草原新政治地理格局的出現提供了契機。由於孝文帝遷都洛陽，游牧草原所受的地緣壓逼大幅減輕，草原社會上的內生發展趨勢明顯，草原內部政治體間發生重新整合，大範圍的草原政治共同體再度出現」〔註93〕，此處所論，一為柔然的復興；一為突厥興起，取代柔然，成為北方草原新的霸主。

綜觀北魏經略其北疆，自道武帝登國至皇始，北魏北疆的中、西、東三部逐漸形成，並最終連成一體，成為捍衛北魏首都及北方安全的重要屏障。北魏對北疆的經略，肇始於道武帝，正式開始於明元帝，訖於孝莊帝，但是由於這一期間北魏內外形勢、國家內外政策變化的影響，北魏歷代統治者對北疆的經略措施也因時而異。北魏統治者經略北疆，主要發揮著抵禦柔然的作用。雖然北魏統治者不斷完善北疆地區的軍事防工程體系，實現了阻擋強敵柔然於域外的目標，但單純依賴軍事防禦工程，而忽略了人為考量得當與否是真正影響北疆軍事防禦工程體系能否長久發揮防禦作用的關鍵因素。諸如北魏統治者過於重視對北疆地勢的利用，而逐漸疏於對北疆軍鎮內部運行的管理；北魏統治者出於保障北疆駐防軍後勤給養而在北疆進行大規模屯田，卻忽略了對當地自然環境的保護，導致北疆地區自然生態環境逐漸被破壞，同時軍鎮內部矛盾又影響軍鎮日常運行。這些因素使北魏經略北疆成敗並存。

〔註93〕 毋有江：《北魏政治地理研究》第六章《遷都與北魏政治地理格局的演變》，北京：科學出版社，2018年，第156頁。

第三節　影響北魏北疆軍事地位的因素

以往學者論述北魏北疆軍事地位的變化，多以北疆軍鎮官吏人選爲判斷標準。如《魏書》卷一八《太武五王·廣陽王建傳附元深傳》載：

> 昔皇始以移防爲重，盛簡親賢，擁麾作鎮，配以高門子弟，以死防遏，不但不廢仕宦，至乃偏得復除。當時人物，忻慕爲之。及太和在歷，僕射李沖當官任事，涼州土人，悉免廝役，豐沛舊門，仍防邊戍。自非得罪當世，莫肯與之爲伍。

> 自定鼎伊洛，邊任益輕，唯底滯凡才，出爲鎮將。

有學者以上述記載爲依據，認爲北疆軍鎮將領地位淪落，導致北疆軍鎮地位衰微〔註 94〕。不可否認的是，北疆軍鎮將領選任漸趨鬆弛，將領軍事、行政素養低下，必然影響到軍鎮日常運行、鎮將與戍守士兵之間關係即內部力量的整合，進而影響軍鎮在保境安民方面作用的發揮，動搖陰山防務區原有地位。若只將考量標準局限於軍鎮官吏人選，尚不足以深入考察影響北疆軍事地位變化的實際情形。事實上，在北魏歷史發展中，自然地理形勢、自然氣候、國家實力、北疆軍鎮內部機構繁冗及矛盾，是綜合探討北疆軍事地位變化的不可忽視因素。

一·自然地理形勢

陰山山脈橫亙於內蒙古中部及河北北部，與北魏北疆軍鎮防線大致平行，因而成爲北魏在北部邊疆可充分利用的天然屏障。而北疆六鎮分佈於內蒙古中部、河北北部，除沃野鎮，其餘五鎮位於陰山以北，南以陰山山險作爲依託。

如懷朔鎮以陰山爲依託，城址所在的城圐圙古城位於大青山北麓西端，控制著山北、山南交通往來的咽喉要道稒陽道〔註 95〕。撫冥鎮，「位於陰山北部內蒙古高原丘陵地帶」〔註 96〕。位於張北縣的懷荒鎮，「南緣爲陰山尾

〔註94〕胡玉春：《從柔然汗國與北魏的關係看北魏北邊防務的興衰》，載《內蒙古社會科學》，2012 年第 4 期，第 75 頁。

〔註95〕內蒙古文物工作隊、包頭市文物管理所：《內蒙古白靈淖城圐圙北魏古城遺址調查與試掘》，載《考古》，1984 年第 2 期，第 151 頁。

〔註96〕內蒙古自治區文物考古研究所：《內蒙古文化遺產叢書·烏蘭察布文化遺產·魏晉北朝時期》，北京：文物出版社，2014 年，第 122 頁。

闐……壩頭形成隘口……東部、西部山巒綿延」〔註97〕。以上表明北魏設置六鎮，充分體現「以險制塞」原則。

所以，陰山有利的自然地形，結合六鎮處在抵禦柔然等北疆強族南進的最前沿，使北魏北疆防禦區在抵禦漠北民族南侵中始終佔據重要地位。

二‧北魏陰山地區的自然氣候

據第一章第二節所述，北魏時期北疆地區總體氣候特徵趨於寒冷；北疆部分地區生態環境遭到破壞，沙塵暴多有發生；北疆的乾旱天氣發生頻率增加。上述自然氣候因素對北魏徵討柔然、北疆軍鎮原有的軍事活動與日常生活發展軌跡產生了不利影響。也就是說，極端、異常的自然氣候加劇了北疆地區嚴峻的形勢。

三‧北魏國家實力的變化

北魏北疆的軍事地位，決定於當時國家實力的盛衰。道武帝至孝文帝時期，是北魏國家實力處於上升的強盛階段。以國家的雄厚實力為背景，國家對北疆軍鎮給予很大的關注，北疆軍鎮又從國家得到了源源不斷的經濟、物資、兵源保障，所以，北疆軍鎮在捍衛邊疆中佔有重要地位。自孝明帝開始，北魏國家實力逐漸衰弱，「天下淆然，外侮內亂」〔註98〕。北魏後期，國家實力衰弱，內亂頻發；又由於首都早已遷往洛陽，隨著統治重心的南遷，統治者的關注方向必然會隨之轉移。總之，北魏後期國家政治腐敗、社會局勢動盪，嚴重破壞北疆穩固的軍事防禦體系，削弱北疆原有的軍事戰略地位，北疆地區開始出現空虛。

四‧北疆軍鎮內部機構繁冗及內部矛盾

1‧北疆軍鎮內部機構繁冗

《魏書》卷四一《源賀傳附源懷傳》載宣武帝景明年間，源懷「巡行北邊六鎮、恒燕朔三州，賑給貧乏，兼採風俗，考論殿最，事之得失」之後，上奏宣武帝「北鎮邊蕃，事異諸夏，往日置官，全不差別。沃野一鎮，自將

〔註97〕 鮑桐：《北魏北疆幾個歷史地理問題的探討》，載《中國歷史地理論叢》，1999
　　　　年第 3 期，第 68～69 頁。
〔註98〕 魏收：《魏書》卷一〇《孝莊帝紀》，北京：中華書局，1974 年，第 268 頁。

已下八百餘人，黎庶怨嗟，僉曰煩猥。邊隅事尠，實少畿服，請主帥吏佐五分減二」。根據這段史料，可以看出，沃野鎮機構的嚴重繁冗，勢必影響沃野鎮在軍政方面的行事效率，同時增加了沃野鎮日常支出。

2‧北疆軍鎮內部的矛盾

《魏書》卷四一《源賀傳附源懷傳》載宣武帝景明年間，源懷巡視北疆軍鎮之後，上奏指出：

> 景明以來，北蕃連年災旱，高原陸野，不任營殖，唯有水田，少可菑畝。然主將參僚，專擅腴美，瘠土荒疇給百姓，因此因弊，日月滋甚。諸鎮水田，請依地令分給細民，先貧後富，若分付不平，令一人怨訟者，鎮將已下連署之官，各奪一時之祿，四人已上奪祿一周。

上述史料表明北疆軍鎮部分將領與鎮民在經濟利益方面的矛盾，導致軍鎮內部上下失和，勢必影響軍鎮內部的穩定。

鎮將對軍鎮內部的安撫失當，也會引起軍鎮上下層之間的矛盾，如《魏書》卷三一《于栗磾傳附于景傳》載：

> （于景）謀廢元叉，又黜為征虜將軍、懷荒鎮將。及蠕蠕主阿那瓌叛亂，鎮民固請糧廩，而景不給。鎮民不勝其忿，遂反叛。執縛景及其妻，拘守別室，皆去其衣服，令景著皮裘，妻著故絳襖。其被毀辱如此。月餘，乃殺之。

懷荒鎮鎮將于景不能及時安撫鎮中饑民，率下失和，導致鎮民（士兵）叛亂，使原本處於防禦柔然最前線的懷荒鎮內部處於極度混亂中。這給柔然勢力南侵以可乘之機。

綜上所論，有利的地理環境及邊疆形勢的需要，造就了北魏北疆在捍衛北方腹地、禦漠北民族於域外中的重要地位；而北魏國家實力盛衰的變化促使北疆軍鎮地位經歷了由波峰向波谷的變動，也就是說國家實力變化逐漸蠶食了地理環境、邊疆形勢這些北疆軍鎮所擁有的優勢；而北疆軍鎮內部機構繁冗、部分鎮將與士兵之間矛盾又從內部侵蝕著北疆軍鎮在捍衛邊疆中的磐石之堅這一穩固地位；日趨寒冷的氣候、沙塵天氣又改變了北疆地區原有的歷史發展軌跡。總之，在自然地理、自然氣候、國家實力演變與軍鎮內部矛盾等因素作用下，北魏北疆軍事地位經歷了從北魏初期、中期的磐石之堅到後期的漸趨空虛這一變化過程。

附論 4　中國古代治邊之「重北部、輕南部」傾向
　　　　——以北魏經略北部邊疆爲例

　　除元代、清代之外，多數中國古代的南北大一統政權、統一北方的政權，其治理邊疆的「重北部、輕南部」的特徵均非常突出。〔註99〕其中，漢代至隋唐，均有人指出北方邊患的嚴重性便可與當時統治者治理邊疆中的重視北部、相對輕視南部相印證。從下引史料中便可看出。

　　《漢書》卷九四下《匈奴傳下》載漢哀帝建平四年，楊雄就匈奴單于稱臣及北方形勢曾謂「北地之狄，五帝所不能臣，三王所不能制，其不可使隙甚明。」「故北狄不服，中國未得高枕安寢也。逮至元康、神爵之間，大化神明，鴻恩溥洽，而匈奴內亂，五單于爭立，日逐、呼韓邪攜國歸化，扶伏稱臣，然尚羈縻之，計不顓制。自此之後，欲朝者不距，不欲者不彊。何者？外國天性忿鷙，形容魁健，負力怙氣，難化以善，易犈以惡，其彊難詘，其和難得。故未服之時，勞師遠攻，傾國殫貨，伏屍流血，破堅拔敵，如彼之難也；既服之後，慰薦撫循，交接賂遺，威儀俯仰，如此之備也……唯北狄爲不然，眞中國之堅敵也，三垂比之懸矣，前世重之茲甚，未易可輕也。」

　　《後漢書》卷八八《西域傳》載東漢安帝延光二年，尚書陳忠就北方、西北形勢上書：「臣聞八蠻之寇，莫甚北虜。漢興，高祖窘平城之圍，太宗屈供奉之恥。故孝武憤怒，深惟久長之計，命遣虎臣，浮河絕漠，窮破虜庭……遂開河西四郡，以隔絕南羌，收三十六國，斷匈奴右臂。是以單于孤特，鼠竄遠藏。至於宣、元之世，遂備蕃臣，關徼不閉，羽檄不行。由此察之，戎狄可以威服，難以化狎。」

　　《三國志》卷三○《魏書·烏丸鮮卑東夷傳序》：「《書》載「蠻夷猾夏」，《詩》稱「玁狁孔熾」，久矣其爲中國患也。秦、漢以來，匈奴久爲邊害。孝武雖外事四夷，東平兩越、朝鮮，西討貳師、大宛，開邛筰、夜郎之道，然皆在荒服之外，不能爲中國輕重。而匈奴最逼於諸夏，胡騎南侵則三邊受敵，是以屢遣衛、霍之將，深入北伐，窮追單于，奪其饒衍之地。後遂保塞

〔註99〕方鐵、鄒建達在《論中國古代治邊之重北輕南傾向及其形成原因》中曾論述「在歷代統一王朝中，重北輕南治邊傾向不甚明顯的僅有元朝和清朝」，其原因爲「重北輕南治邊傾向在元朝不甚明顯，與元朝爲北方游牧民族所建立，北部草原爲其發源地與根據地，以及元朝接受中原王朝的治邊傳統有限等因素有關」、「清朝建國後，通過聯姻等方式與北方草原地區的蒙古族勢力保持密切聯繫，有效地緩解了來自草原游牧民族的壓力」。

稱藩，世以衰弱。建安中，呼廚泉南單于入朝，遂留內侍，使右賢王撫其國，而匈奴折節，過於漢舊。」

《晉書》卷五六《江統傳》載江統在《徙戎論》中謂「夫夷蠻戎狄，謂之四海，九服之制，地在要荒……其性氣貪婪，凶悍不仁，四夷之中，戎狄為甚。弱則畏服，強則侵叛。雖有賢聖之世，大德之君，咸未能以通化率導，而以恩德柔懷也。當其強也，以殷之高宗而憊於鬼方，有周文王而患昆夷、獫狁，高祖困於白登，孝文軍於霸上。及其弱也，周公來九譯之貢，中宗納單于之朝，以元成之微，而猶四夷賓服。此其已然之效也。故匈奴求守邊塞，而侯應陳其不可；單于屈膝未央，望之議以不臣。是以有道之君牧夷狄也，惟以待之有備，御之有常，雖稽顙執贄，而邊城不弛固守；為寇賊強暴，而兵甲不加遠征，期令境內獲安，疆場不侵而已。」

《魏書》卷五四《高閭傳》載北魏孝文帝時，高閭上書「臣聞為國之道，其要有五：一曰文德，二曰武功，三曰法度，四曰防固，五曰刑賞。故遠人不服，則修文德以來之；荒狡放命，則播武功以威之；民未知戰，則制法度以齊之；暴敵輕侵，則設防固以禦之；臨事制勝，則明刑賞以勸之。用能闢國寧方，征伐四克。北狄悍愚，同於禽獸，所長者野戰，所短者攻城。若以狄之所短，奪其所長，則雖眾不能成患，雖來不能內逼。又狄散居野澤，隨逐水草，戰則與家產並至，奔則與畜牧俱逃，不齎資糧而飲食足。是以古人伐北方，攘其侵掠而已。歷代為邊患者，良以倏忽無常故也。六鎮勢分，倍眾不鬪，互相圍逼，難以制之。」

《北齊書》卷一六《段榮傳附段韶傳》：「（北周宇文護）遣將尉遲迥等襲洛陽。詔遣蘭陵王長恭、大將軍斛律光率眾擊之，軍於邙山之下，逗留未進。世祖召謂曰：『今欲遣王赴洛陽之圍，但突厥在此，復須鎮禦，王謂如何？』韶曰：『北虜侵邊，事等疥癬，今西羌窺逼，便是膏盲之病，請奉詔南行。』」

《周書》卷五〇《異域傳下》「史臣曰：四夷之為中國患也久矣，而北狄尤甚焉。」

《隋書》卷八四《北狄·突厥傳》載隋文帝開皇年間，突厥沙鉢略可汗上書曾謂：「突厥自天置以來，五十餘載，保有沙漠，自王蕃隅。地過萬里，士馬億數，恒力兼戎夷，抗禮華夏，在於北狄，莫與為大。」

《隋書》卷八四《北狄·突厥傳》：「史臣曰：四夷之為中國患也久矣，北狄尤甚焉。種落實繁，迭雄邊塞，年代遐邈，非一時也。五帝之世，則有

獯粥焉；其在三代，則獫狁焉；逮乎兩漢，則匈奴焉；當塗、典午，則烏丸、鮮卑焉；後魏及周，則蠕蠕、突厥焉。」

《全唐文》卷二一九載唐代崔融在《拔四鎮議》中謂：「北狄之爲中國患者，久哉。唐虞以上爲獯鬻，殷周之際曰獫狁，西京東國有匈奴冒頓焉。當塗、典午有烏丸鮮卑焉，拓跋世則蠕蠕猖狂，宇文朝則突厥恣睢。斯皆名號因時而改，種落與運而遷。五帝不能臣，三王不能制。兵連禍結，無代不有；長策遠算，曠古莫聞。夫胡者，北狄之總名也。其地南接燕趙，北窮沙漠，東接九夷，西界六戎。天性驕傲，覘伺便隙；鳥飛獸走，草轉水移。自言天地所生，日月所置。南有大漢，北有強胡。更相馳突，至今陷潰者，靡歲而寧焉。」

上述史料均鮮明反映出，漢代至唐代中原最高統治集團對北方民族給予高度關注，也就是說，北方民族的強大實力，決定了當時中原統治者在邊疆治理中以北部邊疆爲首要。

以北魏而言，其北方、西方、南方，分別面臨著來自於柔然、吐谷渾、江南等諸部族、政權的威脅，其中尤以北方柔然與江南諸政權爲最，進一步說，從軍事實力強弱方面來考量，北方柔然顯然是北魏邊疆的最大邊患來源，其次是江南諸政權。此邊疆外部形勢決定北魏統治者在治理南北邊疆方面，把主要精力集中於北部邊疆地區而對南部邊疆之重視程度則明顯不如北部。其表現有如下方面：

首先，在軍事經略方面。（1）北魏先後三次在北部邊疆地區大規模地修築長城，爲此消耗了大量的物力與財力資源，可以說，北魏的國防開支，有相當一部分用於北部邊疆。而北魏則沒有在南部邊疆修築長城以抵禦對自己正統性構成威脅的江南政權。（2）爲加強邊疆要地的防守，北魏在四周邊疆地區均設置軍鎮，但核心軍鎮可謂大部分集中於北部邊疆地區，甚至可以說，軍鎮以及附屬於軍鎮的軍戍分佈的密集程度，北部邊疆地區最高。而北魏南部邊疆地區軍事防禦設施分佈密度低於北部邊疆地區。

其次，北魏君臣有關經略邊疆之策的探討，一方面，多集中於北部邊疆及北部邊疆民族；另一方面，如果同時探討南北邊疆之治理，則北部邊疆居首、南部邊疆居次。如前引《魏書》卷五四《高閭傳》所載高閭根據北方民族擅長騎兵作戰而短於攻城作戰之優劣，提出的以「文德」、「武功」、「法度」、「防固」、「刑賞」爲主的經略北部邊疆以及制定北部邊疆民族政策。《魏書》

卷五三《李沖傳》載北魏孝文帝南伐之際，李沖就南北邊疆之輕重緩急曾論「魏境所掩，九州過八；民人所臣，十分而九。所未民者，惟漠北之與江外耳」。《魏書》卷六九《袁翻傳》載孝明帝時，袁翻論「蠕蠕尚存，則高車猶有內顧之憂，未暇窺窬上國。若蠕蠕全滅，則高車跋扈之計，豈易可知」，也就是說，在漠北扶持柔然與高車共同存在、使柔然與高車互相牽制、以防漠北為柔然或者高車所單獨据有，旨在緩解北部邊疆所面臨的來自漠北方面的壓力。

第三章 北魏北部邊疆管理機構、北疆軍隊武器裝備及後勤保障

第一節 北部邊疆軍鎮機構

由於北部邊疆軍鎮在邊疆防禦中所佔之重要地位，北魏統治者在北疆軍鎮設置相關職官，對軍鎮日常軍政事務進行管理。

一・鎮 將

鎮將爲北魏在北疆軍鎮設置的最高軍事長官，亦稱鎮都大將、鎮大將。《魏書》卷一一三《官氏志》載：

> 舊制，緣邊皆置鎮都大將，統兵備禦，與刺史同。城隍、倉庫皆鎮將主之，但不治。故爲重於刺史。

根據以上史料，可以看出當時鎮將地位應高於州刺史地位。

對於上述史料中「城隍、倉庫皆鎮將主之，但不治」，有學者認爲「但不治」下脫「民」字〔註1〕。據此，本文謹慎認爲北魏北疆軍鎮鎮將無治民權。所謂「統兵備禦」，指北疆鎮將職責專爲統率北疆軍鎮內駐防軍，守衛邊疆、抵禦外敵入侵。而考察北魏北疆軍鎮鎮將的人選結構，對於認識北魏國家對北疆的重視程度與政策傾向，是非常重要的線索與途徑。

〔註1〕 嚴耕望：《中國地方行政制度史・魏晉南北朝地方行政制度》卷下《北朝地方行政制度》第一一章《北魏軍鎮》，上海：上海古籍出版社，2007 年，第 784 頁。

　　根據《魏書》、《北齊書》、《周書》、《隋書》及墓誌，將北魏六鎮鎮將任職者列於表 3.1

表 3.1　北魏六鎮鎮將任職者簡表

鎮將	任職者	出　身	任職時間	事　蹟	資　料　來　源
沃野鎮將	拓跋長壽	北魏宗室	獻文帝至孝文帝	「善撫接，在鎮甚有威名。」	《魏書》卷一九下《景穆十二王下‧城陽王長壽傳》
	韓天生	漢族勳貴	同上		《魏書》卷五一《韓茂傳附韓天生傳》
	于祚	北族	孝文帝	「貪殘多所受納。」	《魏書》卷三一《于栗磾傳附于祚傳》
	孟威	北族	宣武帝		《魏書》卷四四《孟威傳》
	慕容契	北族	宣武帝		《魏書》卷五○《慕容契傳》
	于勁	北族	宣武帝	「頗有武略。」	《魏書》卷八三下《外戚下‧于勁傳》
	慕容昇	北族	宣武帝至孝明帝	「甚得邊民情。」	《魏書》卷五○《慕容契傳附慕容昇傳》
懷朔鎮將	司馬文思	東晉皇族	太武帝		《魏書》卷三七《司馬休之傳附司馬文思傳》
	拓跋萇	北魏宗室	孝文帝		《魏書》卷一四《神元平文諸帝子孫‧高涼王弧傳附拓跋萇傳》
	拓跋安壽	北魏宗室	孝文帝	「累遷懷朔鎮大將，都督三道諸軍事，北討。」	《魏書》卷一九上《景穆十二王上‧陽平王新成傳附拓跋安壽傳》
	拓跋天賜	北魏宗室	孝文帝	「累遷懷朔鎮大將，坐貪殘，恕死，削除官爵。」	《魏書》卷一九上《景穆十二王上‧汝陰王天賜傳》
	元頤	北魏宗室	孝文帝		《魏書》卷三二《高湖傳附高樹生傳》
	劉天興	漢族	孝文帝		《劉滋墓誌》，《全北魏東魏西魏文補遺》

	可朱護野肱	北族	北魏前期至中期		《北齊書》卷二七《可朱渾元傳》
	陸延	北族	宣武帝	「頗有氣幹。」	《魏書》卷三○《陸眞傳附陸延傳》
	穆鑣	北族	宣武帝	「在公以威猛見稱。」	《魏書》卷二七《穆崇傳附穆鑣傳》
	元尼須	北魏宗室	宣武帝	「貪穢狼藉。」	《魏書》卷四一《源賀傳附源懷傳》
	宇文福	北族	孝明帝	「在公嚴毅，以信御民，甚得聲譽。」	《魏書》卷四四《宇文福傳》
	楊鈞	漢族勳貴	孝明帝	「所居以強濟稱。」	《魏書》卷五八《楊播傳附楊鈞傳》
	叔孫協	北族	孝明帝	「君爲人猛惠恭懃，算合忠恩。召除平北將軍、懷朔鎮將。」	《叔孫協墓誌》，《全北魏東魏西魏文補遺》
	于昕	北族	孝明帝		《魏書》卷三一《于栗磾傳附于昕傳》
	鮮于寶業	北族	北魏後期		《北齊書》卷四一《鮮于世榮傳》
	段長	北族（？）	北魏後期		《北齊書》卷一上《神武帝紀上》
武川鎮將	拓跋叱奴	北魏宗室	太武帝至文成帝		《魏書》卷一五《昭成子孫·遼西公意烈傳附拓跋叱奴傳》
	拓跋蘭	北魏宗室	孝文帝		《魏書》卷一四《神元平文諸帝子孫·河間公齊傳附拓跋蘭傳》
	長孫吳兒	北族	孝文帝		《魏書》卷二六《長孫肥傳附長孫吳兒傳》
	陸延	北族	宣武帝		《魏書》卷三○《陸眞傳附陸延傳》
	斛律謹	北族	宣武帝至孝明帝		《北齊書》卷二○《斛律羌舉傳》
	于昕	北族	宣武帝至孝明帝		《魏書》卷三一《于栗磾傳附于昕傳》
	苟愷	北族	宣武帝至孝明帝		《魏書》卷四四《苟頹傳附苟愷傳》
	元奴瓌	北魏宗室	宣武帝至孝明帝		《元睿墓誌》，《全北魏東魏西魏文補遺》

	邢萇山	北族（？）	宣武帝至孝明帝	「夫人諱阿光，河間鄭人也……父萇山，冠軍將軍、武川鎮將。弘功盛烈，聲振漠南。」	《邢阿光墓誌》，《全北齊北周文補遺》
撫冥鎮將	元繼	北魏宗室	孝文帝	「遍歷尊顯，備盡榮要，亟臨方鎮，累登連率……平北、安北、鎮北、柔玄、撫冥、懷荒、青州、恒州、司州牧。」	《魏書》卷一六《道武七王・京兆王黎傳附元繼傳》《元繼墓誌》，《全北魏東魏西魏文補遺》
	元休	北魏宗室	孝文帝	「（元）休身先將士，擊虜退之。」	《魏書》卷一九下《景穆十二王下・安定王休傳》
	元業	北魏宗室	孝文帝		《魏書》卷二七《穆崇傳附穆泰傳》
	元篤	北魏宗室	宣武帝至孝明帝		《魏書》卷一六《道武七王・陽平王熙傳附元篤傳》
柔玄鎮將	奚直	北族	太武帝至文成帝		《魏書》卷七三《奚康生傳》
	元繼	北魏宗室	孝文帝		《魏書》卷一六《道武七王・京兆王黎傳附元繼傳》
	李兜	漢族勳貴	孝文帝		《魏書》卷七三《奚康生傳》
	苟愷	北族	宣武帝至孝明帝		《魏書》卷四四《苟頹傳附苟愷傳》
	豆盧萇	北族	宣武帝至孝明帝		《隋書》卷三九《豆盧勣傳附豆盧萇傳》
	宇文永	北族	宣武帝至孝明帝		《宇文永妻韓氏墓誌》，《全北魏東魏西魏文補遺》
	楊□〔註2〕	漢族	宣武帝至孝明帝		《楊乂暨妻武氏誌》，《隋代墓誌銘匯考》第一冊

〔註2〕 《楊乂暨妻武氏誌》載楊乂祖父楊□在北魏宣武帝至孝明帝時任職經歷「東萊太守、代郡尹、懷荒成玄二鎮將、上洛刺史」。按《魏書》，北魏時期並無成玄鎮，而楊□任職主要在北魏北方，所以，本文認為，誌文所載楊□所任「成玄鎮將」應為柔玄鎮將。

	元鷙	北魏宗室	孝明帝	「（正光）二年，詔除使持節都督柔玄懷荒撫冥三鎮諸軍事撫軍將軍柔玄鎮大將……政懷內外，綏和遠近。」	《元鷙墓誌》，《漢魏南北朝墓誌彙編》
懷荒鎮將	拓跋比陵	北魏宗室	太武帝		《魏書》卷一六《道武七王·陽平王熙傳附拓跋比陵傳》
	陸俟	北族	太武帝	「有策略。」	《魏書》卷四〇《陸俟傳》
	拓跋建	北魏宗室	太武帝至文成帝		《魏書》卷一五《昭成子孫·陳留王虔傳附拓跋建傳》
	李寶	漢族，西涼皇室後裔。	文成帝		《魏書》卷三九《李寶傳》
	于婆	北族	孝文帝至宣武帝		《周書》卷一五《于謹傳》
	萬貳	漢族（？）	宣武帝		《魏書》卷七二《陽尼傳附陽固傳》
	苟愷	北族	宣武帝至孝明帝		《魏書》卷四四《苟頹傳附苟愷傳》
	達奚眷	北族	宣武帝至孝明帝		《周書》卷一九《達奚武傳》
	楊□	漢族	宣武帝至孝明帝		《楊叉暨妻武氏誌》，《隋代墓誌銘匯考》第一冊
	于景	北族	孝明帝	「（正光年間）除君爲征虜將軍、懷荒鎮將……樹德沙漠，綏靜北蕃。」	《魏書》卷三一《于栗磾傳附于景傳》《于景墓誌》，《全北魏東魏西魏文補遺》
	唐顯安	漢族	孝明帝		《□伯超墓誌》，《全北魏東魏西魏文補遺》

1·北魏六鎮鎮將的族屬組成結構

據表 3.1 可知，北魏時期，任職沃野鎮將者 7 人，懷朔鎮將者 16 人，武川鎮將者 9 人，撫冥鎮將者 4 人，柔玄鎮將者 8 人，懷荒鎮將者 11 人。陸延

先後擔任武川鎮將、懷朔鎮將，于昕先後擔任懷朔鎮將、武川鎮將，元繼先後擔任撫冥鎮將、柔玄鎮將、懷荒鎮將，苟愷先後擔任武川鎮將、柔玄鎮將、懷荒鎮將，元鷙先後擔任撫冥鎮將、柔玄鎮將、懷荒鎮將，楊□先後擔任柔玄鎮將、懷荒鎮將。實際擔任六鎮鎮將者共 49 人。

以上 49 人中，段長、邢莫山、萬貳族屬暫不能確定。所以，對確認身份、族屬的 46 人進行分析。

除韓天生所任沃野鎮將，司馬文思、劉天興、楊鈞所任懷朔鎮將，李兜、楊□所任柔玄鎮將，李寶、唐顯安、楊□所任懷荒鎮將，其餘任六鎮鎮將者均爲北魏宗室、北族系人物。而北魏舊都盛樂所臨近的武川鎮與東部的撫冥鎮鎮將均爲北魏宗室、北族系成員，漢族士人無一人擔任上述兩鎮鎮將。具體而言，明確出身的 46 人中，北魏宗室 16 人，占總人數的 34.78%；較早歸附北魏、屬於北魏統治集團核心勢力的北族 22 人，占總人數的 47.83%；漢族出身者 8 人，占總人數的 17.39%。如上所述，北魏歷代統治者所任命的北疆軍鎮鎮將，北魏宗室與北族成員所佔比重佔據明顯優勢，表明宗室與北族成員是北魏統治者鞏固中央與地方所依靠的中堅；漢族鎮將勢力則非常單薄〔註3〕。也就是說，對北魏而言，北族成員才是選任軍鎮鎮將以及將軍鎮軍事權所託付的可靠核心勢力，歸附北魏的漢族大族，即使其對北魏忠誠度非常高，但由於族屬之別，因而在軍事權方面，北魏統治者還是對漢族大族成員

〔註3〕 北魏北疆軍鎮爲北魏前期首都平城的重要屏障，擔任北疆軍鎮鎮將者出身優越；並且，北魏統治者在選任北疆軍鎮鎮將方面多偏向於族屬因素，即多從宗室成員及北族系出身者中選拔鎮將。而北魏統治者以少數漢族出身者爲之，則出於以下考慮：首先，明顯表現出對少數漢族人物的尊崇。其次，少數擔任北疆軍鎮鎮將的漢族人物，多爲由江南投奔北魏且在江南具有一定聲望與影響者。如《魏書》卷三七《司馬休之傳附司馬文思傳》載司馬休之與司馬文思父子「頗得江漢人心」，其不僅遭到東晉後期權臣劉裕的猜忌，而且在其投奔北魏後，雖然受到北魏統治者禮遇，但也因潛在影響力而受到猜忌。如《魏書》卷三八《王慧龍傳》載北魏太武帝時期，朝臣就有「南人不宜委以師旅之任」這一對投奔北魏的江南人在政治、軍事上的猜忌與排擠。所以，北魏統治者將部分江南人物任命爲北疆軍鎮鎮將，意在使投奔北方的江南人物與其原先江南勢力基礎相互脫離。正如王永平在《中古士人遷移與文化交流》第八章《北魏之南朝流亡士人與南北文化交流》中所論及「北魏任用南人戍守北部邊鎮爲例，其目的之一當還有將他們調離南方前線，以免生變。」據此，本文認爲，北魏統治者任用少數江南漢族人物擔任北疆軍鎮鎮將，除表面顯示尊崇，更多的考慮是基於防範少數投奔北方的江南人物與其原來本土勢力再次勾結，以免出現威脅北魏南部邊疆穩定的因素。

持有一定戒備心，以防漢族大族掌握軍事權力而爲患於地方。所以，在北部邊疆軍鎮中加強宗室與北族成員的權力，以制衡漢族鎮將勢力。因此，北魏統治者在選任北部邊疆軍鎮鎮將方面，傾向於宗室與北族成員，是出於族屬的考慮，亦可謂基於當時政治需要而做出的選擇。

由於北魏北疆地區多山川地形，北疆六鎮又多處地勢險要之處，易守難攻，控扼北魏北上北方草原與北方游牧民族南下中原的交通要道、關口，所以北疆地帶成爲北魏抵禦北方民族南侵、藉以捍衛首都平城的重要屛障。北魏統治者多選拔拓跋宗室、北族系人物擔任北疆軍鎮鎮將、防守北疆，較少選拔漢族出身者，而北魏南疆、東部地區軍鎮鎮將中漢族出身者所佔比例要明顯高於北疆軍鎮漢族出身者所佔比例。除北疆地區是鮮卑族入主中原之前的活動中心、北魏最初首都盛樂所在，北魏統治者選任職官偏向於本族出身者等因素外，更多的是出於對以北魏六鎮爲代表的北疆防守在北魏整個國防體系中所佔重要地位的考慮而做出的謹愼選擇。即明確反映出北魏經略邊疆防守中的重北輕南傾向。

2．北魏六鎮鎮將的選任及行事事蹟

由上述北魏六鎮鎮將的組成結構可知，北魏時期，掌握六鎮實權者多屬於拓跋氏皇室與北族上層勢力。即使在少數出任鎮將的漢族人群中，也多爲較早歸附北魏的漢族大族及其後裔。表明自北魏太武帝設置北疆軍鎮，太武帝及之後的統治者基本上貫徹「昔皇始以移防爲重，盛簡親賢，擁麾作鎮，配以高門子弟，以死防遏，不但不廢仕宦，至乃偏得復除。當時人物，忻慕爲之」〔註4〕；「緣邊諸鎮，控攝長遠，昔時初置，地廣人稀，或徵發中原強宗子弟，或國之肺腑寄以爪牙」〔註5〕這一重視北疆鎮將選任的政策。

關於北魏六鎮鎮將行事事蹟，據《魏書》、《北齊書》、《周書》、《隋書》等正史文獻與《漢魏南北朝墓誌彙編》、《全北魏東魏西魏文補遺》、《全北齊北周文補遺》、《漢魏六朝碑刻校注》等墓誌文獻記載，北魏時期大部分北疆六鎮鎮將在任職期間能忠於職守。如《魏書》卷一九下《景穆十二王下・城陽王長壽傳》所載懷朔鎮鎮將拓跋長壽，「善撫接，在鎮甚有威名」；《魏書》

〔註4〕魏收：《魏書》卷一八《太武五王・廣陽王建傳附元深傳》，北京：中華書局，1974年，第429頁。

〔註5〕李延壽：《北史》卷五六《魏蘭根傳》，北京：中華書局，1974年，第2046頁。「高門子弟」、「中原強宗子弟」應指鮮卑拓跋宗室、臣服於鮮卑貴族並且得到鮮卑貴族信任的中原漢族世家大族。

卷二七《穆崇傳附穆鑌傳》所載懷朔鎮鎮將穆鑌，「在公以威猛見稱」；《邢阿光墓誌》所載邢阿光之父邢莫山，「冠軍將軍、武川鎮將。弘功盛烈，聲振漠南」；《元鷙墓誌》所載元鷙，「（正光）二年，詔除使持節都督柔玄懷荒撫冥三鎮諸軍事、撫軍將軍、柔玄鎮大將……政懷內外，綏和遠近」；如前所述，在任用北疆軍鎮鎮將方面，北魏統治者非常注重選派有豐富作戰、防守經驗的軍事將領駐防北疆地區。這有利於北魏加強其北部邊疆的防禦。

　　北疆六鎮鎮將任職期間，文獻明確記載不稱職者，有以下幾人〔註6〕。《魏書》卷一九上《景穆十二王上・汝陰王天賜傳》載拓跋天賜，「累遷懷朔鎮大將，坐貪殘，恕死，削除官爵」。《魏書》卷四一《源賀傳附源懷傳》載懷朔鎮鎮將元尼須，「貪穢狼藉」。而北疆軍鎮鎮將在任職期間的貪婪、不忠於職守，必然會逐漸加劇軍鎮內部矛盾，影響軍鎮在保境安民方面作用的發揮。

二・鎮將下屬職官──以懷朔鎮為中心的探討

　　由於北魏北疆軍鎮在北疆防禦中發揮著重要作用，軍鎮轄區內日常軍政事務非鎮將一人所能及。所以，北魏統治者在鎮將之下設置相關職官，輔佐鎮將處理軍鎮轄區內的軍政事務。關於北魏北疆軍鎮鎮將下屬職官的設置，《魏書》及涉及北魏歷史的《北齊書》、《周書》、《隋書》等傳世文獻及金石文獻，對懷朔鎮軍鎮機構職官設置有較系統的記載。因此，本部分以懷朔鎮為中心，同時結合其他軍鎮職官，展開對北魏北疆軍鎮機構的探討。

1・副　將

　　鎮副將，作為鎮將之副職，輔佐鎮將處理軍鎮轄區的軍政事務。《魏書》卷一九下《景穆十二王下・南安王楨傳附元略傳》載：

　　　　清河王（元）懌死後，（元）又黜（元）略為懷朔鎮副將。

2・其他下屬官吏

　　鎮獄隊　《北齊書》卷一《神武帝紀上》載高歡年幼時：

〔註6〕北魏北疆軍鎮鎮將的選任，於北魏後期開始出現鬆弛的現象；但是北魏後期，多數北疆軍鎮鎮將還是具備良好的軍事素養，在任職期間能較好地履行職責。不可忽視的是，北魏後期，北疆軍鎮鎮將選任的漸趨鬆弛，必然會逐漸削弱北部邊疆的防禦。也就是說，歷經北魏數代統治者的軍事經略，所形成的完善的北疆縱深防禦體系因少部分北疆最高軍事指揮官軍政素養低下而逐漸遭到破壞。

養於同產姊婿（懷朔）鎮獄隊尉景家。

鎮獄隊的職責應為處理軍鎮轄區中的刑事案件。

省事、戶曹史、外兵史　《北齊書》卷一《神武帝紀上》載：

> （高歡）有澄清天下之志。與懷朔省事雲中司馬子如及秀容人劉貴、中山人賈顯智為奔走之友，懷朔戶曹史孫騰、外兵史侯景亦相友結。

懷朔省事主要處理懷朔鎮府中日常行政事務；懷朔戶曹史掌管鎮府中文案事務；懷朔外兵史輔佐鎮將處理鎮府中軍事事務。

函使　《北齊書》卷一《神武帝紀上》載：

> （北魏後期）神武（高歡）自隊主轉為函使……為函使六年，每至洛陽。

懷朔函使負責洛陽與懷朔鎮之間公文、信件往來。

功曹史　《南史》卷八〇《賊臣·侯景傳》載：

> 侯景字萬景，魏之懷朔鎮人也。少而不羈，為鎮功曹史。

懷朔鎮功曹史掌管鎮府中屬史的考核、選任事務。

軍主、統軍　《周書》卷一四《賀拔勝傳》載：

> （賀拔勝）父（賀拔）度拔，性果毅，為武川軍主。

> 魏正光末，沃野鎮人破六汗拔陵反，南侵城邑。懷朔鎮將楊鈞聞（賀拔）度拔名，召補統軍，配以一旅。其賊偽署王衛可孤徒黨尤盛，既圍武川，又攻懷朔。勝少有志操，善騎射，北邊莫不推其膽略。時亦為軍主，從度拔鎮守。

據上述史料，首先，軍主為軍鎮中的最基層武官；其次，賀拔度拔由軍主升為統軍，同時，指揮其子武川軍主賀拔勝協助防守武川，反映出軍鎮基層武官中統軍地位在軍主之上，平時下轄若干軍主。

長史　《芒洛冢墓遺文》上《魏岐州刺史于纂墓誌》載：

> 正始元年，轉威遠將軍，平城鎮平北府長史。永平元年，授寧遠將軍、懷朔鎮冠軍府長史。君毗贊二府，服勤九稔。熟蘭庶事，實無停滯。清風遠著，徽譽藉甚。蕃牧敬其能，縉紳欽其美。〔註7〕

關於北魏邊疆軍鎮尤其是北方軍鎮職官，《魏書》、《北齊書》、《周書》、

〔註7〕　羅振玉，輯：《芒洛冢墓遺文》卷上，《石刻史料新編》第 1 輯第 19 冊，臺北：新文豐出版公司，1977 年，第 13984 頁。

《隋書》還記載有虎牢鎮副將、虎牢鎮監軍、柔玄鎮司馬、枋頭鎮門士、武川鎮軍主、武川鎮司馬、沃野鎮軍主、薄骨律鎮副將、薄骨律鎮別將、長安鎮副將、懷荒鎮副將、懷荒鎮金城戍將。

懷朔鎮與沃野鎮、武川鎮、柔玄鎮、懷荒鎮、虎牢鎮同屬於邊疆地區重要軍鎮，邊疆軍鎮的鎮府職官設置大體相同，所以，上述軍鎮職官，在懷朔鎮中亦應設置。

根據以上分析，北魏北疆軍鎮機構，最高層有鎮將，中間層有鎮副將作爲鎮將的輔佐，最下層爲省事、戶曹史至長史、監軍、司馬、戍將等眾多基層職官，共同負責軍鎮內部的日常軍政事務。由此，北魏北疆軍鎮機構及相關職官建置近於完善，反映出北魏對北疆軍鎮事務的管理是非常重視的；在北疆軍鎮機構規模適中的情況下，北疆軍鎮機構對北疆軍鎮管理的效率與實質作用亦應得到一定程度的提高與保障。

關於北魏北疆軍鎮機構規模〔註8〕，《魏書》卷四一《源賀傳附源懷傳》載源懷上書北魏宣武帝歷陳北疆軍鎮機構繁冗及改革措施：

> 北鎮邊蕃，事異諸夏，往日置官，全不差別。沃野一鎮，自將已下八百餘人，黎庶怨嗟，僉曰煩猥。邊隅事尠，實少畿服，請主帥吏佐五分減二。

上述史料反映出，北魏後期，北疆軍鎮機構規模不僅甚爲龐大，甚至達到極繁冗的程度，必然影響到軍鎮內部的軍政效率以及增加軍鎮日常開支。

第二節　北魏管理北疆事務的其他機構

北魏對北疆民族事務的管理，涉及到軍事、使者往來、對使節及歸附之人的安撫，因此，爲有效管理上述事務，北魏國家設置了相關職官。

一‧大鴻臚機構

在中央機構中，北魏設有大鴻臚機構及相關屬官，掌管涉及到北疆的事

〔註8〕 嚴耕望先生在其所著《中國地方行政制度史‧魏晉南北朝地方行政制度》中根據《隋書》卷二七《百官志中》所載「後齊制官，多循後魏」；「三等諸鎮，置鎮將、副將，長史，錄事參軍，倉曹、中兵、長流、城局等參軍事，鎧曹行參軍，市長，倉督等員」，認爲北齊軍鎮職官機構設置是對北魏制度的簡化，並據此謹慎認爲北魏軍鎮機構中應有倉曹、中兵、長流參軍等的設置。

務。《通典》卷二六《職官八·鴻臚卿》載：

> 周官大行人，掌大賓客之禮。秦官有典客，掌諸侯及歸義蠻夷。
> 漢改爲鴻臚……秦時又有典屬國官，掌蠻夷降者。漢因之。

北魏繼承了秦漢時期掌管外交事務的鴻臚機構，「後魏曰大鴻臚。」

> 丞：秦曰典客丞，漢爲鴻臚丞，魏晉亦然。梁、陳、後魏、北
> 齊皆有之。

> 典客署：……後魏初曰典客監，太和中置主客令。

1·北魏所置之典客

《通典》所載「後魏初曰典客監」，孝文帝時期繼續設置。《魏書》卷一一三《官氏志》載孝文帝第一次改革官制，設有典客監，同時設置典客舍人、典客參軍，以輔佐典客監處理邊疆民族事務。如《魏書》卷七九《成淹傳》載孝文帝、宣武帝時期：

> （成淹）典客十年，四方貢聘，皆有私遺，毫釐不納。

根據以上史料，包括北疆民族在內的周邊民族朝貢事務，由典客監掌管。

2·北魏所置之主客令

《魏書》卷四七《盧玄傳附盧淵傳》載孝文帝時期：

> （盧淵）拜主客令，典屬國。

主客令之職責，包括接待北疆民族使者方面。

二·尚書機構

《魏書》卷四一《源賀傳附源子恭傳》載宣武帝時期：

> 源子恭任「尚書北主客郎中，攝南主客事。」

《魏書》卷四九《李靈傳附李系傳》又載宣武帝時期：

> 侍中李神儁舉（李）系爲尚書南主客郎。系前後接對凡十八人，
> 頗爲稱職。

據此，尚書北主客郎中亦掌管接待北疆民族往來北魏使者的事務。

三·護高車中郎將機構

《魏書》卷三《明元帝紀》載：

> （泰常）三年春正月丁酉朔，帝自長川詔護高車中郎將薛繁率
> 高車丁零十二部大人眾北略，至弱水，降者二千餘人，獲牛馬二萬

餘頭。

除此之外，《魏書》卷一一三《官氏志》記載護高車中郎將軍府屬官有高車虎賁將軍、高車虎賁司馬、高車虎賁將、高車虎賁。

由此，北魏設置護高車中郎將及軍府，負責監護、征討北疆高車事務。

四·客館機構

北魏遷都洛陽後，在首都洛陽設置專門客館機構，以招待北疆民族歸附者。《洛陽伽藍記》卷三《城南》載：

> 永橋以南，圜丘以北，伊、洛之間，夾御道有四夷館。道東有四館。一名金陵，二名燕然，三名扶桑，四名崦嵫。道西有四館裏：一曰歸正，二曰歸德，三曰慕化，四曰慕義。吳人投國者處金陵館，三年已後，賜宅歸正里……北夷來附者處燕然館，三年已後，賜宅歸德里。正光元年，蠕蠕主郁久閭阿那瓌來朝，執事者莫知所處。中書舍人常景議云：『咸寧中，單于來朝，晉世處之王公特進之下，可班阿那瓌蕃王、儀同之間。』朝廷從其議，又處之燕然館，賜宅歸德里。北夷酋長遣子入侍者，常秋來春去，避中國之熱，時人謂之鴈臣。東夷來附者處扶桑館，賜宅慕化里。西夷來附者處崦嵫館，賜宅慕義里。自蔥嶺已西，至於大秦，百國千城，莫不歡附，商胡販客，日奔塞下，所謂盡天地之區已。樂中國土風，因而宅者，不可勝數。是以附化之民，萬有餘家。

根據以上史料，首先，北魏所置之燕然館、歸德里所安置的北疆民族歸附者規模較為龐大。其次，在北魏於洛陽城中為安置周邊降附者所置之客館中，安置北夷之燕然館、歸德里所佔之地位僅次於安置江南降附者之金陵館、歸正里。由此，用以安置四周邊疆民族歸附者所置之客館、里坊，存在鮮明等級之分。以軍事實力而言，漠北柔然為北魏邊疆最大邊患來源，其次是江南政權；加之北魏在邊疆經營方面有重北輕南的傾向，所以，北魏在客館、里坊安置方面，理應把涉及柔然的燕然館、歸德里安排在首位。但北魏卻使燕然館、歸德里在四館、裏中居第二位，與其經營邊疆的重北輕南之策表面上看似矛盾，實質則涉及北魏在安排四館、里位置上所進行的軍事實力與文化實力的綜合考慮。除前述漠北柔然、江南之軍事實力，江南政權在文化實力方面佔有絕對優勢，一方面，江南政權自詡中原正朔之代表，此方面不僅

爲江南士人所認同，也爲部分北方漢族士人所認同；另一方面，江南文化遠
比北魏發達，因此，江南之地爲部分北方漢族士人所向往，甚至，北魏統治
者也從江南文化中借鑒經驗以進行改革。因此，對胡族出身、進行漢化改革、
欲以中原正朔自居、標榜政權爲中原正朔王朝的北魏中後期統治者來說，江
南政權在文化實力方面對其的威脅更大。所以，北魏統治者經過軍事與文化
實力的綜合考慮，自然將安置江南歸附者的金陵館、歸正里置於首位，以拉
攏江南士人，與江南爭奪正統；將安置柔然降附者的燕然館、歸德里置於第
二位，對柔然降附者以示優待、進行拉攏。

第三節　北魏北疆軍隊的武器裝備與後勤保障

一‧北魏北疆軍隊的武器裝備

（一）北魏軍隊的武器裝備概況

可從對北魏軍隊的武器裝備探討中，窺見北魏北疆軍隊的武器裝備情
況。北魏軍隊的武器裝備，有弓、箭、刀、楯、矛、弩、劍等。

《通典》卷一九六《邊防典第十二‧蠕蠕》所載刁雍上書獻文帝加強北
疆臨時駐防軍隊的兵種調整：

> 宜發近州武勇四萬人，及京師二萬人，合六萬人，爲武士。於
> 苑內立征北大將軍府，選忠勇有志幹者以充其選，下置官屬。分爲
> 三軍，二萬人專習弓射，二萬人專習刀楯，二萬人專習騎矟。修立
> 戰場，十日一習……七月發六部兵萬人，各備戎作之具。敕臺北諸
> 屯，隨近作米供送六鎮。至八月，征北部率所鎮與六鎮之兵，直至
> 磧南，揚威漠北。狄若來拒，與之決戰。若其不來，然後分散其地，
> 以築長城。

> （獻文）帝從之，邊境獲其利。

根據以上記載，首先，北魏北疆軍隊使用的兵器以弓箭、刀、楯、矛爲
主。第二，北魏軍隊兵種以步兵、騎兵、弓箭兵爲主，並且，弓箭兵在當時
軍隊中佔有優勢比例。第三，由北魏獻文帝採納刁雍之策所進行的此次北疆
軍鎮駐防兵種、武器之調整，可見北魏北疆軍鎮所擁有之武器及兵種兼具進
攻與防禦功能。

《魏書》卷二一上《獻文六王上・咸陽王禧傳》載咸陽王元禧上書孝文帝：

> 國朝偃武崇文，偏捨來久，州鎮兵人，或有雄勇，不閑武藝。
> 今取歲暮之暇，番上之日，訓其兵法。弓矢干稍，三分並教，使人
> 閑其能，臨事無闕。

以上史料表明進攻性之武器弓箭與近距離格鬥、衝刺、防護之武器楯、長矛的使用爲北魏軍隊日常訓練科目。

另據《魏書》相關記載，北魏時期還有露絲弓、朱漆柘弓、黑漆弓、露絲銀纏槊、赤漆槊、黑漆槊、赤漆楯、黑漆楯。

（二）北魏軍隊武器裝備分析

現據有關考古資料及學者研究，對北魏時期的部分兵器及士兵裝備進行簡要分析。

1・弓、弩

北魏時期的弓有輕型弓與重型弓之分。如《魏書》卷一五《昭成子孫・秦明王翰傳附拓跋儀傳》載道武帝時：

> （拓跋）儀膂力過人，弓力將十石；陳留公虔，稍大稱異。時
> 人云：「衛王弓，桓王稍。」

《魏書》卷二五《長孫嵩傳附長孫頹傳》載太武帝時：

> （長孫）頹，善騎射，彎弓三百斤。

《魏書》卷七○《傅永傳附傅叔偉傳》載宣武帝時：

> （傅叔偉）膂力過人，彎弓三百斤，左右馳射。

《魏書》卷七三《奚康生傳》載：

> 太和十一年，蠕蠕頻來寇邊，柔玄鎮都將李兜討擊之。（奚）
> 康生性驍勇，有武藝，弓力十石，矢異常箭，爲當時所服。從兜爲
> 前驅軍主，頻戰陷陣，壯氣有聞，由是爲宗子隊主。

由上可見，重型弓在北魏軍隊中的使用是較普遍的。拉力爲三百斤、十石的重型弓屬強勁之弓，穿透力、殺傷力遠在輕型弓之上。

北魏時期的遠程投射武器中，還有強弩。《魏書》卷四一《源賀傳》載孝文帝時源賀上述請求加強北疆軍鎮防禦：

> 請募諸州鎮有武健者三萬人，復其徭賦，厚加賑恤，分爲三部。

> 二鎮之間築城，城置萬人，給強弩十二床，武衛三百乘。弩一床，
> 給牛六頭；武衛一乘，給牛二頭。多造馬槍及諸器械，使武略大將
> 二人以鎮撫之。

以上史料中所載之以六頭牛作爲牽引動力，可知此種強弩較爲笨重，不便於運輸，不屬於單兵操作武器，應是用於城池防禦。

2・刀

內蒙古包頭市固陽縣境內出土一把北魏環首鐵刀，此環首鐵刀「通長 94 釐米，刀寬 2.8 釐米，刀厚 0.8 釐米，環徑 5.8 釐米，半圓形環首，刀身較長，刀背直，一面有刃」〔註9〕。

圖 3.1　北魏懷朔鎮遺址出土鐵刀〔註10〕

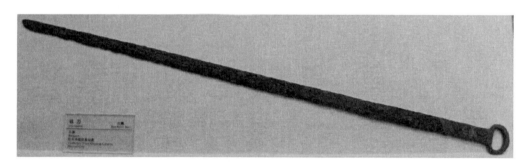

3・騎兵裝備

據考古資料，北魏時期騎兵有重裝騎兵和輕裝騎兵之分。

重騎兵裝束被稱爲甲騎具裝，甲爲騎兵所披之鎧，具爲馬所披之鎧〔註11〕。

關於北魏時期重裝騎兵的裝束，據山西大同雁北師院北魏墓群 M5 出土的 26 件甲騎具裝俑得以窺探。「戰馬頸微曲，頭稍低，戴有仿金屬製成的面簾。面簾由額至鼻是一條居中的平脊，向左右兩側擴展出適合馬兩頰的弧形護板，遮護住馬頭，上面留有讓馬眼睛可外視的圓形目孔，額部頂上塑有三個微向前傾的花瓣式裝飾。戰馬全身披掛由紅黑兩色長方形甲片編綴而成的具裝鎧，馬鎧下緣均用紅色塗出寬緣，上有黑色斜線勾劃的圖案，表明裝有

〔註9〕　內蒙古包頭市博物館副研究館員郭麗提供此鐵刀詳細資料。

〔註10〕　拍攝於內蒙古包頭市博物館「包頭歷史文物陳列展廳南北朝時期文物單元陳列展區」。

〔註11〕　大同市考古研究所：《大同雁北師院北魏墓群》第五章《磚室墓 M5》，北京：文物出版社，2008 年，第 132 頁。

較寬的帛毛織物包邊，以免堅硬的甲片磨損馬的肌膚」〔註12〕。

「騎兵頭戴兜鍪，頂部正中有一小圓孔，應爲插纓之處。頸後捏塑一橢圓形卡，以防兜鍪掉落、移位或減輕兜鍪對頭部的壓力。騎兵全身披鎧，自肘部以上收口，應爲筒袖鎧，袖口有一圈紅色緣飾。26 件騎兵皆爲左手牽轡繩，右手執兵器，雙臂前伸或高抬，雙手半握或曲握……兩腿自然下垂，腳穿鞋，兩腿與馬身平行或一定的角度」〔註13〕。

圖3.2　大同雁北師院北魏墓群 M5：78 甲騎具裝俑素描圖〔註14〕

〔註12〕大同市考古研究所：《大同雁北師院北魏墓群》第五章《磚室墓 M5》，北京：文物出版社，2008 年，第 132 頁。

〔註13〕大同市考古研究所：《大同雁北師院北魏墓群》第五章《磚室墓 M5》，北京：文物出版社，2008 年，第 132 頁。

〔註14〕轉引自大同市考古研究所：《大同雁北師院北魏墓群》第五章《磚室墓 M5》，北京：文物出版社，2008 年，圖一三六：2。

圖 3.3　大同雁北師院北魏墓群 M5：78 甲騎具裝俑圖〔註15〕

圖 3.4　山西大同石家寨北魏司馬金龍墓重裝騎兵俑圖〔註18〕

〔註15〕轉引自大同市考古研究所：《大同雁北師院北魏墓群》第五章《磚室墓 M5》，
　　　　北京：文物出版社，2008 年，彩版七七：2。
〔註18〕轉引自山西省大同市博物館、山西省文物工作委員會：《山西大同石家寨北魏
　　　　司馬金龍墓》，載《文物》，1972 年第 3 期，圖二三。

　　山西大同石家寨北魏司馬金龍墓出土騎馬武士俑兩件。其中一件爲鎧馬武士俑，「戴尖錐形盔，穿圓領窄袖長衣，外罩鎧甲」，「右手前平舉，左手下垂，似原執物。人馬鎧甲繪白色寬條、鉤紅邊，或繪黑鱗片紋及斜方格紋」〔註16〕，爲重裝騎兵裝束；另一件騎馬武士俑，「人馬不披甲，武士戴雞冠型風帽」〔註17〕，爲輕騎兵裝束。

　　西安市南郊草場坡一號墓出土一件北魏時期彩繪騎甲馬武士俑，「武士圓臉，頭戴盔帽，身著帶盆領緊身甲衣，穿長褲，左手執韁，右手作持長柄兵器狀，戰馬全身披甲」〔註19〕，顯然爲重騎兵裝備。

圖 3.5　西安市南郊草場坡一號墓北魏時期彩繪騎甲馬武士俑圖〔註20〕

〔註16〕　山西省大同市博物館、山西省文物工作委員會：《山西大同石家寨北魏司馬金龍墓》，載《文物》，1972 年第 3 期，第 23 頁。

〔註17〕　山西省大同市博物館、山西省文物工作委員會：《山西大同石家寨北魏司馬金龍墓》，載《文物》，1972 年第 3 期，第 23 頁。

〔註19〕　冀東山主編：《神韻與輝煌——陝西歷史博物館國寶鑒賞》（陶俑卷），西安：三秦出版社，2006 年，第 60 頁。

〔註20〕　轉引自冀東山主編：《神韻與輝煌——陝西歷史博物館國寶鑒賞》（陶俑卷），西安：三秦出版社，2006 年，圖 31。

　　北魏墓中多有騎甲馬武士俑出土，正反映出當時重甲騎兵（重裝騎兵）的崛起。戰馬披甲，解決了戰馬的防護問題，據《魏書》相關記載，北魏時期騎兵部隊的馬鎧有細明光人馬鎧、鐵人馬鎧兩種。騎兵披甲，則有效提高了騎兵在進攻與搏鬥中的衝擊與防護能力。另據考古研究，北朝時期騎兵所披鎧甲的主要類型爲「兩襠鎧」，兩襠鎧由一片胸甲和一片背鎧組成；兩襠鎧樣式有甲片連綴和鱗片重疊兩種〔註21〕。

<h3 style="text-align:center">圖 3.6　北朝兩襠鎧復原圖〔註22〕</h3>

4・步兵裝備

（1）披甲步兵俑

　　關於北魏時期步兵裝束，據山西大同雁北師院北魏墓群 M5 出土的 18 件披鎧步兵俑，「18 件披鎧步兵俑……兵士頭戴由魚鱗形甲片編綴而成的兜鍪，

〔註21〕 杜文玉、王顏、劉鵬、魏順蘭：《圖說中國古代兵器與兵書》第二章《防護類裝備》，西安：世界圖書出版社，2007 年，第 23 頁。

〔註22〕 轉引自杜文玉、王顏、劉鵬、魏順蘭：《圖說中國古代兵器與兵書》第二章《防護類裝備》，西安：世界圖書出版社，2007 年，「北朝兩襠鎧復原圖」。

頂正中有圓孔，爲插纓之處……身著窄袖長襦，下擺處和袖飾皆爲紅色。外罩兩襠鎧，鎧甲由六排約長2、寬1釐米的魚鱗形甲片穿綴而成，前後兩片，用紅、墨兩線勾劃，鎧甲下有較寬的紅彩邊飾」〔註23〕。

　　山西大同雁北師院北魏墓群M5出土的披鎧步兵俑M5：60，「兵士頭戴兜鍪……裏穿長襦，下擺處有較寬的紅色邊飾；外罩兩襠鎧，鎧甲由紅、黑兩線勾劃的魚鱗形甲片穿綴而成，下擺處也有較寬的紅色邊飾，鎧甲較之長襦短了許多。左臂緊貼身體下垂，右臂彎曲，右手半握與頸同高」〔註24〕。

圖 3.7　大同雁北師院北魏墓群 M5：60 披鎧步兵俑素描圖〔註25〕

〔註23〕 大同市考古研究所：《大同雁北師院北魏墓群》第五章《磚室墓 M5》，北京：文物出版社，2008 年，第 144 頁。

〔註24〕 大同市考古研究所：《大同雁北師院北魏墓群》第五章《磚室墓 M5》，北京：文物出版社，2008 年，第 144 頁。

〔註25〕 轉引自大同市考古研究所：《大同雁北師院北魏墓群》第五章《磚室墓 M5》，北京：文物出版社，2008 年，圖一四三：2。

圖 3.8　大同雁北師院北魏墓群 M5：60 披鎧步兵俑圖〔註 26〕

（2）鎧甲持箭武士俑

　　河南偃師兩座北魏墓 M2 出土鎧甲武士俑 8 件，「豎眉怒目，朱脣。絡腮鬍。頭戴尖頂盔，腦後有圭形護項，兩側有護耳。身穿裲襠甲，胸甲與背甲用革帶聯結，肩披護髆，腰束帶，背負箭箙，著縛褲。雙臂寬袖紮結下垂，左手置於腹部，右臂舉於胸側」〔註 27〕。此鎧甲武士俑為持箭俑。

〔註 26〕　轉引自大同市考古研究所：《大同雁北師院北魏墓群》第五章《磚室墓 M5》，
　　　　　北京：文物出版社，2008 年，彩版八四：4。
〔註 27〕　偃師商城博物館：《河南偃師兩座北魏墓發掘簡報》，載《考古》1993 年第 5

圖 3.9　河南偃師兩座北魏墓 M2 鎧甲持箭武士俑素描圖〔註28〕

圖 3.10　河南偃師兩座北魏墓 M2 鎧甲持箭武士俑圖〔註29〕

期，第 423 頁。

〔註28〕　轉引自偃師商城博物館：《河南偃師兩座北魏墓發掘簡報》，載《考古》1993
　　　　年第 5 期，圖四：10。

〔註29〕　轉引自偃師商城博物館：《河南偃師兩座北魏墓發掘簡報》，載《考古》1993
　　　　年第 5 期，圖版五：6。

（3）鎧甲扶盾武士俑

河南偃師兩座北魏墓 M2 出土俑，「頭戴圓頂兜鍪，有護耳和衝角，身穿明光鎧，腰束帶。腰部以下墨繪魚鱗狀甲片，縛褲。左手扶長盾，盾面微鼓，飾紅彩。右臂下垂，手握有孔，似執兵器」〔註30〕。

圖 3.11　河南偃師兩座北魏墓 M2 鎧甲扶盾武士俑素描圖〔註31〕

〔註30〕偃師商城博物館：《河南偃師兩座北魏墓發掘簡報》，載《考古》1993 年第 5 期，第 423 頁。

〔註31〕轉引自偃師商城博物館：《河南偃師兩座北魏墓發掘簡報》，載《考古》1993 年第 5 期，圖四：1。

圖 3.12　河南偃師兩座北魏墓 M2 鎧甲扶盾武士俑圖〔註32〕

（4）鎧甲扶劍武士俑

　　洛陽北魏元邵墓出土鎧甲扶劍武士俑 2 件，「戴冑，披甲，外披風衣，雙手扶劍」〔註33〕。

〔註32〕轉引自偃師商城博物館：《河南偃師兩座北魏墓發掘簡報》，載《考古》1993
　　　　年第 5 期，圖版五：5。
〔註33〕洛陽博物館：《洛陽北魏元邵墓》，載《考古》，1973 年第 4 期，第 220 頁。

圖 3.13　洛陽北魏元邵墓鎧甲扶劍武士俑圖〔註 34〕

二・北魏北疆軍隊的後勤保障

　　北魏時期，北部邊疆軍隊的後勤，主要依靠邊疆屯田、從北疆軍鎮附近地區調撥與從全國徵調三種方式得以保障。

1・邊疆屯田

　　《魏書》卷二《道武帝紀》載：

　　　　（登國）九年春三月，帝北巡。使東平公元儀屯田於河北五原，至於楓楊塞外。

〔註 34〕轉引自洛陽博物館：《洛陽北魏元邵墓》，載《考古》，1973 年第 4 期，圖版八：4。

關於此次屯田，《魏書》卷一五《昭成子孫·秦明王翰傳附拓跋儀傳》又載：

> （道武帝）命（拓跋儀）督屯田於河北，自五原至稒楊塞外，分農稼，大得人心。

根據以上史料，首先，道武帝此次下令塞外屯田，在北疆西部地區收到軍民兩利的效果；其次，既然北魏以五原至稒陽爲北疆軍事後勤給養保障來源，其實質顯示當時北魏已有效控制這一地區。所以，道武帝之後，五原至稒陽（北魏懷朔鎮所在地）一帶屯田應繼續得到繼承。據考古發掘，北魏懷朔鎮遺址曾出土北魏時期的鐵犁鏵、石磨盤等農業生產及加工糧食工具〔註35〕，說明當時懷朔鎮的經濟生產方式中，農業生產佔據重要地位。也就是說，北魏六鎮的士兵，特別是北族士兵，逐漸接受漢族農耕方式，滿足戍守北部邊疆中的飲食所需。

圖 3.14　北魏懷朔鎮遺址出土的石磨上扇〔註36〕

〔註35〕內蒙古文物工作隊、包頭市文物管理所：《內蒙古白靈淖城圐圙北魏古城遺址調查與試掘》，載《考古》，1984 年第 2 期，第 147～149、151 頁。

〔註36〕轉引自：內蒙古文物工作隊、包頭市文物管理所：《內蒙古白靈淖城圐圙北魏古城遺址調查與試掘》，載《考古》，1984 年第 2 期，圖四：11。

圖 3.15　北魏懷朔鎮遺址出土的鐵犁鏵〔註37〕

　　《魏書》卷六二《李彪傳》載太和初期，李彪曾上書孝文帝，請求孝文帝繼承曹魏屯田制度，以收「用能不匱當時，軍國取濟」之利。孝文帝「覽而善之，尋皆施行」。李彪請求孝文帝實行屯田，亦包括北部邊疆地區。

　　《魏書》卷四一《源賀傳附源懷傳》載源懷上書北魏宣武帝：

> 景明以來，北蕃連年災旱，高原陸野，不任營殖，唯有水田，少可菑畝。然主將參僚，專擅腴美，瘠土荒疇給百姓，因此困弊，日月滋甚。諸鎮水田，請依地令分給細民，先貧後富，若分付不平，令一人怨訟者，鎮將已下連署之官，各奪一時之祿，四人已上奪祿一周。

> （源懷）所上事宜便於北邊者，凡四十餘條，皆見嘉納。

　　以上史料顯示，北魏初期至後期，北疆屯田是保障北部邊疆軍隊後勤補給的重要方式。

〔註37〕　轉引自：內蒙古文物工作隊、包頭市文物管理所：《內蒙古白靈淖城圈圖北魏古城遺址調查與試掘》，載《考古》，1984 年第 2 期，圖四：1。

2．從北疆軍鎮附近地區調撥

《魏書》卷三八《刁雍傳》載太平眞君七年，刁雍上書太武帝報告北疆軍鎮軍糧補給情況：

> 奉詔高平、安定、統萬及臣所守四鎮，出車五千乘，運屯穀五十萬斛付沃野鎮，以供軍糧。臣鎮去沃野八百里，道多深沙，輕車來往，猶以爲難，設令載穀，不過二十石，每涉深沙，必致滯陷。又穀在河西，轉至沃野，越度大河，計車五千乘，運十萬斛，百餘日乃得一返，大廢生民耕墾之業。車牛艱阻，難可全至，一歲不過二運，五十萬斛乃經三年。臣前被詔，有可以便國利民者動靜以聞。臣聞鄭、白之渠，遠引淮海之粟，泝流數千，週年乃得一至，猶稱國有儲糧，民用安樂。今求於牽屯山河水之次，造船二百艘，二船爲一舫，一船勝穀二千斛，一舫十人，計須千人。臣鎮內之兵，率皆習水。一運二十萬斛。方舟順流，五日而至，自沃野牽上，十日還到，合六十日得一返。從三月至九月三返，運送六十萬斛，計用人功，輕於車運十倍有餘，不費牛力，又不廢田。

同書同卷載太武帝針對刁雍上書所下詔書：

> 知欲造船運穀，一冬即成，大省民力，既不費牛，又不廢田，甚善。非但一運，自可永以爲式。今別下統萬鎮出兵以供運穀，卿鎮可出百兵爲船工，豈可專廢千人？雖遣船匠，猶須卿指授，未可專任也。諸有益國利民如此者，續復以聞。

由刁雍上書及太武帝所頒詔書，可以看出：首先，北魏太武帝時期，北疆軍鎮西部沃野鎮後勤軍糧一度依賴河西軍鎮；第二，由於河西至沃野鎮距離較遠，沿途土壤沙化嚴重，給軍糧運輸帶來不便，主要體現在運輸所需時長與耗費人力兩方面；第三，刁雍建議利用河西、北疆軍鎮西部的水系，從水路運輸軍糧至沃野鎮，即提高運輸量、縮短運輸時間，又節省人力；第四，針對沃野鎮後勤補給，北魏太武帝實行兩方面策略，一方面是採納刁雍建議，從河西地區水運部分軍糧，另一方面，改從統萬鎮抽調士兵，從統萬鎮地區陸路運輸部分軍糧至沃野鎮。

3．從全國徵調

《魏書》卷四上《太武帝紀上》載：

> （始光二年）五月，詔天下十家發大牛一頭，運粟塞上。

《魏書》卷一○三《蠕蠕傳》又載：

> （始光二年十月），世祖大舉征之，東西五道並進：平陽王長孫翰等從黑漠，汝陰公長孫道生從白黑兩漠間，車駕從中道，東平公娥清次西從粟園，宜城王奚斤、將軍安原等西道從爾寒山。諸軍至漠南，舍輜重，輕騎齎十五日糧，絕漠討之，大檀部落駭驚北走。

據此，首先，北魏太武帝於始光二年五月下令從全國徵調糧食至北疆軍鎮地區，應和同年十月北魏大規模征討柔然的軍事行動有關；第二，北魏太武帝此次從全國徵調軍糧，供給對象應包括北疆軍鎮駐防軍和征討柔然之軍隊兩部分。

以上論述，反映出針對北魏北部邊疆軍隊的後勤補給，北魏統治者實行以北疆屯田爲主，從北疆軍鎮附近地區調撥和從全國徵調爲輔的策略。

第四章　北魏的北部邊疆民族政策

北魏統治者鑒於國內形勢與國家實力變化以及北部邊疆民族盛衰演變，制定了不同形勢之下的北部邊疆民族政策。大體而言，以聯姻、政治冊封、軍事征討、因俗而治、以夷制夷爲主。

第一節　聯姻——以北魏與柔然聯姻爲中心

《魏書》卷二四《崔玄伯傳》所載「太祖曾引玄伯講《漢書》，至婁敬說漢祖欲以魯元公主妻匈奴，善之，嗟歎者良久。是以諸公主皆釐降于賓附之國，朝臣子弟，雖名族美彥，不得尚焉」明確表明：首先，北魏初期統治者將聯姻作爲加強北魏與少數民族上層之間政治聯繫的重要方式，故而使北魏公主婚配的對象範圍限於少數民族降附者，之後又延伸至少數民族上層首領。其次，北魏尙未統一北方之際，國家實力不甚強大，同時其外部政權林立、周邊形勢嚴峻，這又牽制了北魏初期統治者穩定內部、對外擴張的精力；所以，聯姻周邊少數民族上層成爲北魏初期統治者處理同周邊民族關係、緩解外部形勢的重要途徑。

一·北魏統治者聯姻柔然首領

據《魏書》卷一○三《蠕蠕傳》所載，「（北魏）北鄙候騎獲吳提南偏邏者二十餘人，世祖賜之衣服，遣歸。吳提上下感德，故朝貢焉。世祖厚賓其使而遣之。延和三年二月，以吳提尙西海公主，又遣使人納吳提妹爲夫人，又

進爲左昭儀。吳提遣其兄禿鹿傀及左右數百人來朝，獻馬二千匹，世祖大悅，班賜甚厚。至太延二年，乃絕和犯塞。」

如上史料，首先，北魏太武帝納柔然可汗郁久閭吳提之妹爲夫人，可視爲對之前郁久閭吳提主動聯姻北魏成果的鞏固；其次，太武帝晉升郁久閭吳提之妹在北魏後宮中的等級，是對郁久閭吳提表示親善的體現。太武帝旨在通過北魏與柔然統治階層之間的聯姻，維持雙方的和平關係。而《魏書》所載雙方相互聯姻之後「吳提遣其兄禿鹿傀及左右數百人來朝，獻馬二千匹」則可看出，北魏太武帝與柔然上層的聯姻在外交方面起到了積極作用，之後柔然較頻繁地朝貢於北魏；「至太延二年，（郁久閭吳提）乃絕和犯塞」，則反映出在雙方維持和平往來期間，北魏在北部邊疆地區獲得了相對的安定，這對於北魏恢復因長期與柔然征戰而受到損耗的國力及在北部邊疆地區軍事經略部署的開展是非常有利的；需要注意的是，始光至神麚年間，北魏對柔然進行了多次軍事打擊，柔然實力被嚴重削弱，而柔然內部又發生離亂，所以，郁久閭吳提在柔然發展受挫、內部不穩的動盪形勢下，主動通婚於北魏以向北魏示好，目的在於營造有利的外部環境以獲得休養生息之機，進而穩定柔然社會形勢、恢復柔然國力；待實力恢復之後，郁久閭吳提又打破雙方和平往來，重新進入與北魏相互征戰的局面。

二‧北魏宗室與柔然上層歸附者的聯姻

北魏統治者除通過加強與北方草原柔然上層統治者的聯姻以改善雙方關係，對與歸附於自己的柔然上層貴族的聯姻也是非常重視的。

1‧柔然上層歸附者家族女子嫁入北魏宗室

《魏書》卷一三《皇后‧景穆恭皇后郁久閭氏傳》載，「景穆恭皇后郁久閭氏，河東王毗妹也。少以選入東宮，有寵。眞君元年，生高宗。世祖末年薨。高宗即位，追尊號諡。葬雲中金陵，配饗太廟。」

一方面，北魏太武帝讓太子拓跋晃與歸順的柔然貴族郁久閭毗之妹聯姻，意在加強對歸附的柔然貴族的籠絡，使其成爲自己的支持者，讓其爲自己統治的鞏固服務。另一方面，北魏統治者對嫁入北魏皇室中逝去的柔然上層女子追尊諡號，葬其於皇陵、在太廟中享受祭祀，是給予逝去的柔然上層女子的特殊榮寵。

另據《元恭墓誌》載元恭之妻「茹茹主之曾孫，景穆皇帝女樂平長平公主孫，父安固伯閭世穎」，拓跋晃所生女之後裔又嫁與北魏宗室。

2·北魏宗室女子嫁與柔然上層歸附者

關於柔然上層歸附者最早與北魏宗室女子的聯姻，《魏書》卷三〇《閭大肥傳》載，「閭大肥，蠕蠕人也。太祖時，與其弟大涅倍頤率宗族歸國。太祖善之，尚華陰公主……（太武帝時期，華陰）公主薨，復尚漫澤公主。」

按《魏書》相關記載，閭大肥為最早歸附北魏的柔然上層成員。所以，對閭大肥的安撫與籠絡事關北魏對其勁敵柔然上層的分化及軍事攻勢的展開。因此，將宗室公主嫁與閭大肥成為北魏統治者對其進行拉攏、密切與其的政治聯繫乃至建立君臣關係的有效方式。進而有閭大肥兩次迎娶北魏宗室公主之事蹟，而閭大肥兩次聯姻北魏皇室為歸附北魏的柔然貴族與北魏聯姻者中絕無僅有的。這是北魏統治者給予閭大肥的特殊恩寵，旨在讓其為北魏服務。這由《魏書》卷三〇《閭大肥傳》所載閭大肥兩次聯姻北魏皇室之後，密切了與統治集團之關係、逐步躋身統治集團核心層，並且在北魏北征柔然與高車、南征江南、西征北涼的軍事作戰行動中頻立戰功便可看出。總之，閭大肥兩次締結與北魏皇帝之女的婚姻，北魏統治者的首肯是重要的前提；而閭大肥能夠與北魏皇室建立聯姻，充分反映出在北魏處理與漠北強族柔然關係方面，閭大肥佔有重要地位，可謂一枚重要的棋子，因為北魏統治者急切需要通過聯姻以拉攏閭大肥，進而瞭解柔然的內政與軍事實力，旨在為以後北魏用兵柔然時能知己知彼、佔據上風，同時利用閭大肥對抗柔然以實現以夷制夷的目標。

《閭伯昇暨妻元仲英墓誌》載閭伯昇之妻元仲英為「顯祖獻文皇帝之孫，太尉咸陽王之女……年十有五，作嬪閭氏……永熙在運，詔除女侍中。倍風閨壺，實諧內教。而餘慶不永，春秋五十五，興和二年二月十五日薨於第。」按墓誌所載元仲英興和二年（540）去世時五十五歲，其生於孝文帝太和十九年（495）；宣武帝永平三年（510），元仲英嫁與閭伯昇。同時根據誌文所載，閭伯昇及其高祖、曾祖、祖父與父親大致仕宦於北魏文成帝至孝莊帝時期，出任中央中高級職官，並深得北魏統治者寵信。宣武帝將獻文帝孫女元仲英嫁與閭伯昇，繼承了北魏前期、中期統治者厚待、拉攏閭大肥家族的政策，藉此進一步密切與閭大肥家族的君臣關係。

第二節　授予爵位與職官——以柔然歸附者爲中心

北魏對較早歸於己，及立有功勳的柔然上層歸附者及其後裔，通過冊封爵位、授予職官，納入國家官僚階層進行統一管理，進而使其成爲北魏統治集團成員，讓其爲北魏統治的鞏固服務。即《魏書》卷三五《崔浩傳》所載太武帝對於柔然上層歸附者所給予之待遇，「貴者尚公主，賤者將軍、大夫，居滿朝列。」

一‧授予爵位

1‧授予歸附的柔然首領爵位

《魏書》卷一〇三《蠕蠕傳》載郁久閭阿那瓌即位爲柔然可汗後，因在內爭中失利，率領部分柔然貴族歸附北魏，「正光初，醜奴母遣莫何去汾李具列等絞殺地萬，醜奴怒，欲誅具列等。又阿至羅侵醜奴，醜奴擊之，軍敗。還，爲母與其大臣所殺，立醜奴弟阿那瓌。立經十日，其族兄俟力發示發卒眾數萬以伐阿那瓌，阿那瓌戰敗，將弟乙居伐輕騎南走歸國。」「（孝明帝）尋封阿那瓌朔方郡公、蠕蠕王，賜以衣冕，加之輻蓋，祿從、儀衛，同于戚藩。」

北魏冊封歸附的柔然可汗郁久閭阿那瓌爲蠕蠕王，並讓其所享受的扈從、儀仗同於北魏藩王，一方面，是給予其特殊禮遇；另一方面，意在顯示對郁久閭阿那瓌的支配意圖。

2‧授予歸附的柔然貴族爵位

《魏書》所載歸附北魏的柔然貴族中，閭大肥與閭毗爲後人所熟知，上述二人及其後裔是生活於北魏的柔然貴族兩大主要家族。

（1）閭大肥家族成員被授予爵位情況

北魏統治者對閭大肥及其家族成員授予爵位，出於獎功酬庸與恩寵姻親的目的，但是通過授爵以獎功酬庸佔據主要地位。關於獎功酬庸的授爵，如《魏書》卷三〇《閭大肥傳》載明元帝時，閭大肥出任「內都大官」，在擁有政績之後，明元帝將其爵位由其思子升爲其思侯；由於在征討柔然中立有戰功，閭大肥又被明元帝授予假安陽公。太武帝初期，閭大肥與奚斤「出雲中白道討大檀，破之」，太武帝授予其「假滎陽公」；之後閭大肥「從討赫連昌」，太武帝「以功授滎陽公」；閭大肥「征平涼，並有功」，太武帝「將拜大肥爲王，遇疾卒。追贈中山王」。由此可見，閭大肥因功勳，經歷了較完整的爵

位逐級晉升。太武帝準備將不輕易授予人的「王」級爵位授予閭大肥，這和道武帝在天賜年間進行的爵位改革相印證。《魏書》卷一一三《官氏志》載，「（天賜元年）九月，減五等之爵，始分為四，曰王、公、侯、子，除伯、男二號。皇子及異姓元功上勳者封王，宗室及始蕃王皆降為公，諸公降為侯，侯、子亦以此為差。於是封王者十人，公者二十二人，侯者七十九人，子者一百三人。」由天賜元年爵制改革，可以看出，首先，減少爵位等級，便於對爵位的管理；其次，通過對各級爵位授予數量、規模的控制，提升爵位本身的重要性；第三，嚴格限定獲得王爵的條件，限定獲得王爵的群體，使王爵成為官員難以問津的爵位，意在使官員意識到只有通過立有殊勳才能起及，反映出北魏統治者通過對授爵的嚴格管理，一方面達到促使官員為國家盡其所能的目的；另一方面，使爵制和官制一樣，成為管理官員、鞏固統治的有力工具。閭大肥生前所獲最高爵位「滎陽公」依次由其弟閭驎、閭鳳繼承。關於恩寵姻親的授爵，如《魏書》卷三〇《閭大肥傳》載道武帝時，閭大肥歸附北魏，「尚華陰公主」，因此被「賜爵其思子」。但閭大肥之後在爵位上的晉升，如前所述，全部取決於其所立功勳。

（2）閭毗家族成員被授予爵位情況

太武帝時，閭毗自柔然歸附北魏，與閭大肥歸附北魏時間相比較，明顯偏晚。而且《魏書》未見閭毗入魏後立有功勳的記載，但是閭毗在文成帝時期卻直接被授予公這一高級爵位，與北魏統治者授爵的「獎功酬庸」原則表面看來相違背。但據《魏書》卷一三《景穆恭皇后郁久閭氏傳》所載「景穆恭皇后郁久閭氏，河東王（閭）毗妹也。少以選入東宮，有寵。眞君元年，生高宗。世祖末年薨。高宗即位，追尊號謚。葬雲中金陵，配饗太廟」可知，閭毗因其妹嫁與太武帝太子拓跋晃、聯姻北魏皇室，擁有外戚這一顯赫身份；閭毗之妹又生後來的文成帝拓跋濬，閭毗又因皇帝舅父，身份地位更加顯赫。而文成帝也旨在「隆崇舅氏」，提升閭毗家族地位。所以，閭毗在未立有功勳的情況下，在太安二年，直接被文成帝授予河東公這一高級爵位；同年，爵位晉升為一般官員難以問津的王這一級別。也就是說，外戚身份成為閭毗在爵位方面晉升的有力推動力。

與閭毗相似，閭紇也因舅父這一顯赫身份，在未立有功勳的情況下，被文成帝直接授予零陵公這一高級爵位，不久晉升為零陵王。

閭惠通過襲封，直接繼承其父閭毗河東王的爵位。孝文帝太和初期，閭

豆直接繼承其父閻惠河東王的爵位，太和十六年，閻豆的爵位由河東王降為河東公，與太和十六年孝文帝「制諸遠屬非太祖子孫及異姓為王，皆降為公，公為侯，侯為伯，子男仍舊」〔註1〕這一爵位改革措施的實施有關。

閻紇之弟閻染直接被授予江夏公這一高級爵位。

由《魏書》卷八三上《外戚上·閻毗傳》所載「（閻毗）自餘子弟賜爵為王者二人，公五人，侯六人，子三人，同時受拜。所以隆崇舅氏，當世榮之」來看，閻毗及其家族成員被授予爵位者共 16 人，其中被授予中高級爵位者 13 人，占總人數 81.25%。由此反映出，北魏統治者在對柔然降附者授予爵位方面，基於聯姻的背景，對閻毗及其家族成員最為重視，給予其更多的特權。

二·授予柔然降附者職官

本部分按閻大肥與閻毗兩大家族進行探討。

（一）閻大肥家族仕宦任官情況

1·《魏書》所載閻大肥家族仕宦

按《魏書》卷三○《閻大肥傳》，閻大肥仕宦經歷了道武帝至太武帝三朝，期間三次擔任內都大官，三次擔任都將，兩次擔任冀青二州刺史。內都大官，為北魏前期三都大官系統職官。據《魏書》卷四三《唐和傳》所載文成帝時「（唐和）徵為內都大官，評決獄訟，不加捶楚，察疑獲實者甚多，世以是稱之」可知，內都大官職司司法審判事物，職責甚為重要。三都大官系統官員行使職權範圍，為北魏皇室、北族成員，與以廷尉為代表的漢族傳統職官專掌漢族法律事物涇渭分明〔註2〕。按《魏書》有關出任內都大官者的記載，此職多以北魏宗室、北族勳貴、少數較早降附的漢族士人為之。柔然降附者出身的閻大肥多次出任此職，甚為榮耀。都將，為北魏對外軍事征討中，統帥士兵的武官，閻大肥三次擔任都將，表明閻大肥入魏後，憑藉與北魏皇室的聯姻，及統治者對其的寵信，逐漸掌握部分軍權；更為重要的是，閻大肥三次擔任都將率軍北征，有兩次是參與對柔然的作戰，反映出北魏統治者賦予閻大肥部分兵權，除顯示信任、籠絡之意外，還旨在利用其對抗自

〔註1〕 魏收：《魏書》卷七下《孝文帝紀下》，北京：中華書局，1974 年，第 169 頁。
〔註2〕 余鹿年：《北魏職官制度考·二·北魏前期的中央職官》，北京：社會科學文獻出版社，2008 年，第 33 頁。

己在北方的勁敵柔然。冀青二州爲北魏東部地區重州，閭大肥兩次擔任冀青二州刺史，掌握了地方行政權，閭大肥第二次擔任冀青二州刺史時，還被授予「使持節」；北魏的持節制度，繼承晉制，由《晉書》卷二四《職官志》所載「使持節爲上，持節次之，假節爲下。使持節得殺二千石以下；持節殺無官位人，若軍事，得與使持節同；假節唯軍事得殺犯軍令者」來看，三種持節中，使持節權力最大。因此，閭大肥第二次出任冀青二州刺史，可謂權重一方。

閭大肥弟閭驎之仕宦約經歷太武帝至文成帝兩朝，閭驎出任北魏西部重鎮仇池鎮鎮將，負責西部軍鎮轄區的鎮戍，掌握地方軍事權。

閭大肥弟閭鳳在文成帝時期出任內都大官，掌管涉及北魏皇室、北族的法律事務。之後在出任肆州刺史時，被授予鎮南將軍。

參照北魏時期的前後兩職令，閭大肥及其家族成員所任職官品級，可考者，均在四品以上。由其仕宦經歷，可以看出，閭大肥家族擁有較高的政治地位，成爲北魏前期的顯赫官宦家族。

2．墓誌文獻所反映的閭大肥及其家族成員在北魏的仕宦

（1）《閭炫墓誌》

《閭炫墓誌》載閭炫曾祖閭大肥，「相時而動，來賓有魏。朝嘉乃烈，親而貴之……拜駙馬都尉，錫爵滎陽公，尋授使持節安南將軍冀州刺史，薨贈老生王。」關於閭大肥在北魏的仕宦，《魏書・閭大肥傳》詳於誌文，可補誌文部分之闕。但《閭炫墓誌》載閭大肥被授予「駙馬都尉」，之後又被授予「安南將軍」，爲《魏書》所失載，此處可補史籍之闕。

《閭炫墓誌》載閭炫祖父閭菩薩，任職冀州刺史，執掌地方行政事務；被授予晉陽公。閭炫之父閭阿各頭任職平原鎮將，負責鎮戍要地，掌握地方軍事大權；被授予安富侯。按《魏書・官氏志》，北魏孝文帝改革爵位制度前，統治者所授予官員的爵位爲虛封爵，雖然沒有封地食邑的收入，但是虛封爵位卻是體現官員身爲地位高低的標誌。在北魏前期的封爵中，公、侯屬於中高級爵位，所以，北魏統治者讓閭菩薩、閭阿各頭行使地方軍政大權，並授予其中高級爵位，是對閭大肥後裔表示倚重、信任。

（2）《閭伯昇暨妻元仲英墓誌》

《閭伯昇墓誌》載閭伯昇高祖「茹茹主之第二子。率部歸化，錫爵高昌王，仕至司徒公。」按《魏書》、《閭炫墓誌》相關記載，北魏初，以柔然部落首領之子這一身份歸附北魏且仕宦顯赫者，只有閭大肥。而《閭伯昇墓誌》

載閻伯昇高祖「茹茹主之第二子。率部歸化」，即爲道武帝天賜年間，閻大肥率部分柔然王室與部眾歸附北魏一事。所以，閻大肥爲閻伯昇高祖。閻伯昇曾祖、祖父與父之名，留待後考。

　　誌文載閻伯昇曾祖繼承閻大肥的爵位。閻伯昇祖父任齊州刺史，按《後職令》，中州刺史爲從第三品，下州刺史爲第四品。齊州刺史品級至少爲第四品。閻伯昇之父爲儀同三司，《魏書》卷一一三《官氏志》所載《後職令》爲從第一品首位。按《魏書》所載太和十六年，孝文帝按照北族先祖爲北魏所立功勳及仕宦資歷定姓族，閻大肥族系得以進入貴族行列。具體而言，閻大肥及其後裔的顯赫仕宦經歷，首先成就了其家族在政治方面的權貴地位；之後經過孝文帝詳定姓族，閻氏家族獲得了等同於漢族大族的社會地位。至此，閻氏家族將國家政治層面的貴族與漢族社會傳統的門閥貴族身份合而爲一。

　　在此基礎上，閻氏顯赫的家世背景蔭及閻大肥後裔閻伯昇，反映在閻伯昇仕宦起家方面，即誌文所載「名公之冑起家」。按誌文，閻伯昇在北魏仕宦之途：閻伯昇約在宣武帝時起家爲員外散騎常侍，員外散騎常侍在《後職令》中爲第五品第十二位。之後遷轉爲宗室藩王僚屬，即「司徒任城王府記室參軍事」、「司空府清河王功曹參軍事」，按《後職令》，分別爲第四品第三十八位、從第四品第二十三位。雖然閻伯昇起家入仕之後，轉任北魏宗王僚佐，沒有升任中央職官，但是其所任僚佐的職官品級均在四品，較之所任起家官，品級已有所上升；而且，身爲宗王僚佐，閻伯昇因緣附會於北魏國家權力核心成員，亦有利用人脈、得到宗王提攜之機會。閻伯昇又歷任司空長史、太尉長史，司空長史、太尉長史，在《後職令》中分別爲從第四品第八位、從第三品第九位。閻伯昇所任中央職官爲諫議大夫、給事黃門侍郎、大鴻臚卿，上述職官在《後職令》中分別爲從第四品第二十位、第四品第六位、第三品第十八位。由閻伯昇起家入仕至其所任最高品級職官，經歷十一職，歷任宗王僚屬與中央職官，仕宦逐漸顯赫。

　　《閻伯昇暨妻元仲英墓誌》載閻伯昇在北魏後期任「本國大中正」。中正，職責爲按照門第、才學與德行對地方士人進行士庶甄別與選拔。閻伯昇所任「本國大中正」行使職權的範圍，有學者認爲是「對柔然部落推行九品選人的政策」〔註3〕。需要注意的是，北魏後期，柔然雖然曾臣服於北魏，

〔註3〕 張乃翥：《閻伯昇墓誌所見的北魏柔然》，載《河南科技大學學報》，2006 年第3 期，第 13 頁。

並採納中原典章制度來完善自身的國家機構建制，但其仍為獨立的勢力，北魏不能將自己的選官制度直接推行於柔然地區。所以，閭伯昇所任「本國大中正」，應是將九品官人法這一源自於漢族門閥社會的選人政策實施於生活於北魏北方地區的北族，特別是降附於北魏、長期在北魏生活的柔然族人群體中。也就是說，北魏後期，包括閭氏在內的北族成員進入仕途、出任職官，不得不受北魏所採取的漢族門閥制度的影響。

（3）《閭詳墓誌》

《閭詳墓誌》載閭詳高祖「阿弗，率部來廷，光儀朝政，錫爵高昌王，仕至司徒公」；閭詳曾祖「懃，襲王爵，司空公」；閭詳祖父「齊州，器羽淹潤，領袖一時」；閭詳父「儀同，風物嚴凝，峻峙當世」。閭詳，於史無傳。但檢對《閭伯昇墓誌》所載閭伯昇家世信息，與《閭詳墓誌》所記內容大體相同，故於此對二者進行對比，以進一步明晰兩者關係。

《閭伯昇暨妻元仲英墓誌》所記閭伯昇高祖「茹茹主第二子。率部歸化，錫爵高昌王，仕至司徒公」；曾祖「襲王爵，司空公，贈司徒」，祖父「齊州，器業淵長，鬱為時望」；父「儀同，風德淹遠，道被衣冠」。比較兩碑文有關閭詳與閭伯昇高祖、曾祖、祖父、父之仕宦與行事事蹟內容，同時結合《魏書》相關記載，可以看出，《閭詳墓誌》所載閭詳高祖即為閭大肥；閭詳之曾祖、祖父、父與閭伯昇之曾祖、祖父、父相同。所以，閭詳與閭伯昇在閭大肥家族中為同祖父輩之兄弟關係。

《閭詳墓誌》載閭詳卒於東魏武定二年（544），卒年 53，則可知閭詳生於北魏孝文帝太和十五年（491）。據《閭詳墓誌》，約從北魏宣武帝永平年間，閭詳起家入仕，始任之職官為南青州錄事參軍，之後轉任太傅府外兵參軍，後任兗州長史，又遷任征虜將軍、中散大夫，又被除授兗州高平太守。由此可以看出，閭詳仕宦，三次外出地方任職，其中兩次作為州刺史的僚屬，一次作為郡太守；一次任職中央，作為太傅之僚屬。閭詳所任職官，雖然品級不高，但是，一些職官卻涉及地方實權，如其所任之兗州長史，為兗州刺史府僚屬中地位較高者，參與兗州政務，管理兗州刺史府中其他僚屬；其所任高平太守，執掌高平郡行政權。

（二）閭毗家族仕宦

據《魏書》卷八三上《外戚上·閭毗傳》所述閭氏家族婚姻情況，閭毗因舅父這一顯赫身份，直接被文成帝任命為平北將軍，不久加授侍中。之後又被任命為「征東將軍、評尚書事」。將軍號，在不領兵時，沒有實權，只是

作爲榮譽稱號，提升擁有者的身份地位。平北將軍，按《前職令》，爲從第二品上二位。閭毗被加授侍中，獲得進入禁中的條件；侍中，隨侍皇帝左右，爲皇帝顧問集團成員，獲此職者，進入統治集團核心，由此升遷也較爲便利。按《前職令》不載侍中品級，只記載中侍中，爲第二品上四位，據此，侍中品級也應在二品序列。征東將軍，按《前職令》，爲從第一品中首位。閭毗被授予「評尙書事」，意味著進入樞要機構，參與中央行政事務。

閭紇所任之寧北將軍，《魏書‧官氏志》並未記載其品級，按文成帝「隆崇舅氏」，寧北將軍應屬於較高品級將軍號。閭紇被加授侍中，獲得出入禁中資格，躋身統治集團核心。按《魏書》記載，北魏時期，家族中兩個以上成員同時任侍中，成爲皇帝近臣，躋身統治集團核心的情況，甚爲少見。所以，閭毗家族獲此殊榮，外戚身份爲推進其家族問鼎權力頂峰的不可忽視因素。

《魏書》載「太和中，初立三長，以（閭）莊爲定戶籍大使，甚有時譽。」說明閭莊在孝文帝前期所實行「三長制」改革中扮演著重要角色，做出重要貢獻。

閭染所任之外都大官，爲北魏前期中央樞要職官。閭染還掌管冀州地方行政事務。

北魏統治者對柔然降附者尊崇有加，對其加官進爵，一方面體現出北魏統治者對柔然歸附者中立有功勞者的獎功原則；另一方面，是利用柔然降附者爲自己的統治效力，以晉封爵位、晉升職官作爲鼓舞柔然降附者爲北魏國家對外軍事征討、對內治政服務的方式。進而表明爵位與職官制度成爲北魏統治者管理柔然降附者的有效工具。

表 4.1　柔然降附者及其後裔在北魏仕宦簡表

柔然降附北魏者	任職、受封時間	事　蹟	被封授爵位、職官	資料來源
閭大肥	道武帝時期	「太祖時，與其弟大㵣倍頤率宗族歸國。太祖善之，尙華陰公主，賜爵其思子。與其弟並爲上賓，入八議。」	其思子（以道武帝於天賜元年所置爵位制度而論，爲四等爵中第四品）	《魏書》卷三〇《閭大肥傳》
	明元帝永興年間	「太宗即位，進大肥爲內都大官，增爵爲侯。神瑞中，爲都將，討越勒部於跋那山，大破之。泰常初，復爲都將	內都大官 都將 其思侯（以道武帝所置爵位制度而論，爲四等爵中第三品）	

	明元帝神瑞年間	，領禁兵討蠕蠕，獲其大將莫孤渾。宜城王奚斤之攻虎牢也，大肥與娥清領十二軍出中道，略地高平、金鄉，東至泰山。假大肥使持節、安陽公，鎮撫陳汝。」	都將	
	明元帝泰常年間		都將 使持節（北魏繼承了晉代持節制度，使持節為三種持節官員中權力最高者。） 假安陽公	
	太武帝時期	「世祖初，復與奚斤出雲中白道討大檀，破之。還為內都大官。出除使持節、冀青二州刺史，假滎陽公。尋徵還，位特進。復出為冀青二州刺史。尋入為內都大官。從討赫連昌，以功授滎陽公。公主薨，復尚濩澤公主。又為都將，擊大檀，大破之。還至渴侯山，遂討東部高車於已尼陂。又征平涼，並有功。世祖將拜大肥為王，遇疾卒。追贈中山王。	內都大官 使持節 冀青二州刺史 假滎陽公 特進 滎陽公 都將	
閭根	太武帝太平真君七年（446）	「（太平真君七年）五月癸亥，安豐公閭根率騎詣上邽，與敕文討梁會。」	安豐公	《魏書》卷四下《太武帝紀下》
閭驦	太武帝時期	「大肥弟驦，襲爵。出為仇池鎮將。」	滎陽王 仇池鎮將	《魏書》卷三○《閭大肥傳附閭驦傳》
閭若文	文成帝興安元年（452）	「（興安元年十二月）濮陽公閭若文進爵為王。」	濮陽公 濮陽王	《魏書》卷五《文成帝紀》
閭虎皮	文成帝興安二年（453）	「（興安二年三月）安豐公閭虎皮進爵為河間王。」	安豐公 河間王	《魏書》卷五《文成帝紀》
閭毗	文成帝太安二年（456）	「太安二年，以毗為平北將軍，賜爵河東公；弟紇為寧北將軍，賜爵零陵公。其年，並加侍中，進爵為王。	河東公	《魏書》卷八三上《外戚上·閭毗傳》

		毗，征東將軍、評尚書事；紇，征西將軍、中都大官。」		
		「（太安二年）九月辛巳，河東公閻毗、零陵公閻紇並進爵爲王。」	河東王	《魏書》卷五《文成帝紀》
		「（文成帝時期，和其奴）與河東王閻毗、太宰常英等，並平尚書事。」	侍中	《魏書》卷四四《和其奴傳》
	文成帝和平二年（461）	「（和平二年）夏四月乙未，侍中、征東大將軍、河東王閻毗薨。」	征東大將軍	《魏書》卷五《文成帝紀》
閻紇	文成帝太安二年（456）	「（太安二年）九月辛巳，河東公閻毗、零陵公閻紇並進爵爲王。」	零陵公零陵王寧北將軍征西將軍中都大官	《魏書》卷五《文成帝紀》
閻拔	文成帝和平三年（462）	「（和平三年十二月）戊午，零陵王閻拔薨。」	零陵王	《魏書》卷五《文成帝紀》
閻鳳	文成帝時期	「（閻大肥）弟鳳，襲爵。高宗時爲內都大官，出爲鎮南將軍、肆州刺史。」	滎陽王內都大官鎮南將軍肆州刺史	《魏書》卷三〇《閻大肥傳附閻鳳傳》
閻菩薩	太武帝至獻文帝時期		冀州刺史晉陽公	《齊御史中丞赫連公故夫人閻氏墓誌》，《漢魏南北朝墓誌彙編》
閻虎皮	孝文帝延興二年（472）	「（延興二年九月）戊申，統萬鎮將、河間王閻虎皮坐貪殘賜死。」	統萬鎮將	《魏書》卷七上《孝文帝紀上》
閻惠	孝文帝太和年間	「毗薨，贈太尉……子惠襲。」	據《魏書》卷一一三《官氏志》所載「舊制：諸以勳賜官爵者子孫世襲軍號。十六年，改降五等，始革之，止襲爵而已」，閻惠在孝文帝太和年間，只是繼承其父閻毗河東王的爵位。	《魏書》卷八三上《外戚上·閻毗傳附閻惠傳》

閭豆	孝文帝太河年間	「子豆，後賜名莊。太和中，初立三長，以莊為定戶籍大使，甚有時譽。十六年，例降爵。後為七兵尚書。」	閭豆繼承其父閭惠先前河東王之爵位。七兵尚書	《魏書》卷八三上《外戚上・閭毗傳附閭豆傳》
閭染	文成帝至獻文帝前期	「紇弟染，位外都大官、冀州刺史、江夏公。」	外都大官 冀州刺史 江夏公	《魏書》卷八三上《外戚上・閭毗傳附閭染傳》
郁久閭瓊	孝文帝太和前期		河間王 東宮度盧 殿中尚書 內行阿干 太僕卿	《郁久閭肱墓誌》，《新見北朝墓誌集釋》
閭伯昇高祖	孝文帝太和十六年之前		司徒公 高昌王	《閭伯昇暨妻元仲英墓誌》，《漢魏南北朝墓誌彙編》
閭伯昇曾祖	孝文帝太和十六年之前		司空公 高昌王（繼承其父高昌王的爵位）	《閭伯昇暨妻元仲英墓誌》，《漢魏南北朝墓誌彙編》
閭伯昇祖父	孝文帝至宣武帝時期		齊州刺史	《閭伯昇暨妻元仲英墓誌》，《漢魏南北朝墓誌彙編》
閭伯昇父	孝文帝至宣武帝時期		儀同三司	《閭伯昇暨妻元仲英墓誌》，《漢魏南北朝墓誌彙編》
閭阿各頭	孝文帝至宣武帝時期		平原鎮將 安富侯	《齊御史中丞赫連公故夫人閭氏墓誌》，《漢魏南北朝墓誌彙編》
郁久閭肱	孝文帝至宣武帝時期		河間王 益都公 伏波將軍 代名太守	《郁久閭肱墓誌》，《新見北朝墓誌集釋》

闆伯昇	孝明帝至孝莊帝時期		1、孝明帝熙平至神龜年間 起家員外散騎侍郎，之後任司徒任城王府記室參軍事，司空府清河王功曹參軍事，三門都將。 2、孝明帝正光至孝昌年間 諫議大夫 3、孝莊帝時期 給事黃門侍郎，京西慰勞大使，司空長史，大鴻臚卿，太尉長史，散騎常侍。	《闆伯昇暨妻元仲英墓誌》，《漢魏南北朝墓誌彙編》
闆世穎	宣武帝至孝明帝時期		安固伯	《魏故使持節假車騎將軍都督晉建南汾三州諸軍事鎮西將軍晉州刺史大都督節度諸軍事兼尚書左僕射西北道大行臺平陽縣開國子元君墓誌》，《漢魏南北朝墓誌彙編》

第三節　北魏對北方游牧民族的征討作戰
——以征討柔然為中心的探討

　　北魏建立之初，道武帝拓跋珪便「克剪方難，遂啓中原」〔註4〕，以攻取中原、統一北方為戰略目標。但自北魏建立伊始，漠北柔然便成為北魏最大的邊患威脅來源。柔然不僅威脅著北魏北部邊疆地區的安全，還對北魏的對外發展戰略形成牽制之勢，具體表現為當北魏東征、西征、南征之際，柔然便會侵擾北魏北方地區，使北魏統治者對北疆形勢有所顧忌，不能集中精力

〔註4〕魏收：《魏書》卷二《道武帝紀》，北京：中華書局，1974年，第45頁。

對外征討。更爲嚴重的是，北魏前期，柔然與大夏等十六國殘餘政權聯合，共同對付北魏，北魏四周邊疆形勢因此而變得緊張；北魏中期開始，柔然又企圖通過與南朝政權訂立同盟，對北魏形成南北夾擊之勢。所以，柔然爲北魏強有力的敵對者。這決定了北魏統治者爲保障北部邊疆地區的穩定，乃至爲自己對外擴張掃除掣肘，在制定與邊疆政權、民族的戰略政策時，必然要把相當部分注意力集中於北方柔然。對於柔然降附者，北魏統治者給予尊崇、禮遇；而對於始終與自己爲敵的漠北柔然，北魏統治者多採取軍事打擊的策略。

　　本部分所探討北魏北征柔然，以北魏太武帝多次北征柔然爲中心。

一・北魏北征柔然戰略

　　《魏書》卷一○三《蠕蠕傳》載柔然「冬則徙度漠南，夏則還居漠北」，表明地理形勢決定了柔然充分利用沙漠爲掩護，柔然在自己實力增強或者北魏內部動盪之際，會趁機發揮其騎兵作戰機動性強的優勢，侵奪北魏北疆及北方腹地；當實力不及北魏之時，柔然往往會退回漠北，以沙漠爲掩護，躲避北魏軍鋒的打擊。

　　爲有效應對柔然高機動性的騎兵，北魏在北征作戰戰略方面，亦以騎兵爲核心，採用輕裝、長途奔襲的策略，深入漠北，尋找柔然主力進行決戰，以達到殲滅柔然統治集團或驅逐柔然於蒙古草原之外的戰略目的。北魏北征柔然之戰略決策，在北魏太武帝北征柔然時，明顯地顯露出來。如始光二年，北魏北征軍到達漠南之後，「舍輜重，輕騎齎十五日糧，絕漠討之」〔註5〕；神麚二年，北魏軍隊抵達漠南之後，「舍輜重輕襲之」〔註6〕。

二・北魏太武帝北征柔然作戰戰例分析

（一）始光二年（425）北魏北征柔然

　　始光二年多十月，北魏太武帝率軍北征柔然，開啓了北魏大規模征討柔然的作戰序幕。

　　作戰部署。據《魏書》卷四上《太武帝紀上》、《魏書》卷一○三《蠕蠕傳》，北魏此次征討柔然的作戰部署爲北魏軍隊沿北疆地帶東西五路並進。

〔註5〕　魏收：《魏書》卷一○三《蠕蠕傳》，北京：中華書局，1974年，第2292頁。
〔註6〕　魏收：《魏書》卷一○三《蠕蠕傳》，北京：中華書局，1974年，第2293頁。

平陽王長孫翰率軍從黑漠（約今內蒙古集寧市與興和之間）〔註 7〕出發，汝陰王長孫道生從白漠與黑漠之間（約今內蒙古集寧地區）〔註 8〕出發，太武帝率軍從中道（約今內蒙古呼和浩特地區）〔註 9〕出發，東平公娥清率軍從栗園（約今內蒙古呼和浩特西）〔註 10〕出發，宜城王奚斤、將軍安原等率軍從爾寒山（約今內蒙古烏拉山）〔註 11〕出發，北魏五路北征軍在漠北柔然可汗郁久閭大檀駐地匯合，目的在於對柔然形成合圍進剿之勢。

戰略意圖。北魏五路北征大軍實力雄厚，裝備精良。反映出北魏太武帝旨在通過此次征討作戰給予柔然決定性打擊，以削弱其實力。長孫道生與娥清所率軍隊作為北魏太武帝所率中路軍的輔助部隊。奚斤、安原所率領的西路征討軍隊除征討柔然西部之外，還擔負防止柔然向西域逃竄的任務。另據《魏書》卷一○三《蠕蠕傳》所載由於柔然「冬則徙度漠南，夏則還居漠北」，所以北魏太武帝在始光二年十月初冬季節發動征討柔然的作戰行動，目的在於柔然徙居漠南、到達北魏北疆地帶之前，就將其驅逐於北疆之外、乃至於蒙古草原之外，以保障北魏北部邊疆的安全。由《魏書》所載北魏此次北征之後「大檀部落駭驚北走」可知，北魏統治者雖然沒有全殲柔然主力，但卻實現了將柔然主力遠逐於北疆之外、驅離於漠南的戰略意圖。

〔註 7〕 臺灣三軍大學，編著：《中國歷代戰爭史》第六冊第十卷《南北朝時代》第三章《拓跋魏統一北方之戰》，北京：中信出版社，2012 年，第 113 頁。

〔註 8〕 臺灣三軍大學，編著：《中國歷代戰爭史》第六冊第十卷《南北朝時代》第三章《拓跋魏統一北方之戰》，北京：中信出版社，2012 年，第 113 頁。

〔註 9〕 臺灣三軍大學，編著：《中國歷代戰爭史》第六冊第十卷《南北朝時代》第三章《拓跋魏統一北方之戰》，北京：中信出版社，2012 年，第 113 頁。

〔註 10〕 臺灣三軍大學，編著：《中國歷代戰爭史》第六冊第十卷《南北朝時代》第三章《拓跋魏統一北方之戰》，北京：中信出版社，2012 年，第 113 頁。

〔註 11〕 臺灣三軍大學，編著：《中國歷代戰爭史》第六冊第十卷《南北朝時代》第三章《拓跋魏統一北方之戰》，北京：中信出版社，2012 年，第 113 頁。

圖 4.1　北魏始光二年、神麚二年北魏北征柔然作戰經過圖〔註12〕

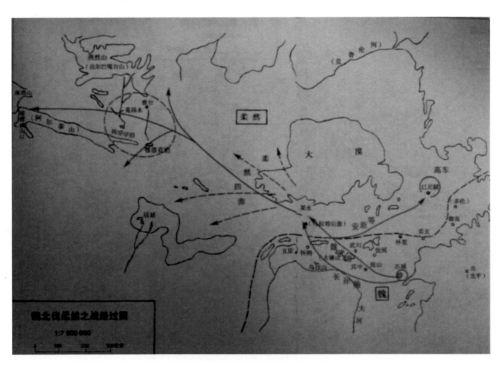

（二）神麚二年（429）北魏北征柔然

1・神麚二年北魏北征柔然之前的戰略決策

神麚二年四月，北魏太武帝下詔準備北征柔然。當時北魏國內與邊疆皆面臨嚴峻形勢。國內有上黨郡等地方勢力的叛亂；就邊疆地區而言，北魏西部地區，有北涼、大夏與其對峙，東北部地區有殘存的北燕政權，南疆地區有劉宋政權對其虎視眈眈。爲此，北魏太武帝君臣就有關北征柔然問題產生較大分歧。反對北征柔然者如尚書令劉潔、左僕射安原及術士張淵、徐辯「以天文說止世祖」〔註13〕；出使劉宋回到平城的大臣認爲劉宋準備征討北魏南部地區〔註14〕。所以，朝中多數大臣認爲在南北邊疆形勢嚴峻的情況下不宜北征，以避免劉宋趁機北上所造成的南北兩面腹背受敵。只有崔浩力排眾議，

〔註12〕 臺灣三軍大學，編著：《中國歷代戰爭史》第六冊第十卷《南北朝時代》第三章《拓跋魏統一北方之戰》，北京：中信出版社，2012 年，附圖 6-223。
〔註13〕 魏收：《魏書》卷一〇三《蠕蠕傳》，北京：中華書局，1974 年，第 2293 頁。
〔註14〕 魏收：《魏書》卷一〇三《蠕蠕傳》，北京：中華書局，1974 年，第 2293 頁。

認爲「（柔然）能遠走，我亦能遠逐，與之進退，非難制也。且蠕蠕往數入國，民吏震驚。今夏不乘虛掩進，破滅其國，至秋復來，不得安臥。自太宗之世，迄於今日，無歲不驚」〔註15〕，「今年不摧蠕蠕，則無以禦南賊……蠕蠕恃其絕遠，謂國家力不能至，自寬來久，故夏則散眾放畜，秋肥乃聚，背寒向溫，南來寇抄。今出其慮表，攻其不備。大軍卒至，必驚駭星分，望塵奔走。牡馬護群，牝馬戀駒，驅馳難制，不得水草，未過數日則聚而困敝，可一舉而滅。暫勞永逸，長久之利，時不可失也」〔註16〕。崔浩所言表明，首先，柔然是北魏對外擴張的最大牽制因素，不對柔然進行大規模軍事打擊，則不能集中全力應對來自於其他政權尤其是江南政權的威脅；其次，只有採用騎兵遠距離奔襲、攻其不備的戰術，才能實現殲滅柔然主力，消除自明元帝時柔然「背寒向溫，南來寇抄」、「數入國，民吏震驚」這些不利因素，以保障北魏北部邊疆及北方腹地的穩定。北魏太武帝最終決定北伐柔然。

2‧北伐柔然的戰略部署與戰略意圖

戰略部署。據《魏書》卷一〇三《蠕蠕傳》所載，此次北魏北征柔然的戰略部署爲太武帝率軍從東道出發，途經黑山；長孫翰率軍從西道出發，途經大娥山。東西兩路北征軍按期會於柔然可汗庭，對柔然可汗主力形成東西兩面夾擊之勢。

戰略意圖。此次北征柔然，北魏出動精銳力量，攻柔然不備，大規模騎兵輕裝、遠距離奔襲作戰，意在直搗柔然王庭，與柔然主力進行決戰，實現殲滅柔然主力的戰略意圖。關於此次北魏北征柔然的戰果，《魏書》卷一〇三《蠕蠕傳》載，「（北魏軍）至栗水，大檀眾西奔……（長孫）翰縱騎擊（郁久閭匹黎東落），殺其大人數百。大檀聞之震怖，將其族黨，焚燒廬舍，絕跡西走……於是國落四散，竄伏山谷，畜產布野，無人收視……（北魏太武帝）分軍搜討，東至瀚海，西接張掖水，北渡燕然山，東西五千餘里，南北三千里。高車諸部殺大檀種類，前後歸降三十餘萬，俘獲首虜及戎馬百餘萬匹。八月，世祖聞東部高車屯已尼陂，人畜甚眾，去官軍千餘里。遂遣左僕射安原等往討之。暨已尼陂，高車諸部望軍降者數十萬。」根據以上史料，首先，雖然北魏沒有擒殺柔然可汗郁久閭大檀，但是卻擊殺柔然「大人數

〔註15〕 魏收：《魏書》卷三五《崔浩傳》，北京：中華書局，1974 年，第 817 頁。

〔註16〕 魏收：《魏書》卷三五《崔浩傳》，北京：中華書局，1974 年，第 817～818 頁。

百」，對柔然統治集團給予了毀滅性打擊；其次，由北魏從東西南北數千里範圍追擊柔然殘餘勢力，「俘獲首虜及戎馬百餘萬匹」，反映出北魏此次北征柔然實現了殲滅柔然主力的戰略意圖，並且將柔然殘餘勢力進一步驅逐於北魏北部邊疆、乃至蒙古草原之外；第三，高車趁北魏消滅柔然主力之際，又「殺大檀種類」，間接幫助北魏削弱柔然有生力量；第四，北魏借征討柔然大捷的聲威，又收降高車數十萬部眾，削弱了除柔然之外的北部邊疆又一潛在威脅勢力。

（三）太延四年至太平真君十年（432～449）間北魏的北征柔然

始光二年、神䴥二年，雖然北魏的兩次北征柔然，殲滅了柔然主力，但是柔然尚存部分實力，此後仍不時侵擾北魏北疆。所以，太延四年至太平真君十年間，北魏繼續發動了一系列對柔然的征討作戰，以進一步削弱柔然實力。

太延四年七月，北魏北征柔然。拓跋丕、賀多羅率十五將從東道出發，拓跋健、穆壽率十五將從西道出發，太武帝率軍從中道出發，三路大軍並進。在此次北魏北征軍軍鋒震懾之下，柔然可汗郁久閭吳提率部逃離。

太平真君四年九月，北魏太武帝兵分四路出擊柔然。拓跋範、拓跋崇率十五將從東道出發，拓跋丕率十五將從西道出發，太武帝率軍從中道出發，拓跋辰率十五將為太武帝所率中路軍的後援力量。在頍根河流域，擊潰郁久閭吳提的主力，柔然實力進一步被削弱。

太平真君十年，北魏兩次發動了對柔然的大規模軍事進攻。當年正月，拓跋那率軍從東道出發，拓跋羯兒率軍從西道出發，太武帝與太子拓跋晃率軍從中道出發途經涿邪山。在北魏三路北征軍的威懾之下，柔然可汗郁久閭吐賀真率部遠逃。九月，拓跋那率軍從東道出發，拓跋羯兒率軍從中道出發，北魏北征軍在地弗池與柔然主力遭遇，經數日的攻防戰，拓跋羯兒俘獲柔然「人戶畜產百餘萬」[註17]，反映出此次北征，北魏對柔然又給予了決定性打擊。在自身實力削弱、無以與北魏對抗的背景下，郁久閭吐賀真率柔然殘餘勢力「遠竄」，形成了北魏「邊疆息警」[註18]這一有利的邊境環境。所謂「邊疆息警」，是指經過太武帝時北魏對柔然的一系列大規模軍事征伐，北魏在其北疆環境方面所獲得的積極成果。首先，柔然實力大為削弱，已不能對北魏北部邊疆構成大規模的威脅；其次，柔然可汗庭勢力迫於北魏軍鋒

〔註17〕魏收：《魏書》卷一○三《蠕蠕傳》，北京：中華書局，1974年，第2295頁。
〔註18〕魏收：《魏書》卷一○三《蠕蠕傳》，北京：中華書局，1974年，第2295頁。

壓力，開始遠離北魏北疆地區，這使北魏北疆外部環境有所改善；第三，「邊疆息警」是北魏與柔然雙方實力存在差距的反映，也就是說在雙方實力對比中，北魏逐漸佔據優勢地位，由此改變了北魏初期在北疆所面臨的嚴峻形勢。另據《魏書》相關記載，自文成帝至孝明帝時期，柔然雖然有南侵之舉，但對北魏北疆的軍事威脅壓力已遠小於北魏初期。所以，對柔然主動出擊成爲北魏前期應對柔然邊患、緩解北部邊疆環境的重要戰略。

附論 5　氣候變化對北魏與柔然和戰關係的影響

以往探討北魏與柔然的和戰，多從雙方實力的消長變化，以及雙方上層之間關係的和睦或惡化入手，但是對氣候變化對雙方和戰的影響卻關注較少。雖然實力消長、雙方上層統治者的和睦與否是影響和戰的不可忽視的因素，但是氣候變化所引起的政治、經濟利益的豐與寡，必然會影響到雙方的對外決策。正如第一章所論，北方草原民族「冬則徙度漠南，夏則還居漠北」〔註 19〕的生產、生活方式完全受自然氣候環境影響，亦可說北方草原民族無力應對突變、嚴重的氣候變化。所以，爲解決由異常氣候所帶來的生存壓力，北方草原民族必然會加速向漠南，乃至北方腹地遷徙的進程，進而形成對中原政權北部邊疆、北方內地的嚴重威脅，北方草原民族和中原政權之間的相互攻伐取代了原來的和睦相處。

表 4.2　北魏、北方民族之間征戰發生時段與氣候變化時段對比表

時間段	風發生次數	雪發生次數	霜發生次數	霧發生次數	旱發生次數	北魏北征次數	北方民族南侵次數
391～400						3（391；394；399）	
401～410						3（402、403、410）	4（402；406；409；410）
411～420	6		2		2		1（414）
421～430		1				7（423；424，3 次北征；425；429，北征柔然、高車個 1 次）	4（423；424；427；428）

〔註 19〕 魏收：《魏書》卷一○三《蠕蠕傳》，北京：中華書局，1974 年，第 2289 頁。

年代							
431～440	3		1			2（438；439）	2（436；439）
441～450		1				3（443；448；449）	
451～460					1	2（454；458）	
461～470	1		1		3	2（464；470）	2（464；470）
471～480	2	1	1		3	5（472，3次北征；473；474）	7（472，3次南侵；473，2次南侵；474；479）
481～490	6		3	1	3	2（485；487）	4（485；486，2次南侵；487）
491～500	2		1		2	1（492）	
501～510	2	1	11	5	4	1（504）	2（501；504）
511～520	2			1	2		
521～530			1		1	1（523）	1（523）

　　由表4.2可知，北魏時期北方地區的氣候災害，以發生頻率、影響幅度而論，依次爲旱災、風災、霜災、雪災、霧災，其中旱災及以霜、雪災爲代表的極端嚴寒災害的影響較爲顯著。北魏與北方蒙古草原地區，爲典型的溫帶大陸性氣候，屬於乾旱、半乾旱氣候區，受海陸風的影響，上述區域的降水量呈現出由南向北、由沿海向內陸逐漸遞減的趨勢。所以，雖然《魏書》較少記載北方蒙古高原的氣候，但我們可根據北魏北方及北疆地區的氣候變化，知曉蒙古高原的氣候狀況。

　　神瑞二年十月，明元帝下詔「頃者以來，頻遇霜旱，年穀不登，百姓飢寒不能自存者甚衆，其出布帛倉穀以賑貧窮」〔註20〕。史料中所載永興後期至神瑞二年的霜災、旱災，幾乎遍及北魏全境，持續時間較長。當時的霜災、旱災必然波及北方草原地區。此後，延和三年（434）「小旱，東作不茂」。太安五年（459）「六鎮、雲中、高平、二雍、秦州，徧遇災旱，年穀不收」。天安元年（466）「州鎮十一旱，民饑，開倉賑恤」。皇興二年（468）「十有一月，以州鎮二十七水旱，開倉賑恤」。延興三年（473）「州鎮十一水旱，丐民田租，開倉賑恤」。太和四年（480）「（孝文帝）詔以州鎮十八水旱，民飢，開倉賑恤」。太和九年（485）「京師及州鎮十三水旱傷稼」。宣武帝「詔（源懷）巡行北邊六鎮、恒燕朔三州，賑給貧乏……自京師遷洛，邊朔遙遠，加連年旱

〔註20〕魏收：《魏書》卷三《明元帝紀》，北京：中華書局，1974年，第56頁。

儉，百姓困弊。懷銜命巡撫，存恤有方，便宜運轉，有無通濟」〔註21〕。景明年間「北蕃連年災旱，高原陸野，不任營殖」〔註22〕。正光年間，「炎旱頻歲，嘉雨弗洽，百稼燋萎，晚種未下，將成災年」〔註23〕。以上記載說明，北魏初期至後期，旱災較頻繁發生，大部分旱災持續時間長，波及範圍廣。所以，在北魏北方尤其是北疆地區發生大規模旱災的背景下，北方草原地區亦更為嚴重。連續而嚴重的旱情，必然影響草原植被、畜牧業生產，為解決旱情所帶來的生活物資的缺失問題，柔然往往會在每次旱情發生後，發動對北魏的攻掠。如正光三年柔然可汗郁久閭阿那瓌向北魏請賜田種以在北方草原地區發展農業，補充牧業生產的不足，但由於正光三年北魏北方地區及蒙古草原大旱，柔然駐地牧業、農業均無從發展，柔然部眾「大飢，入塞寇抄」〔註24〕。這正印證了表 4.2 及《魏書》所記載每當旱災頻繁發生，正是柔然頻繁南侵的時期。

　　針對旱災、雪災、霜災等極端氣候給柔然帶來的打擊及柔然無力應對極端氣候災害，北魏會趁機北征柔然，抓住有利時機削弱柔然實力。總之，在旱災、雪災、霜災等極端氣候頻繁發生之際，也是北魏與柔然相互攻伐的時期，也就是說，異常的氣候變化往往會導致雙方關係的緊張。

表 4.3　北魏與柔然征戰簡表

時間	北魏在位君主	北　魏　征　討	柔然在位君主	柔　然　南　侵
公元391	道武帝登國六年	《魏書》卷二《道武帝紀》載，「（登國六年）冬十月戊戌，北征蠕蠕，追之，及於大磧南牀山下，大破之。」關於此次北魏北征柔然，《魏書》卷一〇三《蠕蠕傳》載，「登國中討（柔然縕紇提），蠕蠕移部遁走，追之，及於大磧南牀山下，大破之，虜其半部。匹候跋及部帥屋擊各收餘落遁走，遣長孫嵩及長孫肥追之，渡磧。	郁久閭社崙	

〔註21〕魏收：《魏書》卷四一《源賀傳附源懷傳》，北京：中華書局，1974年，第926頁。
〔註22〕魏收：《魏書》卷四一《源賀傳附源懷傳》，北京：中華書局，1974年，第926頁。
〔註23〕魏收：《魏書》卷九《孝明帝紀》，北京：中華書局，1974年，第233頁。
〔註24〕魏收：《魏書》卷一〇三《蠕蠕傳》，北京：中華書局，1974年，第2302頁。

		嵩至平望川，大破屋擊，禽之，斬以徇。肥至涿邪山，及匹候跋，跋舉落請降。獲縕紇提子曷多汗及曷多汗兄詰歸之、社崙、斛律等並宗黨數百人，分配諸部。」		
公元394	道武帝登國九年	《魏書》卷一〇三《蠕蠕傳》載，「（登國九年）太祖遣材官將軍和突襲黜弗、素古延諸部，社崙遣騎救素古延，突逆擊破之。」		
公元402	道武帝天興五年	《魏書》卷二《道武帝紀》載，「（天興五年正月）戊子，材官將軍和突破黜弗、素古延等諸部，獲馬三千餘匹，牛羊七萬餘頭。辛卯，蠕蠕社崙遣騎救素古延等，和突逆擊破之于山南河曲，獲鎧馬二千餘匹。」	郁久閭社崙	《魏書》卷二《道武帝紀》載，「（十二月）蠕蠕社崙犯塞，（道武帝）詔常山王遵追之，不及而還。」
公元406	道武帝天賜三年		郁久閭社崙	《魏書》卷二《道武帝紀》載，「（四月）蠕蠕寇邊，（道武帝）夜召兵，將旦，賊走，乃罷。」
公元409	明元帝永興元年		郁久閭社崙	《魏書》卷三《明元帝紀》載，「（十二月）蠕蠕犯塞。」
公元410	明元帝永興二年	《魏書》卷三《明元帝紀》載，「（永興）二年春正月甲寅朔，詔南平公長孫嵩等北伐蠕蠕。」	郁久閭社崙	《魏書》卷三《明元帝紀》載，「（永興二年）夏五月，長孫嵩等自大漠還，蠕蠕追圍之於牛川。壬申，（明元）帝北伐。蠕蠕聞而遁走。」
公元414	明元帝神瑞元年		郁久閭斛律	《魏書》卷三《明元帝紀》載，「（神瑞元年）十二月丙戌朔，蠕蠕犯塞。」
公元423	明元帝泰常八年	《魏書》卷一〇三《蠕蠕傳》載，「（泰常八年正月）大檀率眾南徙犯塞，太宗親討之，大檀懼而遁走。遣山陽侯奚斤等追之，遇寒雪，士眾凍死墮指者十二三。」	郁久閭大檀	《魏書》卷三《明元帝紀》載，「（泰常八年正月）蠕蠕犯塞。」

公元424	太武帝始光元年	《魏書》卷四上《太武帝紀上》載，「（始光元年）八月……赭陽子尉普文率輕騎討之，虜乃退走。詔平陽王長孫翰等擊蠕蠕別帥，破之，殺數千人，獲馬萬餘匹。」「九月，大簡輿徒，治兵於東郊，部分諸軍五萬騎，將北討。」關於九月間，太武帝率軍北征柔然，《魏書》卷一〇三《蠕蠕傳》載，「世祖親討之，三日二夜至雲中。大檀騎圍世祖五十餘重，騎逼馬首，相次如堵焉。士卒大懼，世祖顏色自若，眾情乃安。」《魏書》卷四上《太武帝紀上》載，「冬十有二月，遣平陽王長孫翰等討蠕蠕。車駕次柞山，蠕蠕北遁，諸軍追之，大獲而還。」	郁久閭大檀	《魏書》卷四上《太武帝紀上》載，「（始光元年）八月，蠕蠕率六萬騎入雲中，殺掠吏民，攻陷盛樂宮。」關於柔然此次南侵，《魏書》卷一〇三《蠕蠕傳》載，「太宗崩，世祖即位，大檀聞而大喜，始光元年秋，乃寇雲中。」
公元425	太武帝始光二年	《魏書》卷四上《太武帝紀上》載，「冬十月，治兵於西郊。癸卯，車駕北伐。平陽王長孫翰等絕漠追之，蠕蠕北走。」關於此次太武帝北征柔然，《魏書》卷一〇三《蠕蠕傳》載，「（始光）二年，世祖大舉征之，東西五道並進：平陽王長孫翰等從黑漠，汝陰公長孫道生從白黑兩漠間，車駕從中道，東平公娥清次西從栗園，宜城王奚斤、將軍安原等西道從爾寒山。諸軍至漠南，舍輜重，輕騎齎十五日糧，絕漠討之，大檀部落駭驚北走。」	郁久閭大檀	
公元427	太武帝始光四年		郁久閭大檀	《魏書》卷四上《太武帝紀上》載，「（七月）蠕蠕寇雲中，聞破赫連昌，懼而還走。」
公元428	太武帝神䴥元年		郁久閭大檀	《魏書》卷四上《太武帝紀上》載，「（八月）蠕蠕大檀遣子將萬餘騎入塞。」關於柔然此次南侵，《魏書》卷一〇三《蠕蠕傳》載，「神䴥元年八月，大檀遣子將騎萬餘人入塞，殺掠邊人而走。」

公元 429	太武帝神䴥二年	《魏書》卷四上《太武帝紀上》載,「(四月)庚寅,車駕北伐……從東道與長孫翰等期會於賊庭。五月丁未,次于沙漠,舍輜重,輕騎兼馬,至栗水,蠕蠕震怖,焚燒廬舍,絕跡西走。」關於太武帝此次北征柔然及戰果,《魏書》卷一○三《蠕蠕傳》載,「二年四月,世祖練兵于南郊,將襲大檀……車駕出東道向黑山,平陽王長孫翰從西道向大娥山,同會賊庭。五月,次于沙漠南,舍輜重輕襲之,至栗水,大檀眾西奔。弟匹黎先典東落,將赴大檀,遇翰軍,翰縱騎擊之,殺其大人數百。大檀聞之震怖,將其族黨,焚燒廬舍,絕跡西走,莫知所至。於是國落四散,竄伏山谷,畜產布野,無人收視。世祖緣栗水西行,過漢將竇憲故壘。六月,車駕次於兔園水,去平城三千七百里。分軍搜討,東至瀚海,西接張掖水,北渡燕然山,東西五千餘里,南北三千里。高車諸部殺大檀種類,前後歸降三十餘萬,俘獲首虜及戎馬百餘萬匹。」	郁久閭大檀	
公元 436	太武帝太延二年		郁久閭吳提	《魏書》卷一○三《蠕蠕傳》載,「太延二年,(吳提)絕和犯塞。」
公元 438	太武帝太延四年	《魏書》卷四上《太武帝紀上》載,「(太延四年)秋七月壬午,車駕北伐。」關於太武帝此次北征柔然,《魏書》卷一○三《蠕蠕傳》載,「四年,車駕幸五原,遂征之。樂平王丕、河東公賀多羅督十五將出東道,永昌王健、宜都王穆壽督十五將出西道,車駕出中道。至浚稽山,分中道復為二道,陳留王崇從大澤向涿邪山,車駕從浚稽北向天山。西登白阜,刻石記行,不見蠕蠕而還。時漠北大旱,無水草,軍馬多死。」	郁久閭吳提	
公元 439	太武帝太延五年	《魏書》卷四上《太武帝紀上》載,「(太延五年九月)戊子,蠕蠕犯塞……皇太子命上黨王長孫道生等拒之。」	郁久閭吳提	《魏書》卷四上《太武帝紀上》載,「(九月)戊子,蠕蠕犯塞,遂至七介山,京師大駭。」

公元443	太武帝太平眞君四年	《魏書》卷四下《太武帝紀下》載,「秋九月辛丑,行幸漠南。甲辰,捨輜重,以輕騎襲蠕蠕,分軍為四道。」 關於太武帝此次北征柔然,《魏書》卷四下《太武帝紀附景穆帝紀》載,「(太平)眞君四年,恭宗從世祖討蠕蠕,至鹿渾谷,與賊相遇,虜惶怖,部落擾亂。」 《魏書》卷一○三《蠕蠕傳》載此次北征柔然戰果,「(太平)眞君四年,車駕幸漠南,分四道:樂安王範、建寧王崇各統十五將出東道,樂平王督十五將出西道,車駕出中道,中山王辰領十五將為中軍後繼。車駕至鹿渾谷,與賊將遇,吳提遁走,追至頞根河,擊破之。」	郁久閭吳提	
公元448	太武帝太平眞君九年	《魏書》卷四下《太武帝紀下》載,「(六月)丁卯,悅般國遣使求與王師俱討蠕蠕,帝許之。」 「十有二月……皇太子朝於行宮,遂從北討。至于受降城,不見蠕蠕,因積糧城內,留守而還。」	郁久閭吐賀眞	
公元449	太武帝太平眞君十年	《魏書》卷四下《太武帝紀下》載,「九月,閱武磧上,遂北伐。」 關於太武帝此次北征柔然戰果,《魏書》卷一○三《蠕蠕傳》載,「九月,車駕北代,高昌王那出東道,略陽王羯兒出中道,與諸軍期會於地弗池。吐賀眞悉國精銳,軍資甚盛,圍那數十重,那掘長圍堅守,相持數日。吐賀眞數挑戰,輒不利,以那眾少而固,疑大軍將至,解圍夜遁。那引軍追之,九日九夜,吐賀眞益懼,棄輜重,逾穹隆嶺遠遁。那收其輜重,引軍還,與車駕會於廣澤。略陽王羯兒盡收其人戶畜產百餘萬。自是吐賀眞遂單弱,遠竄,邊疆息警矣。」	郁久閭吐賀眞	
公元454	文成帝興光元年	《魏書》卷五《文成帝紀》載,「冬十有一月,北鎮將房杖擊蠕蠕,虜其將豆渾與句等,獲馬千餘匹。」	郁久閭吐賀眞	

公元 458	文成帝太安四年	《魏書》卷五《文成帝紀》載，「（十一月）車駕度漠，蠕蠕絕跡遠遁，其別部烏朱賀頹、庫世頹率眾來降。」關於此次北征柔然，《魏書》卷一〇三《蠕蠕傳》載，「太安四年，車駕北征，騎十萬，車十五萬兩，旌旗千里，遂渡大漠。吐賀眞遠遁，其莫弗烏朱駕頹率眾數千落來降，乃刊石記功而還。世祖征伐之後，意存休息，蠕蠕亦怖威北竄，不敢復南。」	郁久閭吐賀眞	
公元 464	文成帝和平五年	《魏書》卷五《文成帝紀》載，「秋七月辛丑，北鎮遊軍大破蠕蠕。」	郁久閭予成	《魏書》卷一〇三《蠕蠕傳》載，「和平五年，吐賀眞死，子予成立……率部侵塞。」
公元 470	獻文帝皇興四年	《魏書》卷六《獻文帝紀》載，「九月丙寅，輿駕北伐，諸將俱會于女水，大破虜眾。」關於獻文帝此次北征柔然及戰果，《魏書》卷一〇三《蠕蠕傳》載，「皇興四年，予成犯塞，車駕北討。京兆王子推、東陽公元丕督諸軍出西道，任城王雲等督軍出東道，汝陰王賜、濟南公羅烏拔督軍爲前鋒，隴西王源賀督諸軍爲後繼。諸將會車駕于女水之濱……（獻文帝）選精兵五千人挑戰，多設奇兵以惑之。虜眾奔潰，逐北三十餘里，斬首五萬級，降者萬餘人，戎馬器械不可稱計。」	郁久閭予成	《魏書》卷六《獻文帝紀》載，「（八月）蠕蠕犯塞。」
公元 472	孝文帝延興二年	《魏書》卷七上《孝文帝紀上》載，「（二月）蠕蠕犯塞。太上皇帝次於北郊，詔諸將討之。虜遁走。其別帥阿大干率千餘落來降。」「閏月壬子，蠕蠕寇敦煌，鎮將尉多侯擊走之。又寇晉昌，守將薛奴擊走之。」「十有一月，太上皇帝親討之，將度漠襲擊。蠕蠕聞軍至，大懼，北走數千里。以窮寇遠遁，不可追，乃止。」	郁久閭予成	《魏書》卷七上《孝文帝紀上》載，「（二月）蠕蠕犯塞。」「閏月壬子，蠕蠕寇敦煌，鎮將尉多侯擊走之。又寇晉昌，守將薛奴擊走之。」「冬十月，蠕蠕犯塞，及於五原。」
公元 473	孝文帝延興三年	《魏書》卷七上《孝文帝紀上》載，「（七月）蠕蠕寇敦煌，鎮將樂洛生擊破之。」	郁久閭予成	《魏書》卷七上《孝文帝紀上》載，「（七月）蠕蠕寇敦煌。」

				「（十二月）壬子，蠕蠕犯邊，柔玄鎮二部敕勒叛應之。」
公元474	孝文帝延興四年	《魏書》卷七上《孝文帝紀上》載，「（七月）癸巳，蠕蠕寇敦煌，鎮將尉多侯大破之。」	郁久閭予成	《魏書》卷七上《孝文帝紀上》載，「（七月）癸巳，蠕蠕寇敦煌。」
公元479	孝文帝太和三年		郁久閭予成	《魏書》卷七上《孝文帝紀上》載，「（十一月）蠕蠕率騎十餘萬南寇，至塞而還。」
公元485	孝文帝太和九年	《魏書》卷七上《孝文帝紀上》載，「（十二月）蠕蠕犯塞，詔任城王澄率眾討之。」	郁久閭豆崙	《魏書》卷七上《孝文帝紀上》載，「（十二月）蠕蠕犯塞。」
公元486	孝文帝太和十年		郁久閭豆崙	《魏書》卷七下《孝文帝紀下》載，「（正月）壬午，蠕蠕犯塞。」「十有二月壬申，蠕蠕犯塞。」
公元487	孝文帝太和十一年	《魏書》卷七下《孝文帝紀下》載，「八月壬申，蠕蠕犯塞，遣平原王陸睿討之。」	郁久閭豆崙	《魏書》卷七下《孝文帝紀下》載，「八月壬申，蠕蠕犯塞。」
公元492	孝文帝太和十六年	《魏書》卷七下《孝文帝紀下》載，「（八月）乙未，詔陽平王頤、左僕射陸叡督十二將七萬騎北討蠕蠕。」關於此次北征柔然，《魏書》卷一○三《蠕蠕傳》載，「十六年八月，高祖遣陽平王頤、左僕射陸叡並爲都督，領軍斛律桓等十二將七萬騎討豆崙。」《楊播墓誌》載，「十六年又加（楊播）征虜將軍，都督北蕃三鎮……其年秋加武衛將軍中道都督，率騎三萬，北出雞鹿塞五千餘里，迫逐茹茹而還。」	郁久閭豆崙	
公元477～499	太和年間	《元龍墓誌》載，「太和之始，（元龍）襲爵平舒男。雖猛志未申，而雄姿簡帝。會北虜寇邊，烽燧時警，妙簡勳胄，以啓戎行。乃假君寧朔將軍，龔行北討。帝親臨慰勉，獎以殊績。君前無橫陣，戰必先登，以攘敵之功，拜奉車都尉。」上述墓誌資料表明，雖然經過太武帝對柔然發動的一系列軍事打擊，柔然實力有所削弱，但是，		

公元501	宣武帝景明二年		郁久閭那蓋	《魏書》卷八《宣武帝紀》載，「秋七月乙巳，蠕蠕犯塞。」
		柔然仍尚存部分實力，直至孝文帝太和年間，柔然不時侵犯北魏北部邊疆，對北魏北方地區構成一定威脅。		
公元504	宣武帝正始元年	《魏書》卷八《宣武帝紀》載，「（九月）蠕蠕犯塞，詔左僕射源懷討之。」	郁久閭那蓋	《魏書》卷八《宣武帝紀》載，「（九月）蠕蠕犯塞。」
公元523	孝明帝正光四年	《魏書》卷九《孝明帝紀》載，「（四月）甲申，詔驃騎大將軍、尚書令李崇，中軍將軍、兼尚書右僕射元纂率騎十萬討蠕蠕，出塞三千餘里，不及而還。」	郁久閭阿那瓌	《魏書》卷九《孝明帝紀》載，「（二月己卯），蠕蠕主阿那瓌率眾犯塞。」

第四節　北魏對北部邊疆民族降附者的因俗而治

　　北魏統治者根據北部邊疆民族風俗的不同，制定了「因俗而治」的政策。具體而言，包括保留北方民族原有生產、生活方式與部落組織，尊重其宗教風俗等。

一・保留北方民族降附者原有的生產、生活風俗

　　《魏書》卷一○三《高車傳》載：

　　　　太祖時，分散諸部，唯高車以類粗獷，不任使役，故得別為部落。

　　　　後世祖征蠕蠕，破之而還，至漠南，聞高車東部在巳尼陂，人畜甚眾，去官軍千餘里，將遣左僕射安原等討之……遣原等並發新附高車合萬騎，至于巳尼陂，高車諸部望軍而降者數十萬落，獲馬牛羊亦百餘萬，皆徙置漠南千里之地。乘高車，逐水草，畜牧蕃息，數年之後，漸知粒食。

　　《魏書》卷四上《太武帝紀上》又載：

　　　　（神䴥二年）冬十月……列置新民於漠南，東至濡源，西暨五原、陰山，竟三千里。詔司徒平陽王長孫翰、尚書令劉潔、左僕射安原、侍中古弼鎮撫之。

如上史料，北魏統治者將北方民族降附者安置於北部邊疆緣邊地帶，實質就是保留其「逐水草而居」的生產方式、「食肉飲酪」的生活方式，而沒有對其「計口受田」、強制改變其牧業生產傳統。

二‧保留北方民族降附者原有的部落組織

據《魏書》卷一〇三《高車傳》、《魏書》卷四上《太武帝紀上》，北魏統治者爲保障北部邊疆地帶的穩定，對於邊疆地帶的降附民族，保留其原來部落組織，而沒有實行「離散諸部，分土定居，不聽遷徙，其君長大人皆同編戶」﹝註25﹞這一強行解散部落組織的政策。

《資治通鑑》卷一三三載宋明帝泰始七年（471）三月「魏主使殿中尚書胡莫寒簡西部敕勒爲殿中武士」，胡三省注「自魏世祖破柔然，高車、敕勒皆來降，其部落附塞下而居，自武周塞外以西謂之西部，以東謂之東部，依漠南而居者謂之北部」進一步表明北魏多將高車等北方民族降附者安置於北部邊疆緣邊地帶，其實質就是保留原有的部落組織形式。

《魏書》卷一〇三《高車傳》載道武帝時，「高車姪利曷莫弗敕力犍率其九百餘落內附，拜敕力犍爲揚威將軍，置司馬、參軍，賜穀二萬斛。後高車解批莫弗幡豆建復率其部三十餘落內附，亦拜爲威遠將軍，置司馬、參軍，賜衣服，歲給廩食。」由《晉書》卷九七《四夷‧北狄傳》所載，「建安中，魏武帝始分其眾爲五部，部立其中貴者爲帥，選漢人爲司馬以監督之。魏末，復改帥爲都尉」，北魏建立初期，根據東漢、曹魏政權安置、管轄匈奴降附者的方式，設置司馬、參軍，管理高車降附者事務。

《資治通鑑》卷一一八晉安帝義熙十四年（418），「春，正月，丁酉朔，魏主嗣至平城，命護高車中郎將薛繁帥高車、丁零北略，至弱水而還。」胡三省注「魏仿漢置匈奴中郎將之官置護高車中郎將。」據《魏書》卷一一三《官氏志》，護高車中郎將軍府下轄屬官有高車虎賁將軍、高車虎賁司馬、高車虎賁將、高車虎賁。而護高車中郎將及其下屬官吏的具體職責，一方面是監視漠北高車部族；另一方面，監管生活於北魏北疆地帶，仍保持原有部落組織的高車降附者。

﹝註25﹞ 魏收：《魏書》卷八三上《外戚上‧賀訥傳》，北京：中華書局，1974年，第1812頁。

三・尊重北方民族降附者原有的宗教風俗

宗教祭祀風俗，在民族內部起著向心力與凝聚力的作用，其影響不可小視。所以，北魏統治者在「因俗而治」這一原則影響下制定有關北部邊疆民族政策時，不得不考慮宗教祭祀風俗因素。

《魏書》卷一○三《高車傳》載，「高宗時，五部高車合聚祭天，眾至數萬。大會，走馬殺牲，遊遶歌吟忻忻，其俗稱自前世以來無盛於此。會車駕臨幸，莫不忻悅」，史料中所載文成帝親臨高車降附者的祭天儀式，可視為文成帝對高車祭天風俗的尊重；高車降附者見此情景「莫不忻悅」，表明文成帝利用親臨高車祭天儀式，成功地安撫高車降附者。

第五節　北魏對北方草原地區的「以夷制夷」

北魏歷代統治集團在對抗漠北游牧民族過程中，基於保存自身實力的目的，多採用以夷制夷的方略〔註 26〕。北魏的以夷制夷主要表現在兩個方面：一方面，北魏統治集團通過派遣軍隊駐防北疆的同時，還輔以降附的北疆部族以配合北魏北疆原有駐防軍進行戍守、偵查、作戰，旨在防禦北疆、出擊柔然方面保存自身實力；另一方面，北魏統治集團在制定針對北疆民族方略中，除軍事征討之外，更為注重保持漠北諸民族間的勢均力敵，避免出現漠北草原為某一民族單獨稱霸的局面，使漠北諸民族相互牽制，以逐步減輕其對自己的軍事威脅。需要注意的是，北魏「以夷制夷」之策不同內涵的實施，與不同時期北魏與北疆民族實力對比變化、北魏統治集團所實行的對外政策變遷密切相關。

一・「以攻為守」時期的北魏「以夷制夷」

「以攻為守」時期的北魏「以夷制夷」，主要指道武帝至獻文帝時期。此時期是北魏對外開疆拓土的階段，如北魏道武帝「奮其靈武」〔註 27〕、「北驅朔漠」〔註 28〕；太武帝「藉二世（道武帝、明元帝）之資，奮征伐之氣，遂

〔註 26〕潘國鍵在《北魏與蠕蠕關係研究》第三章《史論：北魏與蠕蠕關係對中西歷史發展的影響》中認為「以夷制夷」是北魏主戰派與主防派所「共守的理念」，「主戰派傾向於用武，主張利用俘虜的胡人守邊外討」，「主防派傾向於用術，主張維持漠北民族國家勢力均衡，使之互相牽制仇殺，無餘力進侵中國」。

〔註 27〕魏收：《魏書》卷二《道武帝紀》，北京：中華書局，1974 年，第 45 頁。

〔註 28〕魏收：《魏書》卷三《明元帝紀》，北京：中華書局，1974 年，第 64 頁。

戎軒四出，周旋險夷」〔註29〕；獻文帝「更清漠野」〔註30〕。在此階段，北魏積極對四周邊疆發動頻繁的軍事征討，一方面，統一整個北方地區，包括北疆在內的四周邊疆得以開拓、捍衛及鞏固，版圖範圍、人口規模的擴大，使北魏國力有所增強；另一方面，北魏通過對外頻繁的軍事征討，雖然削弱了周邊敵對勢力，但是，自身實力也有一定損失，所以，道武帝至獻文帝時期北魏在國力方面是增強與削弱並存。因此，在防守北疆、制定北疆民族政策上，北魏統治者除依靠自身實力，還實行「以夷制夷」之策。而道武帝至獻文帝時，北魏對北疆「以夷制夷」主要是將降附的北疆民族部眾用於北疆防守及對柔然的作戰。

　　神麚二年（429），北魏太武帝率軍大規模北征漠北柔然、高車，戰果甚豐，在北魏軍進攻之下，「（柔然）前後歸降三十餘萬」，北魏「俘虜（柔然）首虜及戎馬百餘萬匹」〔註31〕；高車「諸部望軍降者數十萬」〔註32〕。針對柔然、高車降附者與被俘者的安置，《魏書》卷四上《太武帝紀上》載神麚二年，太武帝下詔「列置新民於漠南，東至濡源，西暨五原、陰山，竟三千里。詔司徒平陽王長孫翰、尚書令劉潔、左僕射安原、侍中古弼鎮撫之。」根據上述史料，自北魏設置北疆軍鎮，就採用以北疆軍鎮駐防軍爲主，以降附、被俘的高車部眾爲輔的策略來防守北疆。而《魏書》卷四下《太武帝紀下》所載太平眞君六年（445）八月，太武帝下詔「徙諸種雜人五千餘家於北邊。令民北徙畜牧至廣漠，以餌蠕蠕」更鮮明反映出北魏將北疆部眾用於偵查柔然的軍事行動中。

　　據《魏書》卷四○《陸俟傳》所載「（陸俟）出爲平東將軍、懷荒鎮大將。未期，諸高車莫弗訟俟嚴急，待下無恩，還請前鎮將郎孤。世祖詔許之，徵俟還京……（陸俟）言於世祖曰：『陛下今以郎孤復鎮，以臣愚量，不過週年，孤身必敗，高車必叛。』……明年，諸莫弗果殺郎孤而叛。世祖聞之，大驚，即召俟，問其知敗之意。俟曰：『夫高車上下無禮，無禮之人，難爲其上。臣所以莅之以威嚴，節之以憲網，欲漸加訓導，使知分限……無禮之人，易生陵傲，不過期年，無復上下，然後收之以威，則人懷怨懟，怨懟既多，敗亂彰矣。』」可知，北魏必須以「威嚴」、「憲網」駕馭被安置於北疆軍鎮的漠北

〔註29〕 魏收：《魏書》卷四下《太武帝紀下》，北京：中華書局，1974 年，第 109 頁。

〔註30〕 魏收：《魏書》卷六《獻文帝紀》，北京：中華書局，1974 年，第 132 頁。

〔註31〕 魏收：《魏書》卷一○三《蠕蠕傳》，北京：中華書局，1974 年，第 2293 頁。

〔註32〕 魏收：《魏書》卷一○三《蠕蠕傳》，北京：中華書局，1974 年，第 2293 頁。

諸族降附者、被俘者，方可實現利用其防守北疆、抵禦漠北民族入侵即「以夷制夷」之目的。

二・「以守爲攻」時期的北魏「以夷制夷」

「以守爲攻」時期的北魏「以夷制夷」，主要指北魏孝文帝至孝明帝時期。此階段內，首先，北魏不僅要防守北疆，而且，北魏還把部分精力投放於南疆地區，即自孝文帝實行漢化改革及遷都洛陽，欲拓地至江南；雖然孝文帝統一江南的目的沒有實現，但由於自孝文帝至孝明帝時，正值江南梁武帝盛世，並且梁代多有北伐之舉，對北魏南疆地區造成較大威脅，所以，在統治中心南遷及應對江南軍事威脅的背景下，統治者的對外關注方向部分地轉移至江南地區，對北疆的關注部分程度地減少。其次，自孝文帝開始，北魏經略北疆政策調整爲以修築長城爲代表的積極防守爲主，逐漸減少對漠北的大規模軍事征討；不可忽視的是，道武帝至獻文帝時，北魏對漠北頻繁的軍事作戰，使北魏實力受到一定的損失，因此，孝文帝基於恢復國力，除漠北民族大舉南侵，一般少有主動出擊之舉。第三，自孝文帝，北疆軍鎮內部開始出現不穩現象，這必然會牽制北疆軍鎮在防禦北疆及北方腹地、抵禦漠北民族南侵方面的力量。第四，自宣武帝開始，北魏漸趨內亂，國家實力削弱，這也限制北魏對漠北民族不能再有像北魏前期那樣的大規模舉動。第五，北魏後期，北魏勁敵柔然實力漸呈衰弱，高車漸趨強盛，漠北草原有爲高車所獨霸的趨勢。簡而言之，由於北魏中期後統治集團對外政策的調整、國家實力的變化使北魏不能對漠北諸族有大的舉措以及北魏統治者防止漠北草原爲某一民族所獨佔等因素，此時期內北魏對北疆及漠北的「以夷制夷」主要是利用漠北諸族間的矛盾，使其互相牽制，防止其聯合，進而減少漠北民族對北疆的軍事威脅。

《魏書》卷七上《孝文帝紀上》載「（延興元年）冬十月丁亥，沃野、統萬二鎮敕勒叛。詔太尉、隴西王源賀追擊，至枹罕，滅之，斬首三萬餘級；徙其遺迸於冀、定、相三州爲營戶」；「（延興三年十二月）壬子，蠕蠕犯邊，柔玄鎮二部敕勒叛應之。」《魏書》卷四四《孟威傳》又載孝文帝太和後期，「四鎮高車叛投蠕蠕。」以上史料足以反映出，北魏北疆軍鎮中來自於漠北降附者，不僅規模不可小視，而且，多有叛投柔然之舉，已嚴重威脅北魏北疆的穩定。所以，自北魏中期以後，北魏統治集團一方面要平叛北疆軍鎮內

部不穩勢力；另一方面，鑒於北魏國力較爲有限，同時還要將相當注意力投放於南疆地區，因此在北疆經營方面，除重視防禦之外，更爲重要的是，利用漠北諸族的矛盾使其相互爭鬥、牽制進而無暇南顧。在儘量減少北征、減少人力與物力損耗的情況下，逐漸削弱漠北諸族對北疆的威脅。

《魏書》卷六九《袁翻傳》載北魏孝明帝正光年間，「蠕蠕主阿那瓌、後主婆羅門，並以國亂來降」，孝明帝就如何安置北部邊疆民族首領詢問大臣時，袁翻認爲「自卜惟洛食，定鼎伊瀍，高車、蠕蠕迭相呑噬。始則蠕蠕衰微，高車強盛，蠕蠕則自救靡暇，高車則僻遠西北。及蠕蠕復振，反破高車，主喪民離，不絕如綫。而高車今能終雪其恥，復摧蠕蠕者，正由種類繁多，不可頓滅故也。然鬭此兩敵，即卞莊之算，得使境上無塵數十年中者，抑此之由也」，即柔然、高車不能互相呑併，是由於彼此實力相當，也正由於柔然、高車彼此互相牽制，使北魏有「境上無塵數十年」，確切說應是北部邊疆地區無大規模邊患這一相對有利的邊疆環境得益於北方草原柔然與高車的相互牽制。袁翻進而認爲扶持柔然，「則高車猶有內顧之憂」，不敢窺探北魏北部邊疆，可減少北部邊疆來自於高車方面的威脅；如果北魏不對呈現出衰弱之勢的柔然給予援助，讓其爲高車所呑併，則高車便有「跋扈之計」進而「獨擅北垂」，北魏北部邊疆形勢又會更趨嚴峻。袁翻指出緩解北魏北部邊疆形勢的良策就是扶持前來投奔的柔然首領，讓其各領部眾，首先是柔然內部不同勢力的相互牽制；其次是柔然與高車相互對抗，即「蠕蠕二主，皆宜存之，居阿那瓌於東偏，處婆羅門於西裔，分其降民，各有攸屬」，以收「外爲置蠕蠕之舉，內實防高車」、「安邊保塞」之利。袁翻所陳扶持柔然、讓柔然與高車相互牽制之策最終爲北魏統治集團所採納。由上所述，北魏後期，北魏對北方草原地區民族所實行「以夷制夷」之策，包含兩方面的內容，首先是讓柔然與高車兩大實體相互牽制；其次是在柔然內通過分別扶持郁久閭阿那瓌與郁久閭婆羅門，使其各領轄地，讓柔然東西分治，防止柔然實力的做大，避免像北魏前期柔然長時期爲患於北疆局面的再次出現。

需要注意的是，北魏後期，由於統治集團內部陷於混亂、國力漸趨衰弱，受此影響，北魏對北部邊疆的軍事經略能力日益削弱，所以，當時的北魏已不能單獨依靠主動發起大規模軍事行動或完全依賴於六鎮防線來防禦漠北民族對北疆的威脅。因此，北魏後期統治集團對北方民族實行「以夷制夷」的目的，就是要防止北方草原形成新的、統一與強大的民族政治實體。也就是

說，在北魏後期國力衰弱的背景下，北魏統治集團實行「以夷制夷」與軍事
防禦相配合的政策，來實現防禦北方民族、維持北部邊疆形勢穩定的目標。

附論6　北魏時期入居中原的柔然王室家族之華夏化
——以閭大肥家族爲中心

　　拓跋氏入主中原，便逐漸採納漢族典章來改造胡族國家，以使北魏國家
逐漸擺脫胡族色彩，使北族融入漢族社會中；並使胡族出身的拓跋氏統治者
獲得和漢族皇帝一樣的正統地位。北魏遷都平城之後，以吸收漢族典章、學
習漢族傳統文化爲代表的漢化流風逐漸盛行於北族社會中。《魏書》中所載部
分北族成員漸具漢族文化素養便是受此漢化流風影響的反映。而孝文帝除繼
續推行採納漢族典章、崇尚與學習漢族文化之外，還實行改姓氏與籍貫、詳
定姓族等推進北族門閥化進程的措施，以順應當時源自於漢族社會的門閥制
度盛行於世的歷史趨勢。可以說，孝文帝所進行之漢化改革，包括學習漢族
典章這一文化層面與推進北族門閥化這一制度層面，其最終目的在於使北族
取得等同於漢族門閥的地位；同時還向北族宣示，只要順應包括文化與制度
層面的漢化流風，便可躋身漢族社會上層，延續家族榮耀與地位。在此歷史
背景下，包括閭氏在內的部分北族成員自然主動追隨漢化流風，進而使家風
特質與家族地位產生了逐漸趨同於漢族高門的變化。

一·閭大肥家族姓氏與籍貫的華夏化
1·閭大肥家族姓氏華夏化——改從漢族單姓

　　閭大肥出身漠北柔然王室，本姓郁久閭。入魏後，至孝文帝改革北族姓
氏之前，生活於中原的柔然成員仍保持原來姓氏；孝文帝遷都洛陽、改革北
族姓氏，至此，入魏的柔然王室由郁久閭氏改爲閭氏。

　　據《魏書》，閭大肥生活、仕宦於北魏道武帝至太武帝時期，所以，閭大
肥原本姓氏爲郁久閭。而《魏書》稱閭氏，應與魏收以北魏孝文帝改北族複
姓爲單姓後的習慣撰寫胡族人物傳記有關。

　　按《閭伯昇暨妻元仲英墓誌》、《閭詳墓誌》，閭伯昇、閭詳曾祖閭懃，約
生活、仕宦於北魏前期至孝文帝之前，所以，閭懃原本姓氏亦應爲郁久閭；
閭伯昇、閭詳祖父與父之生活與仕宦，大體上經歷了孝文帝時代，因此，閭
伯昇與閭詳祖父與父姓氏經歷由郁久閭改爲閭；閭伯昇、閭詳出生於北魏平

城時期，由此，閻伯昇、閻詳姓氏，亦經歷由郁久閭改爲閻。

按《閻炫墓誌》所載閻炫生卒年，閻炫祖父與父姓氏，經歷由郁久閭改爲閻，閻炫出生於洛陽，誌文云其姓氏爲閻，符合孝文帝改革北族姓氏的史實。

按《閻子璨墓誌》所載閻子璨生卒年，閻子璨祖父與父姓氏，經歷由郁久閭改爲閻，閻子璨出生於洛陽，誌文云其爲閻氏，符合孝文帝改革北族姓氏的史實。

太和十九年（495），孝文帝下詔「代人請胄，先無姓族，雖功賢之胤，混然未分。故官達者位極公卿，其功衰之親，仍居猥任。比欲制定姓族，事多未就，且宜甄擢，隨時漸銓。其穆、陸、賀、劉、樓、于、嵇、尉八姓，皆太祖已降，勳著當世，位盡王公，灼然可知者，且下司州、吏部，勿充猥官，一同四姓。自此以外，應班士流者，尋續別敕」〔註33〕，並規定被甄選者先祖仕宦履歷爲其進入姓、族的標準。據上述史料，孝文帝詳定姓族，要改變代人「先無姓族」的局面，旨在使作爲自己鞏固統治所依靠的核心勢力即南遷北族與「漢人郡姓之間建立起關係構架」〔註34〕，將北魏皇室、北族勳貴比照於漢族高門；孝文帝以北族先祖所立功勳、仕宦資歷爲標準，定其姓氏等級，此舉與漢族社會中某一家族能否進入門閥的標準是一致的。因此，孝文帝改姓氏、定姓族，旨在使南遷北族獲得與北方漢族世族同等的社會地位和仕宦特權，推動南遷北族門閥化進程。

2・閻大肥家族籍貫華夏化——以中原正朔所在爲籍貫

由《魏書》卷七下《孝文帝紀下》所載太和十九年孝文帝下詔「代人南遷者，悉爲河南洛陽人」與《隋書》卷三三《經籍志二》載「後魏遷洛，有八氏十姓，咸出帝族。又有三十六族，則諸國之從魏者；九十二姓，世爲部落大人者，並爲河南洛陽人」可知：首先，包括閻氏在內的北族籍貫變遷，與北魏孝文帝改革南遷北族籍貫有關。其次，孝文帝遷都前，代郡平城爲北族籍貫；孝文帝遷都後，河南洛陽爲南遷北族新籍貫。

《魏書》卷三〇《閻大肥傳》載「閻大肥，蠕蠕人也」，顯然是以漠北柔然之地而非代郡平城爲其籍貫。對此，有學者認爲與「北魏官方檔案對平城

〔註33〕魏收：《魏書》卷一一三《官氏志》，北京：中華書局，1974年，第3014頁。
〔註34〕王怡辰：《東魏北齊的統治集團》，臺北：文津出版社有限公司，2006年，第10頁。

時代移居內地的柔然王族的族屬籍貫認同觀念」〔註35〕有關。據《魏書》，道武帝天賜元年（404），閭大肥率眾歸附北魏，正值北魏遷都平城不久，至太武帝時，北魏國家機構是胡漢並存，自身胡風甚盛，漢化趨勢不甚顯著。而作為中原漢族文明中的漢地籍貫觀念，自然不會為入居中原不久的柔然王室成員所接受。由此，《魏書》云漠北柔然之地為閭大肥籍貫，除與北魏官方檔案記載有關，還與當時入居中原的柔然王室成員自身漢化程度較低相關。

　　《閭伯昇暨妻元仲英墓誌》、《閭詳墓誌》、《閭炫墓誌》、《閭子璨墓誌》雖然沒有記載墓主人先祖籍貫，但按誌文所載墓主人及墓主人先祖生活、仕宦時間，閭伯昇、閭詳曾祖閭勳籍貫為代郡平城；閭伯昇、閭詳祖父與父，閭炫祖父與父，閭子璨祖父與父籍貫經歷由代郡平城改為河南洛陽的變化。

　　《閭伯昇暨妻元仲英墓誌》、《閭詳墓誌》載閭伯昇、閭詳籍貫為河南洛陽，《閭炫墓誌》載閭炫籍貫為代郡平城，《閭子璨墓誌》云閭子璨籍貫為河南洛陽。閭伯昇、閭詳、閭子璨，或者出生於平城、後南遷洛陽，或者出生於洛陽，因此，誌文云閭伯昇、閭詳與閭子璨籍貫為河南洛陽，符合北魏孝文帝改革南遷北族籍貫的史實。而《閭炫墓誌》云出生於洛陽的閭炫籍貫為代郡平城，表面上看，與北魏孝文帝改南遷北族籍貫為洛陽的史實不相符。關於閭炫以代郡平城為籍貫之原因，本文認為，首先，北魏後期至東魏時期，閭大肥後裔逐漸接受中原文化籍貫觀念中的以先祖生活、仕宦即居住地為籍貫的傳統，而代郡平城是閭大肥家族在中原發展的關鍵之地，閭大肥家族顯貴地位正是在平城時代得以奠定與鞏固，正如學者所論閭炫對閭大肥家族「在代郡平城時期享有名門望族地位而感到榮耀」〔註36〕。其次，東魏、北齊時期，胡風甚盛，具體表現包括國家官制恢復到北魏孝文帝改革官制之前的胡漢二元制局面、部分南遷胡族恢復其原有複姓、舊有籍貫即代郡平城，因此，閭炫以代郡平城為籍貫，自然有當時胡風盛行的影響。

　　孝文帝改南遷北族籍貫為洛陽，旨在通過縮短北魏新政治中心與中原原有政治中心空間距離，逐步減少南遷北族與中原漢族世族之間的文化差距、隔閡，贏得漢族世族對南遷北族的認同。

　　從社會階層演變角度來講，姓氏與籍貫的變化標誌著包括閭氏在內的北

〔註35〕喬鳳岐：《柔然王族遷居中原後籍貫與族屬的認同》，載《江漢論壇》，2017年第 7 期，第 90 頁。

〔註36〕喬鳳岐：《柔然王族遷居中原後籍貫與族屬的認同》，載《江漢論壇》，2017年第 7 期，第 92 頁。

族在門閥化進程中邁出了重要一步。一方面，北魏孝文帝通過定姓族、改胡族姓氏，把北族貴姓與當時北方漢族大姓建立起等同關係；另一方面，郡望即籍貫爲魏晉南北朝時期漢族高門用以標榜家族地位的標誌，孝文帝改南遷北族籍貫，亦效法漢族世族通過郡望標榜家族地位。而孝文帝對姓族與籍貫改革的重視，正是其推動南遷北族門閥化進程的重要表現。

二‧閹大肥家族始祖認同之變化——攀附華夏先祖

閹大肥後裔欣羨華夏文化，對華夏文化積極追求與認可的態度，不僅表現在家族姓氏與籍貫方面趨同於漢族社會，還體現在家族始祖認同方面的轉變。

《閹伯昇暨妻元仲英墓誌》載閹伯昇認爲其先「代雄朔野」，反映出閹伯昇在族屬認同方面心繫柔然。

《閹炫墓誌》載閹詳之先「分源白帝，終乃光宅幽都」，白帝即少昊，黃帝之子，又稱西方白帝，爲中國古代祭祀的五方上帝之一；五方上帝爲東方青帝太昊、南方炎帝神農氏、中央皇帝軒轅氏、西方白帝少昊、北方黑帝顓頊；而五方上帝，被視爲華夏先祖。《史記》、《漢書》至《晉書》等記載周代、秦漢至魏晉南北朝之典籍，頻繁、詳細記載當時統治者祭祀五方上帝，可見五方上帝在中國古代民眾華夏始祖認同中所佔之地位。由此，閹炫認同少昊爲始祖，是其以華夏自居的表現，通過將家族始祖攀附於華夏先祖而融入華夏社會。

《閹詳墓誌》載閹詳「苗裔軒皇，繁倫代北」，亦反映出閹詳認同黃帝爲始祖，以華夏自居。

《閹子璨墓誌》載閹子璨「其先業居北海，世襲單于，自古稱強，歷今彌盛」，表明漢化頗深的閹子璨仍以漠北柔然部落發展之關鍵人物爲遠祖，表明其在族屬方面仍心繫柔然。

在北朝後期胡風盛行背景下，由閹大肥家族墓誌關於閹大肥後裔始祖認同之載，可以看出，閹大肥後裔不同支系在始祖認同上存在明顯區別。閹伯昇、閹子璨所屬家族仍以柔然發展中的關鍵人物爲始祖，即族屬認同上仍心繫柔然；閹炫、閹詳自稱是黃帝、少昊後裔，以此爲基礎追述各自家族發展軌跡，顯然缺乏依據，但卻反映出上述二人所屬家族長久生活於中原，漢化程度頗深，欣羨華夏文化，以華夏自居，在族屬認同上轉向漢族。

《闔炫墓誌》、《闔詳墓誌》虛構閭炫、閭詳先祖，是在北朝時期眾多北方民族將家族攀附於華夏先祖這一歷史背景下展開的。趙超著《漢魏南北朝墓誌彙編》所收錄北朝時期北方民族墓誌中，《奚真墓誌》載出身「帝室十姓」的奚真「其先蓋肇傒軒轅」，《陸紹墓誌》載出身北魏內入諸姓的陸紹「其先蓋軒轅之裔冑」，《元寧墓誌》載出身北魏皇室的元寧「其先唐堯之苗裔」，《庫狄孃孃墓誌》載庫狄孃孃「發顓頊之遐源，資有夏之苗裔」。

《魏書》等文獻以及中古時期胡族墓誌中就有胡族成員注重學習漢族典籍、培養士人氣質、崇尚漢族倫理等行為，胡族成員之上述行為，即是其追隨漢化流風的體現，也是認同華夏文化的反映。而墓誌中有關北方民族成員追尊華夏先祖為其始祖，也是其追隨漢化流風、認同華夏文化的重要表現。北朝時期，北方民族通過在文化與氣質方面趨同於漢族社會、在世系方面攀附於華夏先祖，有利於逐步消除北方民族與漢族在文化認同上的隔閡、促進民族融合的發展。

三‧閭大肥家族家風的儒雅化

北魏時期，柔然上層降附者閭氏家族家風特質的轉變，主要體現在閭大肥家族中。

據《魏書》，北魏時期，包括閭氏在內的北族中有濃厚的尚武風氣。但自北魏定都平城之後，漢化便已在北族中漸進展開，至孝文帝實行全面的漢化改革，尚文風氣即對學識的欽重之風開始彌漫於南遷的北族社會中，北族成員具備儒雅氣質者多見於史籍記載。在南遷北族社會尚文風氣日益濃厚這一背景影響下，閭氏家族家風由原來尚武的特質開始向尚文轉變。

《閭伯昇暨妻元仲英墓誌》載閭伯昇祖父「器業淵長，鬱為時望。」據《抱朴子‧知己》所載「器業不異，而有抑有揚者，無知己也」可知，誌文所載閭伯昇祖父「器業淵長」，當指具備深厚的才能學識；「鬱為時望」，意指閭伯昇祖父憑藉學識修養即具備一定的漢家儒學背景，贏得當時眾多大族特別是具有崇高社會地位的漢族世族的認同。

《閭伯昇暨妻元仲英墓誌》載閭伯昇父「風德淹遠，道被衣冠」，表明閭伯昇父亦具備漢族士人的風範德行與學識，並因此得到衣冠士族的欽賞與認可。

《閭伯昇暨妻元仲英墓誌》載閭伯昇「稟靈秀氣，資慶岳神，體度閑凝，識理清暢，磨道德以成行，率禮樂以田情，積和順於胸中，發英華於身外。

加之孝友淳深，溫恭亮直，亭亭共白雲等潔，肅肅與清松競爽。閭里欽其仁，朋儕慕其德。」上述志文反映出，首先，閻伯昇亦具備儒雅風韻、奉行倫理道德、躬親禮儀、親睦宗族鄉黨這些漢族士大夫所必備的基本素養。其次，包括《閻伯昇暨妻元仲英墓誌》在內的北朝胡族墓誌，在日常倫理方面，多強調墓主的孝、友。而孝與友，是儒家文化影響下的封建倫理重要組成因素，就個人層面而言，約束個人對家族長輩的孝從、待人以禮、以德服人；以國家層面而論，孝與友又是統治者確立、鞏固權威，控馭臣子的思想工具，如神䴥三年，太武帝下詔「士之爲行，在家必孝，處朝必忠，然後身榮於時，名揚後世矣」〔註37〕；太安元年，文成帝下詔「不孝父母，不順尊長，爲吏姦暴，及爲盜賊，各具以名上」〔註38〕；孝文帝曾多次下詔，以是否具備「孝友」等德行作爲地方舉薦士人入仕的標準，如太和二十一年，孝文帝規定「孝友德義、文學才幹，悉仰貢舉」〔註39〕，以上詔書，明確表達了北魏歷代統治者對倡導以「孝」等爲代表的漢族儒家傳統倫理德行是非常重視的，不僅把是否具備漢族傳統倫理德行與仕宦結合，而且還把其作爲維護基層穩定、鞏固君臣等級關係的工具。更爲重要的是，在文化選擇方面，也就是在漢化進程中，借倡導漢族儒家倫理，一方面，北魏統治者重新制定北族的「家庭（倫理）關係與秩序」〔註40〕、尤其是重新確定胡人中的君臣關係；另一方面，旨在通過遵行漢族儒家倫理，逐漸縮小包括鮮卑在內的北族與漢族士人之間的文化距離，進而取得漢族士人對北族地位的認同。所以，在統治者倡導、漢化風氣日益濃厚的社會背景影響下，及借遵行漢族倫理以取得漢族士人認同並最終融入漢族門閥社會、取得與漢族世族同等社會地位的目的，北族貴族接受漢族儒家倫理作爲對自己日常行爲的約束。結合魏晉南北朝時期鄉里品評士人標準，除士人先祖仕宦資歷所造就的門第及士人本身的才學之外，以孝、友爲代表的德行也是重要的參考標準，其往往會給士人帶來輿論方面的優勢，正如學者所論，「光鮮的門第」、「深厚的學識」與「崇高的道德」〔註41〕成爲中古時期士人能否躋身貴族行列必不可少的條件。也就是

〔註37〕 魏收：《魏書》卷四上《太武帝紀上》，北京：中華書局，1974年，第76頁。

〔註38〕 魏收：《魏書》卷五《文成帝紀》，北京：中華書局，1974年，第115頁。

〔註39〕 魏收：《魏書》卷七下《孝文帝紀下》，北京：中華書局，1974年，第181頁。

〔註40〕 柏貴喜：《四～六世紀內遷胡人家族制度研究》第三章《家族結構與文化》，北京：民族出版社，2003年，第197頁。

〔註41〕 劉軍：《貴族化視角下的北魏元湛墓誌考釋》，載《淮陰師範學院學報》（哲學社會科學版），2015年第4期，第485頁。

說，閻伯昇所具備的漢族士大夫基本素養，使其獲得漢族士人所認可的漢族式貴族身份，同時受閻氏先祖功勳蔭及，躋身世族行列。

綜上所述，自閻大肥之孫即閻伯昇祖父起，閻大肥家族已形成注重學習漢族典籍、培養士人氣質這一尚文的風尚，並世代傳承。閻伯昇「尅傳家風，清徽外映，謙順內融」，去除民族身份，從學識、德行而論，其在漢族世族眼中，已成為完整意義上的士大夫。結合其家族先祖的功勳、仕宦資歷，閻伯昇已真正步入門閥貴族之列。

四‧閻氏家族世族化的原因

據前所述，閻大肥、閻毗兩大房支入魏後，首先通過與北魏皇室的聯姻，密切了與北魏統治者的關係，逐漸鞏固其在北魏國家中的地位；其次，閻大肥、閻毗及其後裔，累世擔任高官、受封高等級爵位，進而成為顯赫官宦世家。也就是說，閻大肥、閻毗兩大家族，通過婚宦兩途，成為政治顯貴家族，躋身北魏統治階層。據《魏書》、閻氏家族墓誌，閻毗家族的顯赫官宦地位保持至北魏中期，而閻大肥家族的顯貴地位則貫穿於整個北魏時期，甚至延續至北齊、北周。

太和十九年，孝文帝詳定姓族之舉，使北魏皇室、以及包括閻氏在內的北族貴族獲得了與北方漢族世家大族同等的社會地位和特權。更確切的說，應是孝文帝改變之前北魏皇族拓跋氏、北族貴族只擁有作為統治集團成員這一略顯單一的政治身份，經過改革姓氏、詳定姓族，將皇室、北族貴族顯赫的政治上的統治者身份與等同於漢族高門的社會身份結合在一起，拓跋氏與北族貴族進入門閥序列。

關於孝文帝詳定姓族即比照漢族門第確立北族貴族獲得等同於漢族世族地位之標準，《魏書》卷一一三《官氏志》所載主要為北族家族先祖仕宦資歷、血緣親疏遠近；由《魏書》、北魏墓誌中有關北族貴族自北魏中期起，多具備儒學素養，亦可稱之為漢化程度逐漸加深，同時北族貴族成員又多與漢族世族有緊密交往，並在與漢族士人交往中憑藉自身的文化素養為漢族士人所欽重，獲得與漢族士人等同的聲望與社會地位，進而逐漸融入門閥社會。總之，先祖仕宦資歷、血緣親疏、漢族儒學素養亦可稱為程度較高的漢化以及諳熟與漢族士人交往，成為北族貴族能否獲得等同於漢族世族社會地位、躋身漢族門閥社會的必備條件。而降附於北魏的柔然閻氏家族尤其是閻大肥家族成

員逐漸具備上述四項條件，所以，自孝文帝定姓族之後，閭大肥家族實現了將政治顯貴身份與等同於漢族高門的社會身份合二爲一，逐步躋身門閥貴族，延續著自閭大肥所奠定的該家族顯赫地位。

附錄 1 《閭炫墓誌》

齊御史中丞赫連公故夫人閭氏墓誌銘

夫人諱炫，字光暉，代郡平城人，即茹茹國主步渾之玄孫也。如則分源白帝，終乃光宅幽都。盛業鴻猷，千春弗隕。曾祖大肥，相時而動，來賓有魏。朝嘉乃烈，親而貴之，尚隴西長公主，拜駙馬都尉，錫爵滎陽公，尋授使持節安南將軍冀州刺史，薨贈老生王。祖菩薩，冀州刺史晉陽公。父阿各頭，平原鎮將安富侯。咸譬彼明珠，取珍於魏國；等茲神璧，見重於秦都。夫人則滿月降神，列星授祉，高節聞於弱歲，盛美標於稚年。璨若春林，皎如秋菊，譽乃騰於中谷，聲則飛於外閭。於是梧桐茂矣，彩鳳仍臻；珊瑚烈焉，碧雞便往。中丞赫連公，望傾日下，具瞻攸屬，彼兼名地，此事移天。乃弘其四德，宣其五道，未有遄瓜歷李之嫌，曾無霧穀冰紈之麗。及珪璋載育，花萼相暉，或示斷織之謨，乍表辭金之訓。但降年不永，落彩春中。以魏武定元年九月二日卒於林慮郡，時年三十有四焉。即以大齊河清三年三月二十四日遷措於豹祠西南五里。式銘高行，貽諸後人。其詞粵：山高嶀迥，水浚流長，白精之裔，餘祉尨昌。家雄部落，世富公王，陵谷自徙，光華未央。匪直才英，兼之令淑，心侔瑰琰，氣方蘭菊。女憲優閑，婦儀端肅，亦言作配，徽音逾穆。含珍曜寶，正色端形，感深魚躍，誠允雞鳴。衛臣車響，齊僕歌聲，一聞其事，咸測其情。穆伯賢妻，文仲慈母，譬我風烈，孰分先後。露託寧淹，塵棲詎久，未乘鳳鸞，奄均蒲柳。遂捐朝景，言尋夜臺，霜嚴草落，風勁林摧。金聲空遠，玉質長灰，斯而弗勒，貞石焉哉。〔註42〕

附錄 2 《閭伯昇暨妻元仲英墓誌》

閭儀同墓誌銘

公諱伯昇，字洪達，河南洛陽人也。昔大電啓祥，壽丘生聖，貽厥繁茂，代雄朔野。高祖即茹茹主之第二子。率部歸化，錫爵高昌王，仕至司徒公。曾祖襲王爵司空公，贈司徒。祖齊州，器業淵長，鬱爲時望。父儀同，風德淹遠，

〔註42〕趙超：《漢魏南北朝墓誌彙編》，天津：天津古籍出版社，2008 年，第 421～422 頁。

道被衣冠。公稟靈秀氣，資慶岳神，體度閑凝，識理清暢，磨道德以成行，率禮樂以田情，積和順於胸中，發英華於身外。加之孝友淳深，溫恭亮直，亭亭共白雲等潔，肅肅與清松競爽。閭里欽其仁，朋儕慕其德。初以名公之胄起家，除散騎侍郎，在員外。仍轉司徒任城王府記室參軍事，徙司空府清河王功曹參軍事，除白水太守，不拜，仍敕爲三門都將，轉司空屬。正光中，除渭州刺史，不拜，仍爲諫議大夫。建義初，拜給事黃門侍郎，敕爲京西慰勞大使，除司空長史兼大鴻臚卿，轉太尉長史，遷散騎常侍本國大中正。君文武兼資，雅於從政，爰自彈冠，任逐出處，聲芳藉甚，所在流譽。隆年不永，以興和二年五月寢疾，薨於館第。皇上嗟悼，群后摧傷，賵贈之典，每加恒數。有詔追贈使持節都督冀州諸軍事驃騎大將軍冀州刺史儀同三司，中正如故。惟公器懷通濟，風力奮舉，忠爲令德，仁實行先，善始令終，自家形國，徽猷茂茂，人無簡言。方當論道太階，贊禮東岳，遙塗未盡，峻軌遽淪。悲夫。粵以興和二年十月葬於鄴城西南十八里。式銘玄石，永播芳塵。其詞曰：陰山峻極，瀚海瀅渟，昌源不已，世載民英。司徒桀立，夙播奇聲，儀同嗣美，高視上京。於鑠君公，茂傳家風，清徽外映，謙順內融。神衿獨遠，逸氣孤沖，豈徒邦彥，抑亦人雄。爰初濯纓，薄言入仕，齊蹤驥騄，連陰杞梓。在玄能素，爲而不恃，未盡東隅，遽淪西汜。卜云其吉，將空泉門，皇慈已降，盛禮斯繁。松櫺方合，鐃吹暫喧，貞芳永謝，虛諡空存。〔註43〕

　　魏故儀同三司閭公之夫人樂安郡公主元氏墓志銘。公主諱仲英，河南洛陽人也。顯祖獻文皇帝之孫，太尉咸陽王之女。稟祥星月，毓采幽閑，風德高華，光儀麗絕。年十有五，作嬪閭氏。女節茂於公宮，婦道顯於邦國。永熙在運，詔除女侍中。倍風闈壺，實諧內教。而餘慶不永，春秋五十五，興和二年二月十五日薨於第。粵十月廿八日合葬於此。乃裁銘曰：春秋迭運，晝夜相催，年浮世短，樹崝風來。山門一固，松柏行摧，幽芬長往，墮淚空哀。〔註44〕

附錄3　《閭詳墓誌》

　　征虜將軍兗州高平太守閭公墓誌

　　公諱詳，字洪慶，河南洛陽人也。苗裔軒皇，繁倫代北，公即北國主之

〔註43〕趙超：《漢魏南北朝墓誌彙編》，天津：天津古籍出版社，2008年，第337～338頁。

〔註44〕趙超：《漢魏南北朝墓誌彙編》，天津：天津古籍出版社，2008年，第338～339頁。

六世孫也。高祖阿弗，率部來廷，光儀朝政，錫爵高昌王，仕至司徒公。曾祖懃，襲王爵，司空公。祖齊州，器羽淹潤，領袖一時。父儀同，風物嚴凝，峻峙當世。公稟藉純粹，早懷精亮。志尚清高，躰度閑寂。虛想御物，卷戀崇仁。融道德以立行，敷禮樂以為情。儲孝友於胸中，聚和順於身外。閭里欽其仁，朋儕慕其德。起家南青州錄事參軍，轉太傅府外兵參軍，後除兗州長史，重遷征虜將軍、中散大夫，復除兗州高平太守。公文武兼禪，雅於從政。爰自振衣，任逅出處。聲名藉甚，所在流譽。彼倉不吊，殲良已及。武定二年七月寢疾，春秋五十三，薨於第。粵以其年十月廿二日，葬於鄴城西南十五里。谷岸儻移，金石可久。敬鑴芳塵，用播不朽。其詞曰：猗歟君公，剋紹前脩。青徽內發，溫恭外流。容預春夏，猛裂高秋。宧逅振響，曠邇非仇。鬱為世範，方寄梁舟。略途未極，忽履深幽。長川杳邈，風樹悽颸。泉扃一奄，名識虛遊。〔註45〕

武定二年十月廿二日。

附錄4　《闍子璨墓誌》

齊故征虜將軍西兗州別駕闍君墓誌銘

君諱子璨，字思朗。河南洛陽人也。其先業居北海，世襲單于，自古稱強，歷今彌盛。任眞行朴之性，無文成化之道，蓋出天然，不關禮教。緗素所以共傳，簡竹由來是載，至如今者，可略而述。太祖弗，即茹茹國主，魏道武之婿。以國家離艱，釁同犯伯，因擁戶四萬來賓，魏主賜爵高昌王、駙馬都尉。於是世賢相繼，冠蓋連陰，六條之美接□，三司之盛不絕。是以世同萬石，榮比五侯。世秉日磾之忠，門出季札之讓。祖懿公，雅好文史，遵仁履義。父穆公，儁桀飄舉，流譽一時。君稟氣積善之徵，斥出崑山之潤。詎假學成，本應天挺，譬珠匪斲，方竹自青。得於懷抱，蕭然靡穢，年居木馬，智號成人。爰處青衿，問一知十，是以名與日下均奇，論共黃中比異。心悅文史，尤重交結，席滿勝賓，輒多長者。年被詔為司州主簿，尋為孝明帝挽郎。神州取吏，才地兼華；大行選士，人資並擢。無愧此時，君獨標美。永安元年，以挽郎定第，解褐司空西閣祭酒。天平二年，除冠軍將軍，轉兼從事中郎。自曳履槐庭，燮羹鼎務，助味成結，庶功無爽。又除征虜將軍，遭窮停解。居喪過禮，毀幾滅性，鳩茹可儔，鹿斃斯偶。每辰號洞，悽敢四

〔註45〕王連龍：《新見北朝墓誌集釋》，北京：中國書籍出版社，2013年，第100頁。

鄰，有慰發聲，哀動行路。御史中丞高仲密，處四叢之崇，高獻臺之選，聞君藉甚，引入繡衣。以禮告辭，苦不獲免。一乘驄馬，五察黃沙，明目張膽，豪家併息。武定元年，文襄皇帝當霸魏之朝，居推轂之重，躬臨選部，廣抽髦俊。特以郎官久雜，蘭艾同斑，留意沙汰，非人莫任，擢補外兵郎中。蒞職三載，出為西兗州別駕。既騁驥足，實覆元士之風；暫殿吏首，便擬邦國之詠。方致休徵之位，庶保黃苟之期。豈謂鄰善，盡同朝露。春秋卅一，以天保二年五月十六卒於左城。粵以天保三年十一月廿一日，葬於野馬崗東北豹祠之南。刊石勒銘，寄之泉壤。其詞曰：

履眞成化，據□稱椎。文不假飾，道自淳風。威流海，氣懾西戎。泊賓赤縣，蕃屛唯功。乃祖及父，六條三事。杞梓接連，歌謠刊志。載生蘭芷，含奇挺異。實符應善，高門是嗣。由孝顯忠，入從簪屣。起績神州，發生紈綺。似桂含芳，陵冬禪美。如松映月，臨秋未毀。助鼎有諧，把蘭旌諭。繡衣逢靡，海沂聞附。信結朋儕，政兼行住。逸翩始沖，殲善何鶩。有生終滅，主理誰嗟。所悽報施，頓爽幽遐。松門一遠，泉路方賒。親賓掩面，行渡停車。〔註46〕

附錄 5　《郁久閭肱墓誌》

夏州閭史君墓誌

郁久閭肱者，茹茹國人也。伯父大比，茹茹國主。父諱瓊，字處升環。遠慕聖化，丹誠歸國。初至之日，造次未立，蒙賜青州歷城官口八十人，庫帛一千匹，田地屋宅悉蒙丞給。又以隣國子弟，封爵河間王，授職東宮度盧、殿中尚書、內行阿干、太僕卿，後除使持節平北將軍、雲州刺史。息肱，仰承父祖之資，蒙襲父王品至，高祖孝文皇帝例改封為益都侯，除伏波將軍、代名太守。在任公懃，民心願樂。宜享遐壽，為國之幹。何圖不幸，早舜明世。以去正始四年歲在乙卯十月甲子朔十日癸酉薨于家館。時朝以肱父祖世為國主，誠心歸報，及撫名郡，清懃著稱，掌德錄懃，蒙贈持節都督夏州諸軍事、冠軍將軍、夏州刺史。其為人也，夙稟端嶷之姿，長懷韶亮之氣。天聰慧穎，生而知之。神悟幽通，不教而達。又恭儉節用，清心潔行。善與人交，言而有信。薨背之日，時朝歡惜，行路增酸。又德器寬美，不可具載，為略申之耳。其舜曰：

〔註46〕 葉煒、劉秀峰主編：《墨香閣藏北朝墓誌》，上海：上海古籍出版社，2016 年，第 96 頁。

赫矣貴冑，世踵賢明。誕生懿哲，郎悟通靈。不教而達，不肅而成。恭儉節用，稟性忠貞。惟德可遵，有道可慶。歷任朝，匡輔時政。清懃著稱，芳音早令。行爲時櫬，流風垂詠。岳茂良才，永撫無疆。一朝殞世，痛惜三良。豈伊酸楚，于何不藏。玉折蘭摧，奄就夜光。君子百行，君實兼有。軍國兩須，非子誰取。宜任樑棟，荷重是負。使終名績，千載不朽。

興和三年歲在辛酉七月辛未朔十二日壬午刊記。〔註47〕

附錄6　《元恭墓誌》

（元恭之妻）茹茹主之曾孫，景穆皇帝女樂平長公主孫，父安固伯閭世穎。〔註48〕

圖4.2　《閭炫墓誌》拓片〔註49〕

〔註47〕王連龍：《新見北朝墓誌集釋》，北京：中國書籍出版社，2013年，第17頁。
〔註48〕趙超：《漢魏南北朝墓誌彙編》，天津：天津古籍出版社，2008年，第299頁。
〔註49〕北京圖書館金石組編：《北京圖書館藏中國歷代石刻拓本彙編》（第七冊），鄭州：中州古籍出版社，1989年，第135頁。

圖 4.3　《閭伯昇暨妻元仲英墓誌》拓片〔註50〕

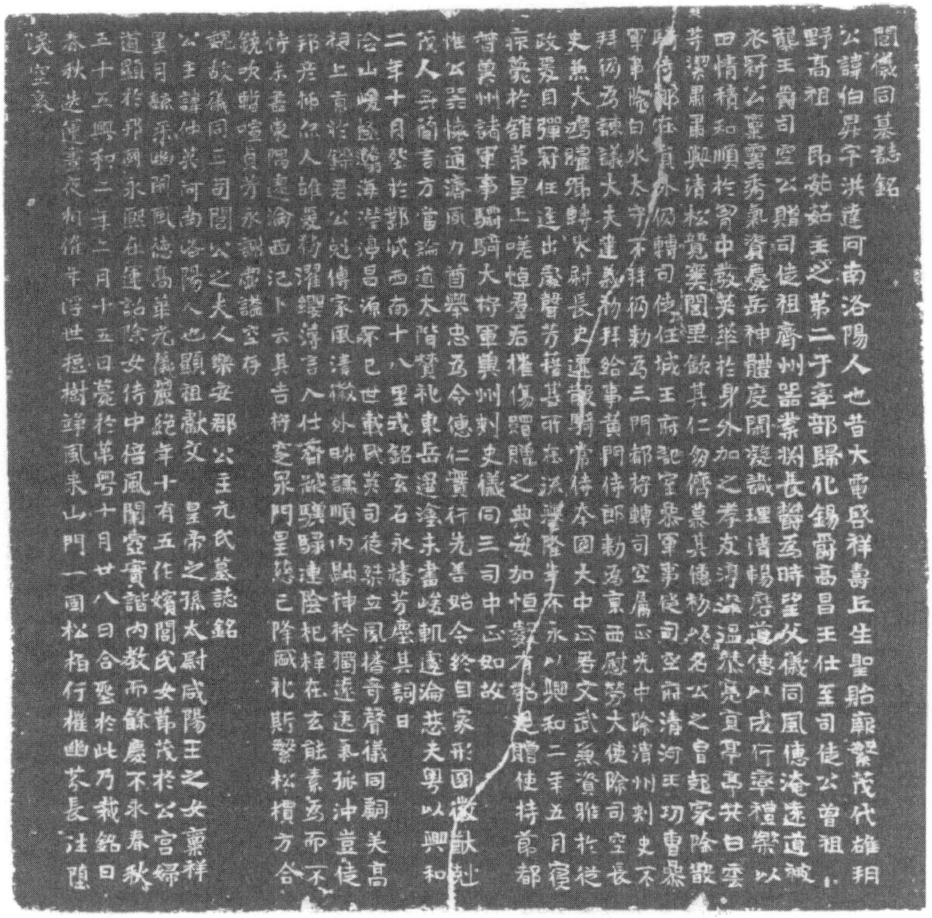

〔註50〕北京圖書館金石組編：《北京圖書館藏中國歷代石刻拓本彙編》（第六冊），鄭
　　　　州：中州古籍出版社，1989 年，第 68 頁。

圖 4.4 《閭詳墓誌》拓片〔註 51〕

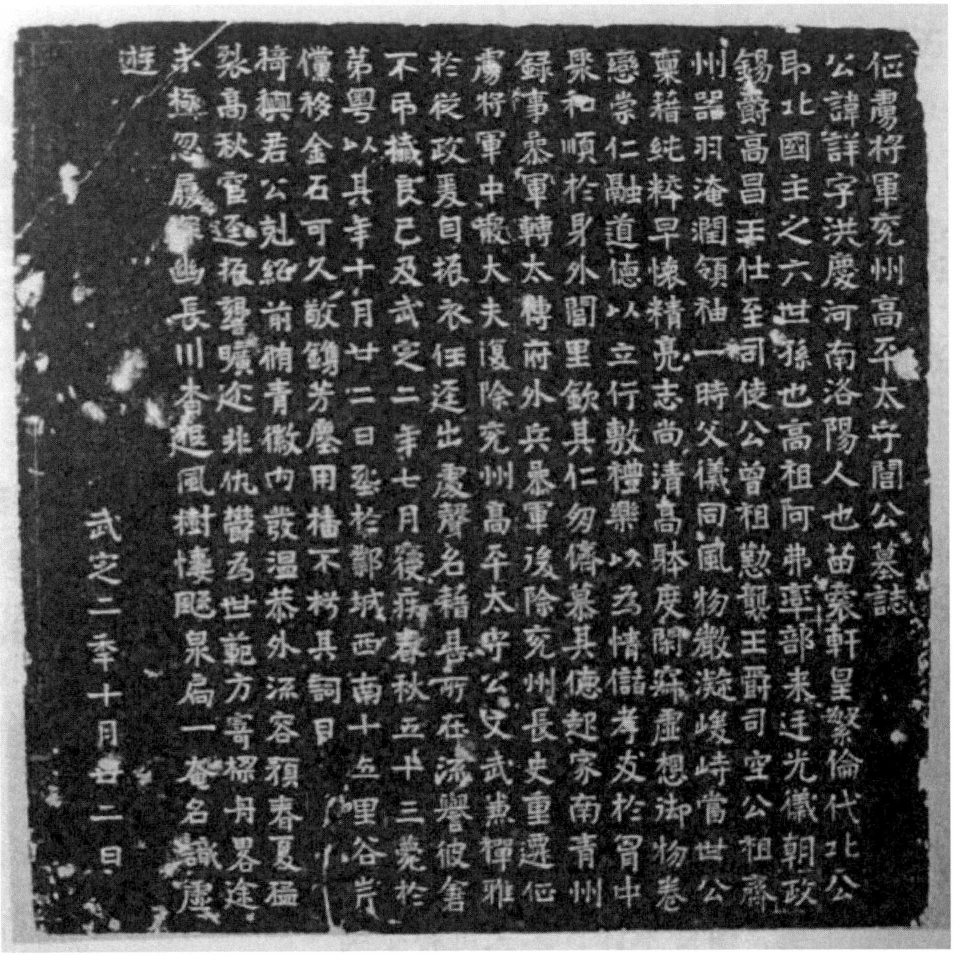

征虜將軍兗州高平太守閭公墓誌
公諱詳字洪慶河南洛陽人也昔苗裔軒皇繁倫代北公
邑北國主之六世孫也高祖阿弗車部來廷光儀朝政
錫爵高昌王仕至司徒公曾祖懃襲王爵司空公祖彥
州器羽淹潤領袖一時父儀同風物凝峻崎當世公
稟藉純粹早懷精亮志尚清高馳度閑虛想御物卷
懷崇仁融道德以立行敦禮樂以為情借孝友於胸中
懇和順於身外閭里欽其仁勿僑慕其德起家南青州
錄事參軍轉太傅府外兵參軍後除兗州長史重遷征
虜將軍中散大夫復除兗州高平太守公文武兼攢雅
於從政夏自援衣任運出處聲名籍甚所在流譽彼奮
不弔殲良已及武定二年七月寢疾春秋五十三薨於
第粵以其年十月廿二日窆於鄴城西南十五里谷岸
儀移金石可久敢鐫芳塵用播不朽其詞曰
猗歟君公剋紹前脩青徽內蔚溫恭外深容類春夏猛
張高秋宦途振響曠逸兆仇鬱為世範方寄楫舟暑逢
未極忽嚴幽長川杳遙風樹悽颸泉扃一奄名識塵
遊
武定二年十月廿二日

〔註 51〕王連龍：《新見北朝墓誌集釋》，北京：中國書籍出版社，2013 年，第 99 頁。

圖 4.5　《閭子璨墓誌》拓片〔註52〕

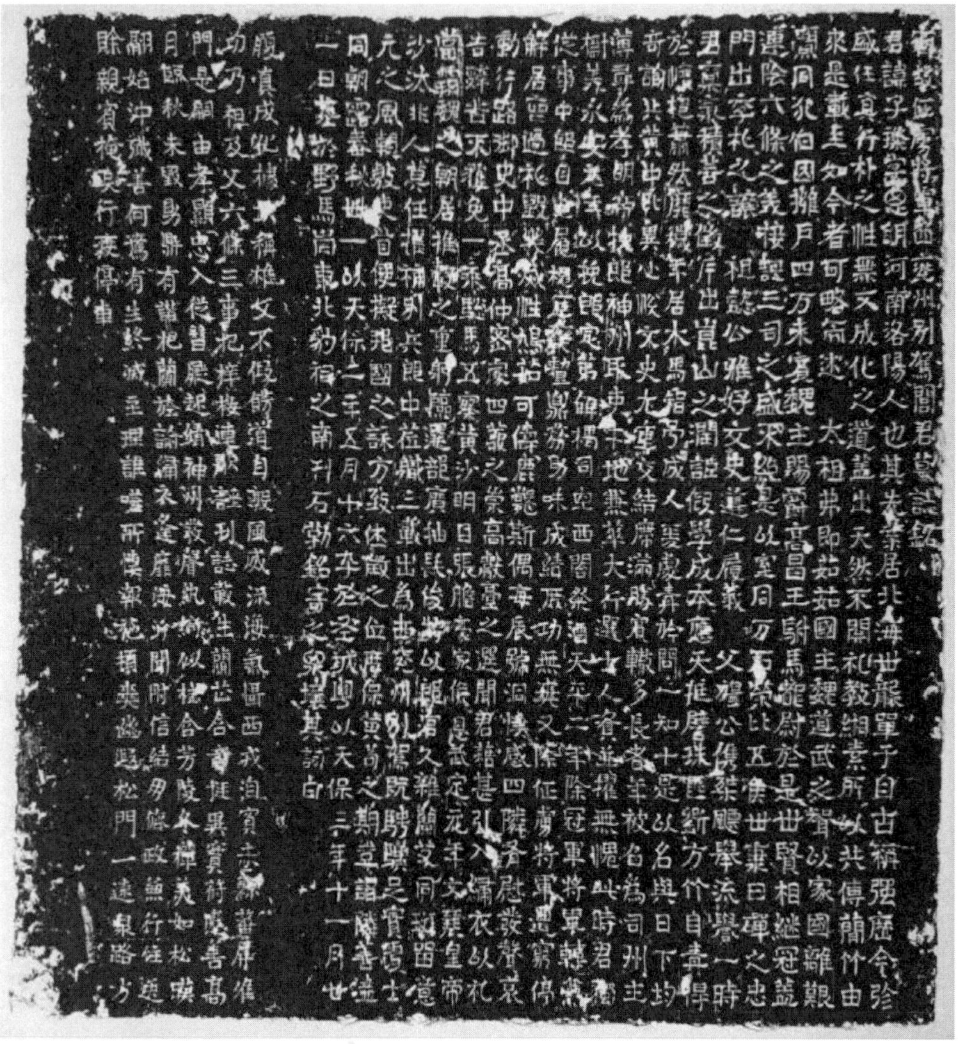

〔註52〕葉煒、劉秀峰主編：《墨香閣藏北朝墓誌》，上海：上海古籍出版社，2016年，
　　　　第 97 頁。

圖 4.6　《郁久閭肱墓誌》拓片〔註 53〕

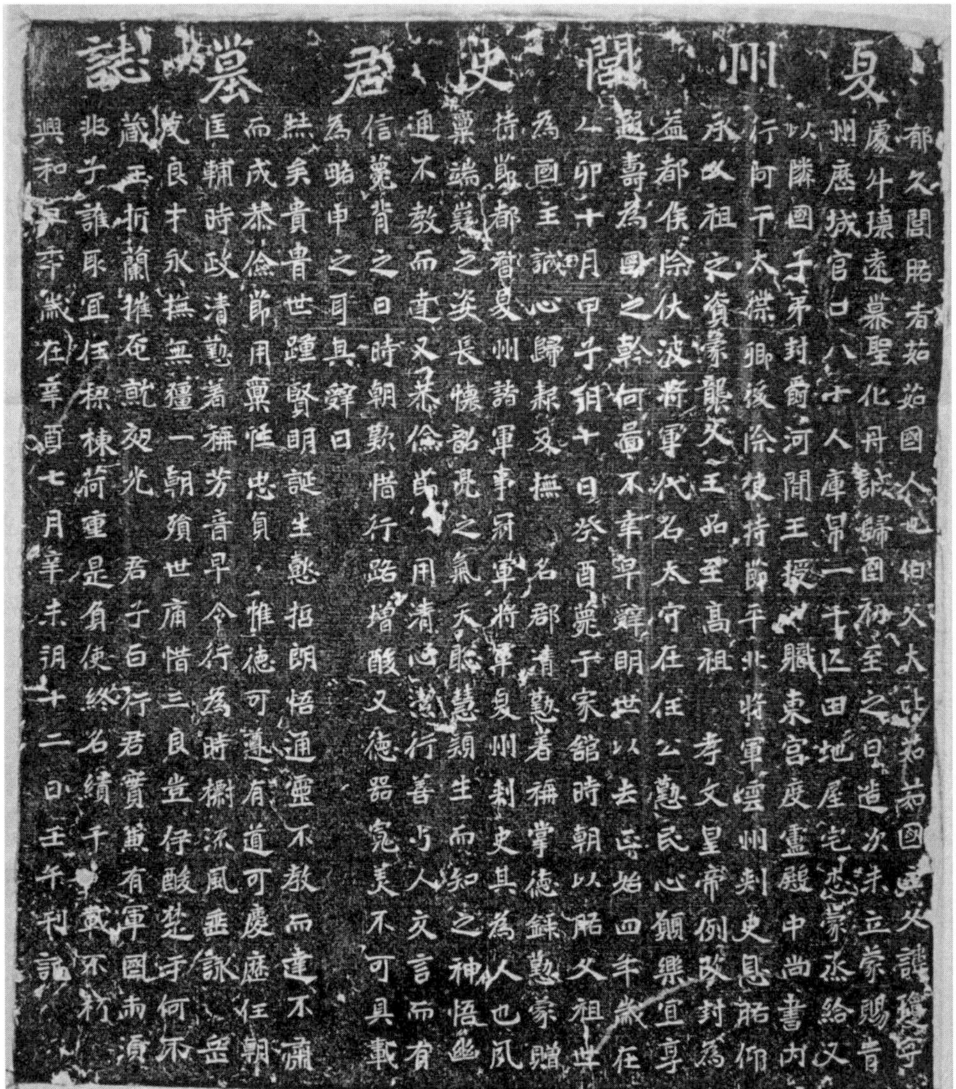

〔註 53〕 胡海帆、湯燕：《北京大學圖書館新藏金石拓本菁華 1996～2012》，北京：北京大學出版社，2012 年，第 106 頁。

第六節　北魏北部邊疆民族政策的特點與得失

一・北魏對其北部邊疆民族的政策以柔然爲重中之重

　　《魏書》卷一○三《蠕蠕傳》載，丘豆伐可汗郁久閭社崙（約爲北魏道武帝至明元帝初期）時，柔然勢力範圍「西則焉耆之地，東則朝鮮之地，北則渡沙漠，窮瀚海，南則臨大磧」，儼然以草原強國自居；並且郁久閭社崙「學中國，立法置戰陣，卒成邊害」，構成了北魏北方邊患的主要來源。以上決定了自北魏建立之初，北魏統治者就必須將防禦、削弱柔然作爲制定對北部邊疆民族政策的核心。

　　北魏將柔然視爲其制定北部邊疆民族政策的核心對象，主要有以下因素：

　　首先，以國家實力而言，柔然是北方草原地區唯一可以與北魏相抗衡的政治集團，北魏與柔然的和與戰，實力的此消彼長，時刻影響北魏北部邊疆形勢、政治地理格局。更爲重要的是，柔然自始至終都有南侵意向，較頻繁窺探、侵擾北魏北部邊疆。使北魏統治者始終對柔然抱有警惕與戒備之心。

　　其次，自北魏初期統治者確立的征討柔然以削弱其實力、實行聯姻與冊封等招撫之策以分化柔然上層等政策，自始至終都在影響著北魏統治者制定北部邊疆民族政策著眼對象的集中所在。

　　第三，據《魏書》卷一○三《蠕蠕傳》所載，自郁久閭社崙學習中原、北魏的軍事制度以整頓柔然軍隊，促使柔然軍隊規模擴大、作戰實力增強；至受羅部眞可汗，又傚仿中原政權，實行年號制度；到郁久閭阿那瓌在位時期，柔然又採納了中原的典章與官制，這使柔然政權初步擁有了漢化色彩。這些使柔然逐漸具備了與中原類似的軍政制度，柔然儼然成爲一個較完善的政治實體，甚至可以說，柔然也具備了入主北方、與北魏抗衡乃至實行漢化的一些條件，即柔然自身實力的強大以及在政治上的積極作爲，顯然無法使樂忠於漢化、以中原漢家正統繼承者自居的北魏統治者對其放心。

二・過多著眼於「上層路線」而較少關注「下層路線」

　　北魏建立以後，北魏統治者對柔然、高車等北部邊疆民族所實行的招撫政策，均集中於首領、貴族等上層社會成員，即北魏統治者更多的關注如何對北方民族上層社會進行籠絡。具體而言，就是北魏統治者意圖通過封授爵

位與職官，給予北方民族上層成員像北魏宗室貴族、漢族世家大族那樣顯赫的社會身份、地位，厚賂少數民族貴族以滿足其物質欲望。也就是說，北魏統治者通過給予北方民族上層社會成員政治、經濟特權與利益，把其拉攏到自己這一方，並儘量讓其成為自己統治集團的核心分子，確立與自己的臣屬關係，同時削弱北方民族統治集團的實力。

對於北方民族的平民，包括降附者在內，北魏統治者關注較少。即使北魏統治者有諸如給予牲口、土地以安定其生活的舉措，但卻不是常制，北魏統治者更多的是採取強制遷徙北疆民族部眾或降附者於艱苦之地、并派遣軍隊對其進行監視的措施。如《魏書》卷四上《太武帝紀上》載神䴥二年，北魏北征凱旋之後，「列置新民於漠南，東至濡源、西暨五原、陰山，竟三千里」，太武帝又「詔司徒平陽王長孫翰、尚書令劉潔、左僕射安原、侍中古弼鎮撫之」，以防範被遷徙者的反叛。但由於對北疆地帶被遷徙者的安撫失當，不久就產生了「敕勒新民以將吏侵奪，咸出怨言，期牛馬飽草，當赴漠北」〔註54〕的動盪現象。至孝文帝初期，在北部邊疆地區生活的北方民族降附者由於很少從北魏統治者那裡得到政治、經濟方面的利益，同時當地軍鎮官吏的駕馭失策，降附者發動的叛亂又頻繁出現。如延興元年「冬十月丁亥，沃野、統萬二鎮敕勒叛」，雖然北魏最終平定叛亂，但卻採取「徙其遺迸於冀、定、相三州為營戶」〔註55〕這一更為嚴酷的懲罰措施。又《魏書》卷五八《楊播傳附楊椿傳》載，「顯祖世有蠕蠕萬餘戶降附，居於高平、薄骨律二鎮，太和之末，叛走略盡，唯有一千餘家。太中大夫王通、高平鎮將郎育等，求徙置淮北，防其叛走。詔許之」，楊椿認為強制遷徙剩餘柔然民眾恐生後患，於是上書「裔不謀夏，夷不亂華。荒忽之人，羈縻而已。是以先朝居之於荒服之間者，正欲悅近來達，招附殊俗，亦以別華戎、異內外也。今新附者眾，若舊者見徙，新者必不安。不安必思土，思土則走叛」，並認為即使柔然民眾願意南遷江淮，但最終因不適應江淮的氣候，也會進行叛亂。但楊椿的停止南遷剩餘柔然降附者的建議並沒有被採納，最終導致被強制南遷的柔然降附者「悉浮河赴賊，所在鈔掠」這一嚴重後果。如果北魏統治者在遷徙北方民族降附者於北部邊疆地帶之後，及時實行安撫之策，給予其生產、生活方面的照顧，穩定人心，那麼這些被遷徙至北部邊疆地區的北

〔註54〕魏收：《魏書》卷二八《劉潔傳》，北京：中華書局，1974年，第687頁。
〔註55〕魏收：《魏書》卷七上《孝文帝紀上》，北京：中華書局，1974年，第135頁。

方民族降附者會成爲北魏防守北部邊疆過程中的可利用力量，而非影響邊疆穩定的潛在威脅。

關於北魏統治者對北方草原地區民眾，較少實行「下層路線」。據《魏書》卷一八《太武五王・臨淮王譚傳附元孚傳》所載孝明帝時期，面對柔然發生飢饉、柔然部眾大量進入北方邊地等待北魏賑濟這一嚴峻形勢，元孚所上「今北人阻飢，命懸溝壑，公給之外，必求市易，彼若願求，宜見聽許」之策未被統治集團採納的情況，可以看出，首先，面對眾多等待賑濟的北方民族民眾，北魏只是例行「公給」，並沒有採取有效措施幫助北方民族發展其經濟；其次，北魏統治者較少關注與北方草原民族的大規模邊關貿易，甚至拒絕北方民族的邊貿請求，這意味著北方民族民眾通過邊關貿易以從北魏獲得生活所需物資的途徑被切斷，必然會影響北方民族民眾對北魏的態度，使北魏失去了籠絡人心的機會，不利於北魏與北方民族關係的緩和。如果北魏在北方草原地區出現災荒、飢饉等緊急狀況時，能夠及時對北方民族民眾進行安撫與賑濟，必然會贏得北方民族民眾的人心，進而在此基礎上增強自己對邊疆民族的凝聚力與感召力，穩定邊疆地區形勢，營造有利的邊疆環境。

北魏統治者在北部邊疆民族政策中較少實行「下層路線」，除上述對北方民族民眾及降附者在經濟生活方面關注較少之外，甚至有時還對其抱有歧視與猜忌態度。如《宋書》卷七四《臧質傳》載北魏太武帝南征劉宋盱眙城時曾對盱眙城守將公開表露，「吾今所遣鬥兵，盡非我國人，城東北是丁零與胡，南是三秦氐、羌。設使丁零死者，正可減常山、趙郡賊；胡死，正減并州賊；氐、羌死，正減關中賊。卿若殺丁零、胡，無不利。」通過上述史料，可以看出，首先，太武帝所言「丁零與胡」應包括生活在北部邊疆地帶的北方民族降附者；其次，「吾所遣鬥兵，盡非我國人」，說明北魏統治者未將降附於己的北方民族民眾視爲自己的臣民，而是對其猜忌與歧視，這自然使北魏統治者對其不會有較多的關注與照顧；第三，「卿若殺丁零、胡，無不利」則表露出北魏統治者把對外征戰視爲消耗、甚至消滅北方民族降附者的有利時機，進而反映出兵役是北方民族降附者的沉重負擔，這也說明《魏書》所載部分北方民族民眾往往在北魏徵發兵役時進行叛亂的原因。如《魏書》卷一○三《高車傳》載，「高祖召高車之眾隨車駕南討，高車不願南行，遂推袁紇樹者爲主，相率北叛，遊踐金陵。」

總之，北魏統治者在制定對北方民族的政策時，主要精力集中於「上層

路線」，固然有利於爭取、拉攏北方民族上層首領，贏得部分上層人物對自己統治的認同，確立從屬關係，密切北魏與北方民族上層之間往來，進而利用北方民族上層為穩定北魏北部邊疆地帶形勢、甚至向漠北延伸勢力服務。但是對「下層路線」的較少關注，卻不利於爭取北方民族民眾，必然會影響到北方民族民眾對北魏的認同及在此基礎上所建立的臣屬關係，最終削弱了北魏政權對北方民族的凝聚力與感召力。

第五章　北魏與北疆民族使者往來

第一節　北魏派往北疆民族的使者

　　依據《魏書》等記載，北魏派往北疆民族的使者，按使者所擔負之使命，可分爲冊封使者、安撫使者、和親使者、宣勞使者、報聘使者、核查使者、責讓使者等類型。

一‧冊封使者〔註1〕

　　冊封使者，其使命爲代表北魏國家對北疆民族首領進行官職、爵位的冊封。需要注意的是，北魏在北疆民族中進行冊封的對象，爲漠北諸族中實力強大者。因爲，北魏通過冊封勢力強大的民族首領，達到交好與拉攏之意，或者在諸族林立、局勢複雜的漠北地區中爲自己尋求政治上的同盟者。

　　北魏孝明帝時期，柔然仍爲北魏北疆強敵，對北魏北疆穩定造成威脅。與此同時，北疆高車與柔然又存在矛盾。因此，北魏國家有必要拉攏、利用高車對抗柔然，緩解柔然對北疆的軍事威脅。

　　《魏書》卷一○三《高車傳》載：

　　　　肅宗初，彌俄突與蠕蠕主醜奴戰敗被禽，醜奴繫其兩腳於駑馬
　　之上，頓曳殺之，漆其頭爲飲器。其部眾悉入嚈噠。經數年，嚈噠

〔註1〕 本章對北魏與柔然雙方互相派遣使者所進行的分類，受到李大龍在《唐朝和
　　　　邊疆民族使者往來研究》一書中對唐與周邊民族往來使者按職能分類觀點的
　　　　影響。

聽彌俄突弟伊匐還國。伊匐既復國，遣使奉表，於是詔遣使者谷楷
等拜爲鎮西將軍、西海郡開國公、高車王。伊匐復大破蠕蠕，蠕蠕
主婆羅門走投涼州。

如上史料，北魏出於在與北疆民族軍事鬥爭中尋找戰略合作夥伴及安定
邊疆的需要而冊封勢力逐漸強大的高車首領伊匐。北魏孝明帝所授予伊匐的
官職、爵位，均爲高品級，表明孝明帝對高車首領伊匐的冊封是非常重視的。
關於孝明帝此次冊封對於北魏北疆地帶及漠北形勢的影響，由冊封之後高車
伊匐率軍大破柔然郁久閭婆羅門、使柔然受到削弱，可以看出，北魏通過冊
封達到拉攏高車、制衡柔然之目的。進而在高車與柔然相互爭鬥、彼此實力
均減弱的基礎上，暫時緩解了北魏北疆地帶的嚴峻形勢。

二·安撫使者

安撫使者，是北魏派往北疆安撫當地民族的使者。

首先，安撫使者有時會被北魏派遣前往某一具體民族地區。

北魏永興二年，一直對北魏持強硬態度、對北疆形成嚴重威脅的柔然可
汗郁久閭社崙去世，斛律即位。斛律在位期間，柔然對北魏北疆威脅有所減
輕，史載「斛律畏威自守，不敢南侵，北邊安靜」〔註2〕。所以，在柔然對北
疆威脅減輕、北疆形勢總體趨於穩定的情況下，北魏有必要派遣使者對柔然
進行安撫，以改善之前因戰爭所造成的雙方緊張關係。《魏書》卷三《明元帝
紀》載：

（神瑞元年八月）辛丑，遣謁者悅力延撫慰蠕蠕。

據《魏書》卷三《明元帝紀》、《魏書》卷一○三《蠕蠕傳》所載，北魏明
元帝此次派遣使者安撫、慰喻柔然之後，除當年柔然對北疆有一次小規模的
軍事進犯，郁久閭斛律在位期間，柔然與北魏大體保持和平。由此，北魏向
柔然所派遣的安撫使者在改善北魏與柔然雙方關係方面起到了較積極的作
用。

除柔然之外，高車部族，也是北魏遣使安撫的重要對象，《魏書》卷一○
三《高車傳》載：

高祖召高車之衆隨車駕南討，高車不願南行，遂推袁紇樹者爲
主，相率北叛，遊踐金陵，都督宇文福追討，大敗而還。又詔平北

〔註2〕 魏收：《魏書》卷一○三《蠕蠕傳》，北京：中華書局，1974年，第2291頁。

將軍、江陽王繼爲都督討之，繼先遣人慰勞樹者。樹者入蠕蠕，尋悔，相率而降。

北魏此次派遣安撫使者起因於北疆地區不穩定、邊疆民族叛亂，所以，安撫使者此次出使高車，擔負著安撫高車、平息高車叛亂的重要使命。而北魏安撫使者出使高車不久，叛走的高車部眾又降附北魏，反映出，安撫使者在北魏此次撫慰高車、勸其歸附中發揮著重要作用。

其次，安撫使者有時並不是針對某一北疆民族而被派遣。如《魏書》卷八《宣武帝紀》所載：

（正始三年四月）甲辰，詔遣使者巡慰北邊酋庶。

北魏宣武帝此次派遣安撫使者，其安撫對象範圍包括北魏北疆緣邊地帶諸多民族。而北魏此次遣使大規模安撫北疆民族首領，應和北魏在此次遣使之際，大規模用兵江南有關，據《魏書》卷八《宣武帝紀》載「（正始三年三月）戎旅大興……詔荊州刺史趙怡、平南將軍奚康生赴淮陽……（四月）甲辰，詔遣使者巡慰北邊酋庶。庚戌，以中山王英爲征南將軍，都督揚徐二道諸軍事，指授邊將」，如上述史料所載北魏遣使安撫北疆諸族首領與北魏南征江南時間如此之近，本文認爲應與北魏統治者欲通過遣使而穩定北疆地帶形勢，防止北疆民族趁自己南征江南之際對北疆地帶進行侵擾。

三‧和親使者

和親使者，是北魏爲實現與北疆民族的和親而派遣的使節。由於和親是北魏對北疆強族所採取的重要政策，其往往能起到軍事征討所不能達到的作用。所以，北魏統治者對向北疆強族派遣和親使者是非常重視的。

《魏書》卷一○三《蠕蠕傳》載：

延和三年二月，以吳提尚西海公主，又遣使人納吳提妹爲夫人，又進爲左昭儀。

北魏太武帝和柔然此次和親，一方面是對柔然可汗郁久閭吳提納北魏公主這一聯姻成果的鞏固；另一方面，也是對自神䴥四年郁久閭吳提「朝貢」所帶來的雙方關係由緊張到緩和這一有利外交局面的鞏固。由太武帝遣使迎娶郁久閭吳提之妹並將其晉升爲左昭儀，可見太武帝對吳提之妹給予了較高的後宮地位，反映出太武帝對此次和親是非常重視的。由此，北魏太武帝通過與柔然和親，作爲改善與柔然關係、駕馭北疆民族的重要手段。

四·徵兵使者與宣勞使者

徵兵使者，是北魏派往北疆民族地區以徵調當地軍隊的使者。宣勞使者，是北魏為獎賞對自己做了有利事情的北疆民族首領所派遣的使者。

《魏書》卷一○三《蠕蠕傳》載：

> （正光五年）沃野鎮人破六韓拔陵反，諸鎮相應。孝昌元年春，阿那瓌率眾討之，詔遣牒云具仁齎雜物勞賜阿那瓌，阿那瓌拜受詔命，勒眾十萬，從武川鎮西向沃野，頻戰克捷。四月，肅宗又遣兼通直散騎常侍、中書舍人馮儁使阿那瓌，宣勞班賜有差。

六鎮之亂直接影響到北魏北部邊疆的穩定。而國力已經衰弱的北魏已不能完全依靠自身力量平定六鎮之亂，因此只有借助北方強族柔然的力量進行平叛。由北魏與柔然郁久閭阿那瓌聯合平叛來看，徵兵使者、宣勞使者在北魏管理、利用北疆民族平定內亂、穩定邊疆形勢方面亦發揮了重要作用。

五·報聘使者

北魏派往北疆民族的報聘使者，一方面是北魏對北疆民族所派使者朝貢的答謝、回訪。如《魏書》卷一○三《高車傳》載：

> （太和十四年）阿伏至羅與窮奇遣使者薄頡隨于提來朝，貢其方物。詔員外散騎侍郎可足渾長生復與于提使高車，各賜繡袴褶一具，雜綵百匹。
>
> 彌俄突既立，復遣朝貢，又奉表獻金方一、銀方一、金杖二、馬七匹、駝十頭。（宣武帝）詔使者慕容坦賜彌俄突雜綵六十匹。
>
> （彌俄突）遣使獻龍馬五匹、金銀貂皮及諸方物，（宣武帝）詔東城子于亮報之，賜樂器一部，樂工八十人，赤紬十匹，雜綵六十匹。

北魏報聘使者的派出，緊跟於北疆民族使者來北魏朝貢之後，就是說，北魏報聘使者和北疆民族朝貢使者在雙方往來中具有相互對應的關係。不可忽視的是，北魏派往北疆民族的報聘使者，除擔負北魏統治者的回賜等使命，還擔負傳播中原文化的使命。如上述史料所載北魏向高車所遣之報聘使者，回賜高車首領中原絲織品，有利於中原絲織品與紡織技術在高車部落中的傳播；宣武帝讓于亮將樂器與樂工帶往高車，亦有利於中原雅樂在高車中的傳

播與流行。

　　另一方面是北魏面對北疆民族派遣使者朝貢於己、但卻不修臣子之禮的情況，隨即向北疆民族派遣使者，對其進行責讓。如《魏書》卷二四《張袞傳附張倫傳》載「熙平中，蠕蠕主醜奴遣使來朝，抗敵國之書，不修臣敬。朝議將依漢答匈奴故事，遣使報之」。

六·核查使者

　　核查使者，是北魏為核實北疆民族對自己所上奏疏情況的真實與否所派遣的使者。

　　《魏書》卷一○三《高車傳》載：

> （太和）十四年，阿伏至羅遣商胡越者至京師，以二箭奉貢，云：「蠕蠕為天子之賊，臣諫之不從，遂叛來至此而自竪立。當為天子討除蠕蠕。」高祖未之信也，遣使者于提往觀虛實。

　　北魏孝文帝時期，柔然仍對北魏北疆構成威脅。為此，北魏需要在北疆尋找盟友共同對抗柔然，以緩解來自於柔然的威脅。與北魏保持使節往來的高車阿伏至羅表達願為北魏徵討柔然的意願後，孝文帝為核實緣由而派遣于提「往觀虛實」。

七·責讓使者

　　責讓使者，是北魏派遣到北疆民族地區，譴責其不利於雙方關係穩定之行為的使者。

　　《魏書》卷一○三《高車傳附薛干部傳》載：

> 薛干部……及滅衛辰後，其部帥太悉伏望軍歸順，太祖撫安之。車駕還，衛辰子屈丐奔其部。太祖聞之，使使詔太悉伏執送之。太悉伏出屈丐以示使者曰：「今窮而見投，寧與俱亡，何忍送之。」遂不遣。太祖大怒，車駕親討之。

　　由於薛干部接納屈丐這一舉動影響到北魏與薛干部雙方關係，北魏道武帝派遣使者責讓薛干部交出屈丐以避免雙方關係的惡化。但由太悉伏拒絕交出屈丐的強硬表態，表明北魏此次所派遣的責讓使者並沒有完成使命。

第二節　北疆民族派遣到北魏的使者

北疆民族向北魏所派遣的使者，按使者所擔負之使命，可以分爲朝貢使者與和親使者兩大類。

一・朝貢使者

朝貢使者，是北疆民族向北魏所派遣的貢獻民族方物的使者；朝貢使者是當時北疆民族向北魏所派遣的主要類型的使者。北疆民族的朝貢使者在發展北疆民族與北魏關係的過程中扮演著不可忽視的角色。

根據《魏書》、《北史》，將北疆民族向北魏派遣朝貢使者情況列於表 5.1

表 5.1　北疆民族向北魏所派朝貢使者情況表

族屬	朝貢時其民族在位的統治者	朝貢時間（北魏君主紀年）	說　明
柔然	吳提	太武帝神䴥四年（431）	《魏書》卷四上《太武帝紀上》載，「（神䴥四年）閏月乙未，蠕蠕國遣使朝獻。」 《魏書》卷一〇三《蠕蠕傳》載，「（神䴥四年），遣使朝獻。先是，北鄙候騎獲吳提南偏邏者二十餘人，世祖賜之衣服，遣歸。吳提上下感德，故朝貢焉。世祖厚賓其使而遣之。」
柔然	吳提	太武帝延和三年（434）	第一次朝貢 《魏書》卷四上《太武帝紀上》載，「（延和三年）二月丁卯，蠕蠕吳提奉其妹，並遣其異母兄禿鹿傀及左右數百人朝貢，獻馬二千匹。」 《魏書》卷一〇三《蠕蠕傳》載，「延和三年二月……吳提遣其兄禿鹿傀及左右數百人來朝，獻馬二千匹，世祖大悅，班賜甚厚。」 第二次朝貢 《魏書》卷四上《太武帝紀上》載，「（延和三年）冬十月癸巳，蠕蠕國遣使朝貢。」
柔然	吳提	太武帝太延元年（435）	《魏書》卷四上《太武帝紀上》載，「（太延元年）二月庚子，（蠕蠕）遣使朝獻。」
高車		太武帝太延二年（436）	《魏書》卷四上《太武帝紀上》載，「（太延二年八月）甲辰，高車國遣使朝獻。」

柔然	予成	獻文帝皇興三年（469）	第一次朝貢 《魏書》卷六《獻文帝紀》載，「（皇興三年）二月，（蠕蠕）遣使朝獻。」 第二次朝貢 《魏書》卷六《獻文帝紀》載，「（皇興三年）秋七月，蠕蠕國遣使朝貢。」
柔然	予成	孝文帝延興四年（474）	《魏書》卷七上《孝文帝紀上》載，「（延興四年）夏五月甲戌，蠕蠕國遣使朝貢。」
柔然	予成	孝文帝延興五年（475）	《魏書》卷七上《孝文帝紀上》載，「（延興五年）冬十月，蠕蠕國遣使朝獻。」
柔然	予成	孝文帝承明元年（476）	第一次朝貢 《魏書》卷七上《孝文帝紀上》載，「承明元年春二月，（蠕蠕）遣使朝貢。」 第二次朝貢 《魏書》卷七上《孝文帝紀上》載，「（承明元年夏五月）蠕蠕國遣使南貢。」 第三次朝貢 《魏書》卷七上《孝文帝紀上》載，「（承明元年八月）壬午，蠕蠕國遣使朝貢。」 第四次朝貢 《魏書》卷七上《孝文帝紀上》載，「（承明元年）十有一月，蠕蠕國遣使朝貢。」
柔然	予成	孝文帝太和元年（477）	第一次朝貢 《魏書》卷七上《孝文帝紀上》載，「（太和元年）夏四月丙寅，蠕蠕國遣使朝貢。」 《魏書》卷一○三《蠕蠕傳》載，「太和元年四月，（予成）遣莫何去汾比拔等來獻良馬、貂裘。」 第二次朝貢 《魏書》卷七上《孝文帝紀上》載，「（太和元年五月）蠕蠕國遣使朝貢。」 第三次朝貢 《魏書》卷七上《孝文帝紀上》載，「（太和元年）九月癸未，蠕蠕國遣使朝貢。」
柔然	予成	孝文帝太和二年（478）	《魏書》卷七上《孝文帝紀上》載，「（太和二年二月）戊戌，蠕蠕國遣使朝獻。」 《魏書》卷一○三《蠕蠕傳》載，「（太和）二年二月，（予成）又遣比拔等朝貢，尋復請婚焉。」

柔然	予成	孝文帝太和三年（479）	《魏書》卷七上《孝文帝紀上》載，「（太和三年四月）辛卯，蠕蠕國遣使朝獻。」
柔然	予成	孝文帝太和四年（480）	《魏書》卷七上《孝文帝紀上》載，「（太和四年三月）乙卯，蠕蠕國遣使朝貢。」
柔然	予成	孝文帝太和五年（481）	《魏書》卷七上《孝文帝紀上》載，「（太和五年）冬十月癸卯，蠕蠕國遣使朝貢。」
柔然	予成	孝文帝太和六年（482）	《魏書》卷七上《孝文帝紀上》載，「（太和六年）六月，蠕蠕國遣使朝貢。」
柔然	予成	孝文帝太和八年（484）	《魏書》卷七上《孝文帝紀上》載，「（太和八年）二月，蠕蠕國遣使朝獻。」
柔然	豆崙	孝文帝太和十年（486）	《魏書》卷七下《孝文帝紀下》載，「（太和十年）三月丙申，蠕蠕國遣使朝貢。」
高車	阿伏至羅	孝文帝太和十四年（490）	第一次朝貢 《魏書》卷一〇三《高車傳》載，「（太和）十四年，阿伏至羅遣商胡越者至京師，以二箭奉貢，云：『蠕蠕為天子之賊，臣諫之不從，遂叛來至此而自豎立。當為天子討除蠕蠕。』」 第二次朝貢 《魏書》卷一〇三《高車傳》載，「（太和十四年）阿伏至羅與窮奇遣使者薄頡隨于提來朝，貢其方物。」
柔然	伏圖	宣武帝正始三年（506）	《魏書》卷八《宣武帝紀》載，「（正始三年九月）戊申，蠕蠕國遣使朝貢。」 《魏書》卷一〇三《蠕蠕傳》載，「正始三年，伏圖遣使紇奚勿六跋朝獻，請求通和。」
高車	彌俄突	宣武帝永平元年（508）	第一次朝貢 《魏書》卷八《宣武帝紀》載，「（永平元年六月）癸酉，高車國遣使朝貢。」 第二次朝貢 《魏書》卷八《宣武帝紀》載，「（永平元年）秋七月辛卯，（高車）遣使朝獻。」 《魏書》卷一〇三《高車傳》載，「彌俄突既立，復遣朝貢，又奉表獻金方一、銀方一、金杖二、馬七匹、駝十頭。」
柔然	伏圖	宣武帝永平元年（508）	《魏書》卷八《宣武帝紀》載，「（永平元年九月）壬辰，蠕蠕國遣使朝貢。」

高車	彌俄突	宣武帝永平三年（510）	《魏書》卷八《宣武帝紀》載，「（永平三年十月）戊戌，（高車）遣使朝獻。」 《魏書》卷一〇三《高車傳》載，「（彌俄突）遣使獻龍馬五匹、金銀貂皮及諸方物。」
柔然	醜奴	宣武帝永平四年（511）	《魏書》卷一〇三《蠕蠕傳》載，「永平四年九月，醜奴遣沙門洪宣奉獻珠像。」
柔然	醜奴	宣武帝延昌四年（515）	《魏書》卷九《孝明帝紀》載，「（延昌四年）秋七月癸卯，蠕蠕國遣使朝獻。」 《魏書》卷一〇三《蠕蠕傳》載，「（延昌）四年，遣使俟斤尉比建朝貢。」
高車	彌俄突	宣武帝延昌四年（515）	《魏書》卷九《孝明帝紀》載，「（延昌四年十二月）高車國遣使朝獻。」
柔然	醜奴	孝明帝熙平二年（517）	《魏書》卷九《孝明帝紀》載，「（熙平二年）十有二月丁未，蠕蠕國遣使朝貢。」 《魏書》卷一〇三《蠕蠕傳》載，「（熙平）二年，（丑奴）又遣俟斤尉比建、紇奚勿六跋、鞏顧禮等朝貢。」
柔然	醜奴	孝明帝神龜元年（518）	《魏書》卷九《孝明帝紀》載，「（神龜元年二月）蠕蠕國遣使朝貢。」
高車	伊匐	孝明帝神龜元年（518）	《魏書》卷九《孝明帝紀》載，「（神龜元年五月，高車）遣使朝貢。」
高車	伊匐	孝明帝正光年間	《魏書》卷一〇三《高車傳》載，「正光中，伊匐遣使朝貢，因乞朱畫步挽一乘並幰褥，鞁靷一副，傘扇各一枚，青曲蓋五枚，赤漆扇五枚，鼓角十枚。詔給之。」
柔然	阿那瓌	孝明帝孝昌元年（525）	《魏書》卷九《孝明帝紀》載，「（孝昌元年）冬十月，蠕蠕國主阿那瓌遣使朝貢。」 《魏書》卷一〇三《蠕蠕傳》載，「（孝昌元年）十月，阿那瓌復遣郁久閭彌娥等朝貢。」
柔然	阿那瓌	孝明帝孝昌三年（527）	第一次朝貢 《魏書》卷九《孝明帝紀》載，「（孝昌三年四月）己酉，蠕蠕國遣使朝貢。」 《魏書》卷一〇三《蠕蠕傳》載，「（孝昌）三年四月，阿那瓌遣使人鞏鳳景等朝貢。」 第二次朝貢 《魏書》卷九《孝明帝紀》載，「（孝昌三年）六月，蠕蠕國遣使朝貢。」 孝昌三年第三次朝貢 《魏書》卷九《孝明帝紀》載，「（孝昌三年九月）戊子，蠕蠕國遣使朝貢。」

柔然	阿那瓌	孝武帝太昌元年（532）	第一次朝貢 《魏書》卷一一《出帝紀》載，「（太昌元年六月）丙寅，（蠕蠕）遣使朝貢。」 第二次朝貢 《魏書》卷一一《出帝紀》載，「（太昌元年六月）癸酉，（蠕蠕）遣使朝貢。」 《魏書》卷一○三《蠕蠕傳》載，「太昌元年六月，阿那瓌遣烏句蘭樹什伐等朝貢，並為長子請尚公主。」 第三次朝貢 《魏書》卷一一《出帝紀》載，「（太昌元年九月）丙辰，（蠕蠕）遣使朝貢。」 第四次朝貢 《魏書》卷一一《出帝紀》載，「（太昌元年十一月）乙巳，蠕蠕國遣使朝貢。」

　　由表 5.1，自北魏太武帝，至孝武帝，北疆民族較頻繁派遣使者朝貢於北魏。但是，卻不能將北疆民族所派遣的朝貢使者僅僅看成是北疆民族向北魏貢獻特產的執行者。因為，朝貢使者在向北魏統治者貢獻本民族方物的同時，還肩負著一些重要使命。即北疆民族上層首領向北魏派遣朝貢使者有著較為複雜的政治因素。

　　首先，北疆民族首領把遣使朝貢看做是與北魏緩和關係的重要手段。如北魏太武帝時期，雖然柔然與北魏軍事衝突不斷，但是柔然也有遣使朝貢於北魏的舉措。如神䴥四年，「閏月乙未，蠕蠕國遣使朝獻」〔註3〕；延和三年，「二月丁卯，（柔然吳提）遣其異母兄禿鹿傀及左右數百人朝貢，獻馬二千匹」〔註4〕；「冬十月癸巳，蠕蠕國遣使朝貢」〔註5〕；太延元年，「二月庚子，（蠕蠕）遣使朝獻」〔註6〕。儘管這一時期柔然較頻繁遣使朝貢於北魏，但需要注意的是，柔然向北魏派遣朝貢使者並沒有確立其與北魏的臣屬關係。這是因為神䴥四年，柔然新即位可汗郁久閭吳提面臨著柔然實力削弱、部落分散的嚴峻局面。史載神䴥二年，柔然經過北魏軍事打擊，「國落四散」〔註7〕、同時

〔註3〕 魏收：《魏書》卷四上《太武帝紀上》，北京：中華書局，1974年，第78頁。
〔註4〕 魏收：《魏書》卷四上《太武帝紀上》，北京：中華書局，1974年，第83頁。
〔註5〕 魏收：《魏書》卷四上《太武帝紀上》，北京：中華書局，1974年，第84頁。
〔註6〕 魏收：《魏書》卷四上《太武帝紀上》，北京：中華書局，1974年，第84頁。
〔註7〕 魏收：《魏書》卷一○三《蠕蠕傳》，北京：中華書局，1974年，第2293頁。

柔然臨近部族高車「殺大檀種類」，〔註8〕使柔然處境更加艱難。爲恢復國力、創造有利的外部環境，郁久閭吳提首先通過派遣使者朝貢的方式向北魏太武帝傳達其欲緩和與北魏關係的意願。據《魏書》卷四上《太武帝紀上》及《魏書》卷一○三《蠕蠕傳》所載，神䴥四年到太延元年，北魏沒有征討柔然的軍事行動，這一時期柔然與北魏保持著和平往來局面。也就是說柔然統治者通過遣使朝貢這一手段成功地實現了與北魏緩和關係的目的。

第二，北疆民族向北魏派遣朝貢使者，意在顯示欲與北魏建立平等的往來關係。《魏書》卷一○三《蠕蠕傳》載，「正始三年，（郁久閭）伏圖遣使紇奚勿六跋朝獻，請求通和。世宗不報其使，詔有司敕勿六跋曰：『蠕蠕遠祖社崘是大魏叛臣，往者包容，暫時通使。今蠕蠕衰微，有損疇日，大魏之德，方隆周漢，跨據中原，指清八表。正以江南未平，權寬北掠，通和之事，未容相許。若修藩禮，款誠昭著者，當不孤爾也。』」

根據上述史料，一方面，以北魏統治者而言，宣武帝「不報其使」，是因爲柔然統治者沒有「修藩禮，款誠昭著」，表明北魏統治者把柔然朝貢視爲其與自己保持臣屬關係的體現，即北魏統治者欲在與柔然的雙邊關係中處於對柔然的絕對支配地位。北魏統治者對柔然在外交方面所持強硬態度，和當時北魏實力的變化有關，宣武帝繼承了孝文帝的漢化改革成果，國家實力仍較強盛。另一方面，就柔然統治者而論，郁久閭那蓋至郁久閭伏圖時期，柔然對內有效整合部眾，對外征討臨近部落，實力逐漸恢復。因此柔然可汗郁久閭伏圖在與北魏往來中，欲改變此前柔然經太武帝多次軍事打擊而實力削弱這一背景下與北魏往來的不利局面。所以郁久閭伏圖此次遣使朝貢於北魏，只是禮節性的外交往來，沒有「修藩禮」。由《魏書》卷一○三《蠕蠕傳》所載郁久閭伏圖之後派遣朝貢使者「永平元年，伏圖又遣勿六跋奉函書一封，並獻貂裘，世宗不納，依前喻遣」可知，郁久閭伏圖多次向北魏派遣朝貢使者，意在表明自己欲保持獨立地位、與北魏建立平等往來關係的意圖。

第三，北疆民族向北魏派遣朝貢使者，有避免與北魏、西域兩線作戰的意圖。柔然在郁久閭吳提至郁久閭豆崘統治（約爲北魏文成帝至孝文帝）時期，由於之前受到北魏多次軍事打擊，實力有所削弱，逐漸減少對北魏北疆的進犯，進而把對外擴張的目標由北魏北疆轉向西域地區。《魏書》卷一○二《西域傳》載郁久閭予成多次令柔然軍隊「寇于闐，于闐患之」，之後西

〔註8〕魏收：《魏書》卷一○三《蠕蠕傳》，北京：中華書局，1974年，第2293頁。

域部分國家「屬蠕蠕」。由於柔然對西域入侵的加劇，必然使其防禦北魏的軍力有所減弱。所以，爲穩定北魏，這一時期柔然統治者頻繁向北魏派遣朝貢使者。據《魏書》文成、獻文、孝文帝紀及《蠕蠕傳》所載，這一時期柔然向北魏派遣朝貢使者十八次，而北魏在這一時期也減少了北征柔然的軍事行動。據此，柔然頻繁派遣使者朝貢於北魏以穩定北魏、減少其南疆壓力的意圖得以部分實現。

第四，北疆民族向北魏派遣朝貢使者，存在藉此與北魏建立軍事聯盟的意圖。《魏書》卷一〇三《高車傳》載阿伏至羅統治高車時，「遣商胡越者至京師，以二箭奉貢，云：『蠕蠕爲天子之賊，臣諫之不從，遂叛來至此而自豎立。當爲天子討除蠕蠕。』」北魏孝文帝太和年間，柔然忙於西征西域，其根據地軍力有所削弱，而柔然臨近部族高車欲通過遣使朝貢北魏，借機與北魏建立軍事聯盟，趁機侵入柔然故地。

由上所述，北疆民族所派遣的朝貢使者在緩和與北魏的關係、促進雙方高層往來、鞏固雙方邊疆形勢穩定方面發揮著較爲積極的作用。

二·和親使者

和親使者，是當時北疆民族派往北魏請求和親的使者。當時北疆民族與北魏的和親，主要在柔然與北魏之間進行。

柔然向北魏派遣和親使者及北魏是否決定與其和親，《魏書》卷一〇三《蠕蠕傳》載：

> 延興五年，予成求通婚娉，有司以予成數犯邊塞，請絕其使，發兵討之。顯祖曰：『蠕蠕譬若禽獸，貪而亡義，朕要當以信誠待物，不可抑絕也。予成知悔前非，遣使請和，求結姻援，安可孤其款意？』乃詔報曰：『所論婚事，今始一反，尋覽事理，未允厥中。夫男而下女，爻象所明，初婚之吉，敦崇禮娉，君子所以重人倫之本。不敬其初，令終難矣。』予成每懷譎詐，終顯祖世，更不求婚。

由上，一方面，對柔然的和親要求，北魏出於柔然的外交決策態度、自身與柔然的實力對比及禮儀方面的考慮，沒有同意。面對柔然此次和親請求，執政的太上皇獻文帝認爲柔然可汗郁久閭予成「貪而亡義」、不重「人倫之本」，同時考慮到柔然經過北魏太武帝的多次軍事打擊而實力衰弱，因而北魏在與柔然的外交中已佔據主動，故北魏沒有必要通過和親來緩和與柔然關

係。所以，獻文帝最終拒絕了郁久閭予成所派使者的和親請求。另一方面，郁久閭予成在此次請求和親被拒之後，「每懷譎詐，終顯祖世，更不求婚」，明確表明郁久閭予成只是意圖通過與北魏的聯姻來延緩北魏對柔然的軍事攻勢。

《魏書》卷一○三《蠕蠕傳》又載：

> （太和）二年二月，（郁久閭予成）又遣比拔等朝貢，尋復請婚焉。高祖志存招納，許之。予成雖歲貢不絕，而款約不著，婚事亦停。

史料記載郁久閭予成此次向北魏請求和親亦由於「款約不著」而被北魏孝文帝拒絕。

即使北魏統治者答應柔然的和親請求，但是北魏國內政治形勢的穩定與否，也影響柔然所派遣和親使者能否最終完成使命。如《魏書》卷一○三《蠕蠕傳》載：

> 太昌元年六月，阿那瓌遣烏句蘭樹什伐等朝貢，並爲長子請尚公主。永熙二年四月，出帝詔以范陽王誨之長女琅邪公主許之，未及婚，帝入關。齊獻武王遣使說之，阿那瓌遣使朝貢，求婚。獻武王方招四遠，以常山王妹樂安公主許之，改爲蘭陵公主。瓌遣奉馬千匹爲娉禮，迎公主，詔宗正元壽送公主往北。自是朝貢相尋。

北魏孝武帝初期，由於孝武帝與權臣高歡之間的政爭及孝武帝爲避難而出奔關中，致使柔然郁久閭阿那瓌所派遣和親使者第一次和親使命沒有完成。至北魏孝武帝後期及東魏初期，北方東部地區形勢穩定之後，掌權者高歡出於拉攏柔然成爲盟友以增強自己勢力的需要，決定與郁久閭阿那瓌和親。因而郁久閭阿那瓌第二次所派遣使者的和親使命才得以完成。

第六章 北魏與北部邊疆民族的
經濟、文化交往

自戰國北方各國在北方邊疆修建長城以抵禦游牧民族的侵襲，但是當時人就曾認爲「雖有長城、鉅防，惡足以爲塞」〔註1〕，即以長城爲依託的邊

〔註1〕 司馬遷：《史記》卷六九《蘇秦列傳》，北京：中華書局，1959年，第2267頁。自秦始皇下令在北方地區大規模地修築長城，古代中原人認爲長城首先是中原在北方前沿之防線、中原與北方民族勢力的分界線，如《漢書》卷九六上《西域傳上》載「自周衰，戎狄錯居涇渭之北。及秦始皇攘卻戎狄，築長城，界中國，然西不過臨洮。」師古曰：「爲中國之竟界也。」然而長城除做爲中原與北方民族的勢力分界線之外，在中原與北方民族處於相對和平時期，尤其是中原政權在與北方民族的實力對比中處於優勢地位進而有效地經營、控制北部邊疆地帶，中原政權統治者可使中原與北方民族的政治、經濟、文化交流，按照自己的意志，在北部邊疆地帶展開，進而有古代中原人將以長城爲依託的中原北部邊疆地區視爲溝通中原與北方民族交往的重要紐帶。如《漢書》卷九四上《匈奴傳上》載「孝文後二年，使使遺匈奴書曰：『皇帝敬問匈奴大單于無恙。使當户且渠雕渠難、郎中韓遼遺朕馬二匹，已至，敬受。先帝制，長城以北引弓之國受令單于，長城以内冠帶之室朕亦制之，使萬民耕織，射獵衣食，父子毋離，臣主相安，俱無暴虐……漢與匈奴鄰敵之國，匈奴處北地，寒，殺氣早降，故詔吏遺單于秫糵金帛綿絮它物歲有數。今天下大安，萬民熙熙，獨朕與單于爲之父母。朕追念前事，薄物細故，謀臣計失，皆不足以離昆弟之驩。朕聞天不頗覆，地不偏載。朕與單于皆捐細故，俱蹈大道，墮壞前惡，以圖長久，使兩國之民若一家子。元元萬民，下及魚鱉，上及飛鳥，跂行喙息蠕動之類，莫不就安利，避危殆。故來者不止，天之道也。俱去前事，朕釋逃虜民，單于毋言章尼等。朕聞古之帝王，約分明而不食言。單于留志，天下大安，和親之後，漢過不先。單于其察之。』」「武帝即位，明和親約束，厚遇關市，饒給之。匈奴自單于以下皆親漢，往來長城下。」上述史料明確表明，只要中原政權實力遠超越北方民族，能有效應對

疆地區在戰時能有效發揮軍事防禦作用，但在非戰時卻不能阻擋中原與北方民族之間的交流。北魏通過修建長城、設置軍鎮等方式所經略的北疆亦是如此。

北魏統治者經略北疆，雖然其最終目的是爲了保障中原免受北疆游牧民族的侵襲，但是由於農耕民族與游牧民族在經濟、文化方面的互補性需求，以及北魏統治者本身就出身於游牧民族，自然不會對北疆游牧民族的文化因素表現出強烈的排斥；北魏北疆又處於中原農耕區與北方草原游牧區、入主北方的游牧民族所建政權與北方游牧民族政權之間的交界地帶，所以，中原與北方草原地區之間的交流並沒有因北魏經略北疆而被阻止。實際上，北魏與北方草原民族以北疆沿線爲基礎，展開經濟、政治、文化方面的交流。因此，北魏北疆發揮著溝通中原農耕區與北方草原游牧區的積極作用。〔註2〕

第一節　北魏與北部邊疆民族的經濟交往

在北魏北疆地帶，北魏與北疆民族進行著經濟方面的交流。

首先，部分北疆民族逐漸吸收了北魏統治區內的漢族農業經濟生產方式。太武帝曾遷徙降附的高車於北疆一帶，「高車諸部望軍而降者數十萬落……皆徙置漠南千里之地。乘高車，逐水草，畜牧蕃息，數年之後，漸知粒食」〔註3〕。正光三年，柔然地區發生飢饉，郁久閭阿那瓌「上表乞粟以爲田種」，孝明帝「詔給萬石」〔註4〕。高車、柔然本以游牧爲其經濟生產方式，食肉飲酪爲其鮮明的飲食風俗特徵。在北魏農業經濟影響之下，高車、柔然

來自於北方民族的挑戰，並且，能主導北部邊疆地區的秩序，那麼中原政權一般會積極、主動與北方民族在北部邊疆地區開展交往。其中緣由如下：一方面，中原政權可通過與北方民族在北疆地區的經濟交往，實現中原對北方物資的需求，更爲重要的是，在邊關貿易這一正常途徑中，滿足北方民族對中原物資的需要，減少北方民族因不能通過正常途徑獲得中原物資而發起的攻掠中原的戰爭；另一方面，在自己實力強盛的背景下，中原政權可憑藉與北方民族在北部邊疆地區展開經濟交往，向北方民族展示中原雄厚的國力，進而對北方民族形成威懾之勢。

〔註2〕 王紹東先生在《論戰國秦漢時期長城的多重功能》一文中認爲戰國秦漢長城在客觀上「發揮了融通游牧文化與農耕文化的功能」。實際上，自戰國北方各國在北疆修建長城，至隋唐時期，歷代王朝通過修建長城、戍堡等措施經略北疆，大致上起到軍事防禦與溝通游牧、農業文明的作用。

〔註3〕 魏收：《魏書》卷一○三《高車傳》，北京：中華書局，1974年，第2309頁。

〔註4〕 魏收：《魏書》卷一○三《蠕蠕傳》，北京：中華書局，1974年，第2302頁。

逐漸轉向農業生產、生活，促進了各自民族經濟的發展，有利於改善原來只以牧業為主的單一經濟結構。

其次，北魏與北疆民族的經濟交流，還體現在邊疆關市貿易方面。北魏稱當時北方的柔然、高車等部族為「北人」，而且每年都要以某種形式將一定數量的「北人」所必需的農業、手工業產品輸賜給「北人」，稱為「公給」〔註5〕。但是這種輸賜自然不能滿足「北人」的需要，「北人」還與北魏民眾在北疆地區進行產品交換，以滿足其自身需求。至北魏孝明帝時，大臣元孚的上書就顯示出當時北魏與柔然間互通有無的「市易」的存在以及當時柔然人對於與北魏進行「市易」的迫切願望：「漢與胡通，亦立關市。今北人阻飢，命懸溝壑，公給之外，必求市易，彼若願求，宜見聽許」〔註6〕。在非正常時期，北魏為安撫北疆民族而重視關市貿易，那麼，在和平時期，關市貿易在北魏與北疆民族的經濟交往中，更佔有不可忽視之地位。如《洛陽伽藍記》所載「商胡販客，日奔塞下」〔註7〕，反映的便是和平時期包括北疆民族在內的四周邊疆民族與北魏進行大規模邊疆關市貿易的情形。

第三，北疆民族朝貢於北魏，也是雙方進行經濟交流的重要方式。高車自太武帝時臣服於北魏之後，「歲致獻貢，由是國家馬及牛羊遂至于賤，氈皮委積」〔註8〕。來自高車特產的大量輸入，一方面豐富了北魏國家的物質資源；另一方面，致使北魏的牲畜、皮毛價格跌落。北魏遷都洛陽之後，邊疆民族對北魏的朝貢、與北魏的邊疆關市貿易、乃至邊疆民族商賈進入北方內地進行商貿的情形更加頻繁，史載「景明之初，承升平之業，四疆清晏，遠邇來同，於是蕃貢繼路，商賈交入，諸所獻貿，倍多於常」〔註9〕。

第四，北魏時期，北魏治下的中原物質文明輸入草原地區，影響到北方草原民眾的日常生活。2014 年在蒙古國後杭愛省烏貴諾爾蘇木和日門塔拉城址發掘的 IA－M1，根據墓中所發掘的器物的特徵和碳－14 測年的結果，IA

〔註5〕魏收：《魏書》卷一八《太武五王‧臨淮王譚傳附元孚傳》，北京：中華書局，1974 年，第 425 頁。

〔註6〕魏收：《魏書》卷一八《太武五王‧臨淮王譚傳附元孚傳》，北京：中華書局，1974 年，第 425 頁。

〔註7〕楊玄之：《洛陽伽藍記》卷三《城南》，上海：上海古籍出版社，2006 年，第 161 頁。

〔註8〕魏收：《魏書》卷一○三《高車傳》，北京：中華書局，1974 年，第 2309 頁。

〔註9〕魏收：《魏書》卷六五《邢巒傳》，北京：中華書局，1974 年，第 1438 頁。

－M1 屬於柔然時期〔註 10〕。IA－M1 出土的銅化妝具和山西大同七里村墓地 M15 出土的化妝具形態和組合形式相似〔註 11〕。IA－M1 中銅化妝具有刮勺、尖首剃刀、圓首剃刀、鑷夾各一件。刮勺，「圓頭，長柄，勺內面錘揲魚子地紋」；圓首剃刀，「刀首圓薄，較鋒利，長 7.9、柄寬 0.32 釐米」；尖首剃刀，「刀首尖薄，長 7.3、寬 3.4 釐米」〔註 12〕。山西大同七里村墓地 M15 出土的銅化妝具有小銅漏一件、小銅刀兩件，小銅漏，「細長柄，圓形淺盤，穿小漏孔」；第一件小銅刀，「彎月形刃部，弧形把，把端有孔」；第二件小銅刀，「弧形刃部，把漸粗，把端穿三孔」〔註 13〕。

圖 6.1 蒙古國後杭愛省烏貴諾爾蘇木和日門塔拉城址 IA－M1 出土銅化妝具素描圖〔註 14〕

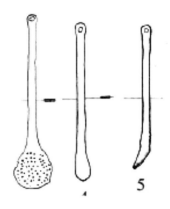

〔註 10〕 內蒙古自治區文物考古研究所、蒙古國游牧文化研究國際學院：《2014 年蒙古國後杭愛省烏貴諾爾蘇木和日門塔拉城址 IA－M1 發掘簡報》，載《草原文物》，2015 年第 2 期，第 38 頁。

〔註 11〕 內蒙古自治區文物考古研究所、蒙古國游牧文化研究國際學院：《2014 年蒙古國後杭愛省烏貴諾爾蘇木和日門塔拉城址 IA－M1 發掘簡報》，載《草原文物》，2015 年第 2 期，第 38 頁。

〔註 12〕 內蒙古自治區文物考古研究所、蒙古國游牧文化研究國際學院：《2014 年蒙古國後杭愛省烏貴諾爾蘇木和日門塔拉城址 IA－M1 發掘簡報》，載《草原文物》，2015 年第 2 期，第 33 頁。

〔註 13〕 大同市考古研究所：《山西大同七里村北魏墓群發掘簡報》，載《文物》，2006 年第 10 期，第 43 頁。

〔註 14〕 轉引自內蒙古自治區文物考古研究所、蒙古國游牧文化研究國際學院：《2014 年蒙古國後杭愛省烏貴諾爾蘇木和日門塔拉城址 IA－M1 發掘簡報》，載《草原文物》，2015 年第 2 期，圖四：3-5。

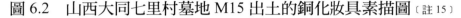

圖 6.2　山西大同七里村墓地 M15 出土的銅化妝具素描圖〔註15〕

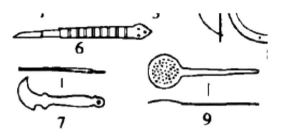

　　根據蒙古國後杭愛省烏貴諾爾蘇木和日門塔拉城址 IA－M1 出土銅化妝具形制和山西大同七里村墓地 M15 出土的銅化妝具形制及圖形對比，可以看出兩者非常相似。與 IA－M1 形制相似的銅化妝具在北魏時期的墓葬中多有發現。所以，本文認為，北方草原地區游牧民族的銅化妝具形制當受北魏影響。

　　有學者認為蒙古國後杭愛省烏貴諾爾蘇木和日門塔拉城址 IA－M1 出土皮革帶上的綠色裝飾線是絲綢〔註16〕。而魏晉南北朝時期絲綢為中原的特產；以地理位置而論，北方草原游牧民族與北魏的交往最為便利、頻繁。據此，IA－M1 中皮革帶上的絲綢來自於北魏的可能性最大。IA－M1 金箔頭飾上的襯布所用紡織技術為平織，與在中國生產的織物技術之間沒有區別〔註17〕。本文謹慎認為，IA－M1 金箔頭飾上的襯布來自於北魏統治下的北方地區，或者由中原輸入技術，在草原生產。根據以上論述，以絲綢為代表的北魏手工業品及生產技術在北方草原民眾日常生活中佔有重要地位，尤其是受到北方草原上層貴族的喜愛。

〔註15〕轉引自大同市考古研究所：《山西大同七里村北魏墓群發掘簡報》，載《文物》，2006 年第 10 期，圖五一：6、7、9。

〔註16〕村上智見：《蒙古國後杭愛省和日門塔拉城址 IA－M1 出土絲織品檢測報告》，內蒙古自治區文物考古研究所、蒙古國游牧文化研究國際學院：《2014 年蒙古國後杭愛省烏貴諾爾蘇木和日門塔拉城址 IA－M1 發掘簡報》，載《草原文物》，2015 年第 2 期，第 43 頁。

〔註17〕村上智見：《蒙古國後杭愛省和日門塔拉城址 IA－M1 出土絲織品檢測報告》，內蒙古自治區文物考古研究所、蒙古國游牧文化研究國際學院：《2014 年蒙古國後杭愛省烏貴諾爾蘇木和日門塔拉城址 IA－M1 發掘簡報》，載《草原文物》，2015 年第 2 期，第 42 頁。

圖 6.3 蒙古國後杭愛省烏貴諾爾蘇木和日門塔拉城址 IA－M1 出土的金箔頭飾飾件及襯托織物 [註 18]

　　蒙古國布爾干省達欣其楞蘇木詹和碩遺址發掘的六座墓葬中，學者根據 IM5 出土的鳥形頭飾及耳杯風格，認爲其可能屬於柔然時期 [註 19]。IM5 所出土的一件較完整耳杯，「耳部稍殘……耳杯爲木胎，外表髹黑漆……口、底皆橢圓形，口長徑 11.3、短徑 5.8 釐米；底徑長 5.5、寬 3.5 釐米。高 4 釐米，壁厚 0.3 釐米，耳長 5 釐米」 [註 20]。大同南郊北魏墓群 [註 21]、大同雁北師院北魏墓群 [註 22] 也出土漆質、銀質耳杯，其形制與蒙古國布爾干省達欣其楞蘇木詹和碩遺址 IM5 出土耳杯形制相似。耳杯，亦稱羽觴，爲兩漢至魏晉南北朝時期，漢族士人在酒宴中常用飲酒器具；至北魏時期，鮮卑貴族受到漢族風俗的影響，在日常宴飲活動中使用耳杯成爲風氣，如《洛陽伽藍記》卷四《城西》所載北魏洛陽時期，宗室成員聚會酒宴場景「羽觴流行」。而在

〔註 18〕轉引自村上智見：《蒙古國後杭愛省和日門塔拉城址 IA－M1 出土絲織品檢測報告》，圖一，內蒙古自治區文物考古研究所、蒙古國游牧文化研究國際學院：《2014 年蒙古國後杭愛省烏貴諾爾蘇木和日門塔拉城址 IA－M1 發掘簡報》，載《草原文物》，2015 年第 2 期，第 42 頁。

〔註 19〕內蒙古自治區文物考古研究所、蒙古國游牧文化研究國際學院：《蒙古國布爾干省達欣其楞蘇木詹和碩遺址發掘簡報》，載《草原文物》，2015 年第 2 期，第 24 頁。

〔註 20〕內蒙古自治區文物考古研究所、蒙古國游牧文化研究國際學院：《蒙古國布爾干省達欣其楞蘇木詹和碩遺址發掘簡報》，載《草原文物》，2015 年第 2 期，第 19 頁。

〔註 21〕山西大學歷史文化學院、山西省考古研究所、大同市博物館：《大同南郊北魏墓群》，北京：科學出版社，2006 年。

〔註 22〕大同市考古研究所：《大同雁北師院北魏墓群》，北京：文物出版社，2008 年。

蒙古國布爾干省達欣其楞蘇木詹和碩遺址屬於柔然時期的 IM5 中出土耳杯，反映出，一方面，北魏時期，北方草原游牧民族在飲酒器具方面受到北魏治下的漢族風俗影響，耳杯成爲柔然等北方民族貴族日常酒具的組成部分；另一方面，北方草原地區的耳杯，可能由北魏治下的北方地區通過賞賜、貿易等方式輸入到草原地區，或由北方中原輸入原材料、製作技術，在草原地區製作。

圖 6.4　蒙古國布爾干省達欣其楞蘇木詹和碩遺址 IM5
出土的漆木耳杯〔註 23〕

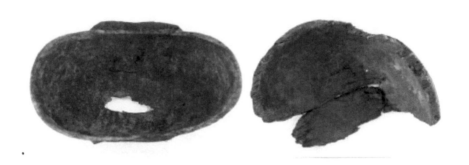

第二節　北魏與北部邊疆民族的文化交流

一·北魏典章制度對柔然的影響

　　文化典章方面，首先，柔然統治者非常欣羨中原文化，並模仿北魏所繼承的中原漢晉制度設置其官署機構及職官，甚至有了需專業人員執掌的「文墨」，「阿那瓌因入洛陽，心慕中國，立官號，僭擬王者，遂有侍中、黃門之屬。以（淳于）覃爲秘書監、黃門郎，掌其文墨」〔註 24〕，淳于覃就是當時活躍在柔然統治集團中的執掌「文墨」、傳播中原典章文化的漢族讀書人。

　　其次，柔然還傚仿北魏的軍制。如史載，在郁久閭社崘統治時期，柔然「始立軍法：千人爲軍，軍置將一人，百人爲幢，幢置帥一人」〔註 25〕。文

〔註 23〕轉引自內蒙古自治區文物考古研究所、蒙古國游牧文化研究國際學院：《蒙古國布爾干省達欣其楞蘇木詹和碩遺址發掘簡報》，載《草原文物》，2015 年第 2 期，圖二三。

〔註 24〕李延壽：《北史》卷九八《蠕蠕傳》，北京：中華書局，1974 年，第 3266 頁。

〔註 25〕魏收：《魏書》卷一〇三《蠕蠕傳》，北京：中華書局，1974 年，第 2290 頁。

獻中所載「軍」、「將」、「帥」這些軍事編制單位及職官，爲中原漢制；「幢」，爲北魏軍制，並且，北魏設置「幢」早於柔然郁久閭社崙時期。據此，本文認爲，柔然所立之「軍法」，部分受北魏政權舊制即鮮卑軍制的影響，但更多的是接受中原漢制。

第三，柔然統治者曾模仿中原政權年號制度，採用漢字表述自己的年號。據《魏書》卷一○三《蠕蠕傳》載，受羅部眞可汗郁久閭予成曾採用「永康」爲年號；伏古敦可汗郁久閭豆崙曾採用「太平」爲年號；候其伏代庫者可汗郁久閭那蓋曾採用「太安」爲年號；他汗可汗郁久閭伏圖除繼承前代可汗所用之「太安」，還曾採用「始平」爲年號；豆羅伏跋豆伐可汗郁久閭醜奴亦採用「建昌」爲年號。

二·北魏與柔然的佛教文化交流

《高僧傳》卷八《釋法瑗傳》所載釋法瑗之兄釋法愛「解經論，兼數術，爲芮芮國師。俸以三千戶」〔註 26〕明顯反映出柔然地區、尤其是柔然上層有崇信佛教風氣。

《高僧傳》卷一三《釋法獻傳》載：

> 釋法獻……先聞猛公西遊，備矚靈異。乃誓欲忘身，往觀聖蹟。以宋元徽三年發蹤金陵，西遊巴蜀，路出河南，道經芮芮。既到于闐，欲度葱嶺，値棧道斷絕。遂於于闐而反。獲佛牙一枚，舍利十五，身並觀世音滅罪咒及調達品，又得龜茲國金鎚鍱像。於是而還。其經途危阻，見其別記。佛牙本在烏纏國，自烏纏來芮芮，自芮芮來梁土。獻齎牙還京，五十有五載〔註27〕。

《續高僧傳》卷二《那連提黎耶舍傳》載：

> 那連提黎耶舍……六人爲伴，行化雪山之北……循路東指，到芮芮國。値突厥亂，西路不通。反鄉意絕，乃隨流轉。北至泥海之旁，南岨突厥七千餘里。彼既不安，遠投齊境。天保七年，屆於京鄴〔註28〕。

〔註26〕 釋慧皎：《高僧傳》卷八，《大正新修大藏經》第五○冊《史傳部二》，臺北：財團法人佛陀教育基金會出版部，1990 年，第 376 頁。

〔註27〕 釋慧皎：《高僧傳》卷一三，《大正新修大藏經》第五○冊《史傳部二》，臺北：財團法人佛陀教育基金會出版部，1990 年，第 411 頁。

〔註28〕 釋道宣：《續高僧傳》卷二，《大正新修大藏經》第五○冊《史傳部二》，臺北：

　　根據以上記載，北朝時期，柔然為中原人西行取經、西方高僧東至東土傳播佛教的必經之地之一。因此，柔然在宗教信仰方面自然要受到佛教的影響，柔然轄境成為佛教傳播區域。所以，在北魏與柔然擁有共同的佛教信仰這一背景下，雙方也必然進行著佛教文化交流〔註29〕。

　　雲岡石窟自北魏文成帝時期開鑿之後，便成為北方地區佛教徒進行建造佛像、禮拜獻忠的重要聖地，對周邊乃至北方塞外都有著很大的吸引力。如《西行書簡》四《雲岡》載雲岡石窟第三窟窟門口西壁上的一方石刻刻辭，「大茹茹……可登□□斯□□□鼓之譽□□以資徵福。谷渾□方妙□」〔註30〕。這裡的刻辭反映的是柔然人在雲岡石窟造像、祈福的情況，說明北魏統治者對與柔然在佛教文化交流方面的重視及北魏佛教對柔然佛教的影響。

　　據考古調查，北魏懷朔鎮鎮城遺址中發現寺廟建築遺跡。懷朔鎮遺址所在地內蒙古包頭市固陽縣白靈淖城圐圙古城內西側中心位置，有一座高出地面約 2.5 米的圓形土丘，直徑 22 米。「遺址的地層堆積自上而下分為三層。第一層為耕土層，色呈灰褐，厚 15～20 釐米，內有大量瓦礫、土坯塊和朽木屑。第二層表面遍佈一層瓦礫，在遺址的中心位置的瓦礫層下，有一座保存基本完好的正方形夯土臺基；文化層堆積主要於臺基四周……包含物除瓦礫、土坯和朽木屑外，尚有許多泥塑像、彩繪的壁畫和背光的殘片。從堆積情況看，應是殿堂倒塌後遺存……第三層為夯土層，是當時築於地表下的下層基座。」「殿堂上層臺基」為佛壇所在，是當時禮佛活動的場所〔註31〕。懷朔鎮寺廟遺址佛臺區域內還發現一枚「佛牙」〔註32〕。佛牙為佛教徒頂禮

財團法人佛陀教育基金會出版部，1990 年，第 432 頁。

〔註29〕《高僧傳》卷八所載釋法瑗、釋法愛為隴西人，其所繼承、傳播的區域佛教及佛教思想為河西佛教，所以，釋法愛在柔然境內所傳佈的佛教當為河西佛教。北魏太武帝滅北涼之後，北涼舊地曇無讖所傳播的河西佛教成為北魏境內三大佛教組成之一（佛圖澄、釋道安所傳播的中原佛教，鳩摩羅什所傳播的長安佛教，於曇無讖所傳播的北涼佛教亦稱河西佛教）。由此，在北魏與柔然所信仰的佛教中，共同擁有河西佛教信仰背景之下，雙方自然會在佛教方面有緊密聯繫、進行較頻繁交往。

〔註30〕鄭振鐸：《鄭振鐸全集》第二卷《散文》之《西行書簡》四《雲岡》，石家莊：花山文藝出版社，1998 年，第 329 頁。

〔註31〕劉幻真：《北魏懷朔鎮寺廟遺址》，包頭文物管理處編：《包頭文物考古文集》，呼和浩特：內蒙古大學出版社，2009 年，第 513～514 頁。

〔註32〕劉幻真：《北魏懷朔鎮寺廟遺址》，包頭文物管理處編：《包頭文物考古文集》，呼和浩特：內蒙古大學出版社，2009 年，第 516 頁。

膜拜的聖物，同時結合懷朔鎮寺廟遺址的規模及出土的佛教造像，本文認爲懷朔鎮寺廟應爲北魏北疆地區重要的佛教場所。由此反映出北魏北部邊疆軍鎮也富有崇信佛教、興建寺廟的風氣。由於懷朔鎮地處大青山北麓，控制著大青山南部與山北草原地區往來的交通要道，故而成爲當時北魏與北方草原來往的衝要之地。《魏書》也多有關於北方草原柔然使者甚至柔然可汗朝貢北魏途徑懷朔鎮的記載。據此，本文認爲，以懷朔鎮爲中心的北魏北疆佛教活動場所，北方民族佛教信徒亦應活躍於其中，進而成爲北魏與北方草原民族進行佛教交流的最前沿地帶。

圖 6.5　北魏懷朔鎮寺廟遺址出土泥塑佛像〔註 33〕

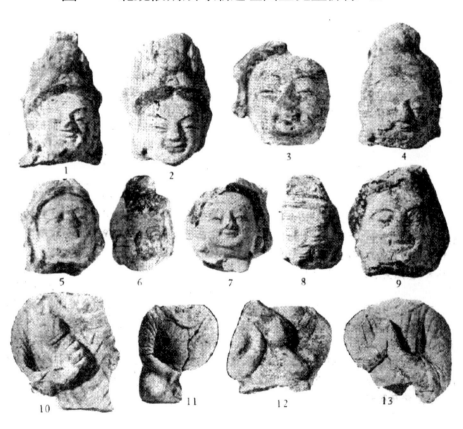

上述史實表明，北魏雖曾著力經營其北部邊疆長城、鎮戍等軍事防禦設

〔註33〕轉引自內蒙古文物工作隊、包頭市文物管理所：《內蒙古白靈淖城圖北魏古城遺址調查與試掘》，載《考古》，1984 年第 2 期，圖七。

施，但事實上北魏北疆所起之作用並非只限於軍事防禦方面；正由於北魏對北疆經營的重視，進而保障了北疆地區的穩定，最終有利於北疆南北地區民族的經濟、文化交往首先沿著北魏北部邊疆地帶展開。正如《史記》所載「雖有長城、鉅防，惡足以爲塞」〔註34〕。

〔註34〕 司馬遷：《史記》卷六九《蘇秦列傳》北京：中華書局，1959 年，第 2267 頁。
早在 2003 年王慶憲先生在《匈奴與西漢關係史研究》中就提出了長城並不能
阻隔其南北產品、文化的交換與交流的觀點。

北魏北部邊疆歷史年表
（以北魏與柔然統治者年號爲紀年標準）

公元	北　　魏	柔　　然	北　魏　北　部　邊　疆　歷　史
386	道武帝登國元年		
387	登國二年		
388	登國三年		道武帝時，北方地區有吐突隣部，在女水流域，常與解如部相爲脣齒，但對北魏不修臣子之禮。登國三年，道武帝率軍親自西征，渡過弱洛水，又西行向吐突隣部駐地進發，到達女水，征討並擊敗討解如部。登國四年春，北魏北征軍悉數掠奪並遷徙吐突隣部落畜產，凱旋而歸。
389	登國四年		登國四年正月，北魏襲擊高車諸部落，大破高車諸部。 登國四年二月，北魏徵討叱突隣部，凱旋而歸。
390	登國五年		登國五年三月，道武帝率軍征討高車袁紇部，大破之，俘獲生口、馬牛羊二十餘萬。 登國五年四月，道武帝率軍與賀驎征討賀蘭、紇突隣、紇奚諸部落，凱旋而歸。 登國五年十月，道武帝率軍征討高車、豆陳部於狼山，凱旋而歸。 登國五年十一月，紇奚部大人庫寒舉部降附於北魏。 登國五年十二月，紇突隣大人屈地鞬舉部降附於北魏。 登國五年，北魏北部邊疆中部擴展到陰山北麓地帶。

391	登國六年		登國六年十月，北魏北征柔然，凱旋而歸。
393	登國八年		登國中，侯呂隣部大人叱伐爲寇於苦水河。登國八年夏，道武帝率軍北征、擊敗侯呂隣部，擒獲其別帥焉古延等。
394	登國九年		登國九年三月，道武帝派遣東平公元拓跋儀屯田於河北五原，至於棝楊塞外。 登國九年十月，在北魏的軍事打擊下，柔然郁久閭社崙等率部落西走。 登國九年，北魏北疆勢力範圍向北已延伸至陰山北麓，向西延伸至鄂爾多斯高原，北疆的西部與中兩部初步連成一體。
395	登國十年		
396	皇始元年		至皇始元年，北魏北部邊疆已形成，西起鄂爾多斯高原，包括內蒙古陰山一帶，東至河北北部。北魏北疆成爲捍衛北魏初期首都盛樂、之後新都平城及京畿之地安全的重要屏障。正是基於道武帝時期所奠定的北部邊疆基礎，自明元帝時，北魏歷代統治者在北疆地帶大規模修築防禦工事，抵禦柔然入侵。
397	皇始二年		道武帝登國後期至皇始年間，柔然在郁久閭社崙統治下，勢力範圍西達焉耆，東至朝鮮，北至沙漠，窮瀚海，南臨大磧，國力達到鼎盛。自此，柔然成爲北魏北疆地區的勁敵。
398	天興元年		天興元年七月，北魏道武帝將首都從位於北疆地帶的盛樂遷往平城。
399	天興二年		天興二年二年春正月，道武帝派遣諸將北征漠北高車，大將軍、常山王拓跋遵等三軍從東道出長川，鎮北將軍高涼王拓跋樂眞等七軍從西道出牛川，道武帝親自率六軍從中道自駿髦水西北。二月丁亥朔，諸軍會師，破高車雜種三十餘部，俘獲高車部眾七萬餘，馬三十餘萬匹，牛羊百四十餘萬。驃騎大將軍、衛王拓跋儀率三萬騎別從西北絕漠千餘里，擊敗高車殘部七部，俘獲高車殘部二萬餘，馬五萬餘匹，牛羊二十餘萬頭，高車二十餘萬乘，及服玩諸物。 天興二年，北魏於北部邊疆個別之地築塞防守，開始了經略北疆的歷史。

400	天興三年		天興三年十一月，高車別帥敕力犍率九百餘落降附於北魏。
401	天興四年		天興四年正月，高車別帥率其部三千餘落降附於北魏。 天興四年，道武帝派遣常山王拓跋遵征討鮮卑別種破多蘭部木易于於高平，木易于率數千騎棄國逃走，北魏軍隊將破多蘭部部眾悉數遷徙於京師。
402	天興五年	丘豆伐可汗元年 郁久閭社崙	天興五年正月戊子，北魏材官將軍和突戰勝黜弗、素古延等諸部，俘獲馬三千餘匹，牛羊七萬餘頭。辛卯，柔然郁久閭社崙遣騎救援素古延等，和突逆擊，於山南河曲擊敗柔然所遣之軍隊，俘獲鎧馬二千餘匹。十二月，柔然郁久閭社崙侵犯北魏北疆，到達北魏首都平城西北地區。北魏派遣常山王拓跋遵反擊，不及而還。北疆越勤莫弗率其部萬餘家降附北魏，北魏讓其居五原之北。
403	天興六年	二年	天興六年十月，道武帝派遣將軍伊謂率騎二萬北襲高車。十一月，伊謂大敗高車。皇始至天興年間，奚斤隨從道武帝征高車諸部，大破之。北魏又擊敗庫狄、宥連部，將其別部諸落遷徙於塞南。北魏又進擊侯莫陳部，俘獲雜畜十餘萬。
404	天賜元年	三年	天賜元年四月，柔然郁久閭社崙從弟閭大肥因在與郁久閭社崙內爭中失利，率部分柔然貴族降附北魏。
405	天賜二年	四年	
406	天賜三年	五年	天賜三年四月，柔然侵犯北魏北疆。
407	天賜四年	六年	
408	天賜五年	七年	
409	明元帝永興元年	八年	永興元年十二月，柔然犯塞。
410	永興二年	九年	永興二年正月，北魏派遣南平公長孫嵩等北伐蠕蠕。五月，長孫嵩等自大漠還師，柔然追擊長孫嵩並將其圍困於牛川。明元帝北伐，柔然聞而逃走。
411	永興三年	藹苦蓋可汗元年 郁久閭斛律	永興三年十二月，柔然斛律宗黨吐觝于等百餘人降附於北魏。 自永興三年起，郁久閭斛律畏於北魏軍力，不敢進犯北魏北疆，北魏北疆地區暫獲安寧。

412	永興四年	二年	
413	永興五年	三年	永興五年七月，明元帝派遣奚斤征討越勒倍泥部，大破越勒倍泥部，遷徙其部眾而還。
414	神瑞元年	四年	神瑞元年八月，北魏派遣謁者悅力延撫慰柔然。 神瑞元年十二月，柔然犯塞。明元帝北伐柔然。
415	神瑞二年	牟汗紇升蓋可汗元年 郁久閭大檀	
416	泰常元年	二年	
417	泰常二年	三年	
418	泰常三年	四年	泰常三年正月，明元帝自長川派遣護高車中郎將薛繁率高車丁零十二部大人眾北略，到達弱水，弱水附近諸部投降者二千餘人，俘獲弱水附近諸部牛馬二萬餘頭。
419	泰常四年	五年	
420	泰常五年	六年	
421	泰常六年	七年	
422	泰常七年	八年	
423	泰常八年	九年	泰常八年正月，柔然犯塞。 泰常八年二月，北魏在東起長川之南，起自赤城，西至五原的延袤二千餘里之地修築長城，並在長城沿線備置戍衛。自此，北魏對其北部邊疆的經略進入正式日程。
424	太武帝 始光元年	十年	始光元年八月，柔然六萬騎入侵雲中，殺掠吏民，攻陷盛樂宮。赭陽子尉普文率輕騎征討入侵雲中之柔然，柔然退走。明元帝派遣平陽王長孫翰等進擊柔然別帥，破之，殺數千人，俘獲馬萬餘匹。 始光元年十二月，北魏派遣平陽王長孫翰等征討柔然。車駕到達柞山，柔然北逃，北魏諸軍追擊，大獲而還。
425	始光二年	十一年	始光二年十月，太武帝率軍，東西五路並進，大舉北伐。郁久閭大檀率柔然部落北逃。自此，柔然勢力開始逐漸遠離北魏北疆。

426	始光三年	十二年	
427	始光四年	十三年	始光四年七月，柔然入寇雲中，郁久閭大檀聞北魏擊敗赫連昌，率柔然軍懼而還走。
428	神䴥元年	十四年	神䴥元年八月，柔然郁久閭大檀遣子率萬餘騎入塞。
429	神䴥二年	十五年	神䴥二年四月，太武帝北伐，從東道與長孫翰等期會於賊庭。五月丁未，北魏北征軍到達沙漠，捨輜重，輕騎兼馬至栗水。蠕蠕震怖，焚燒廬舍，絕跡西走。八月，太武帝以東部高車屯巳尼陂，派遣左僕射安原率騎萬餘征討。北魏此年征討柔然，消滅柔然主力，俘虜柔然部眾數十萬，對柔然給予決定性打擊。從此，柔然對北魏北疆的威脅有所減輕。 神䴥二年十月，太武帝將降附新民安置於漠南，東至濡源，西暨五原、陰山，東西達三千里。太武帝派遣司徒、平陽王長孫翰，尚書令劉潔，左僕射安原，侍中古弼鎮撫新民。這是北魏大規模地將降附民安置於北疆的開始。
430	神䴥三年	敕連可汗元年郁久閭吳提	神䴥年間，北魏太武帝下令在陰山南北地區設置沃野、懷朔、武川、撫冥、柔玄、懷荒六鎮。自此，北魏六鎮在捍衛北魏北疆、防禦柔然方面發揮了重要作用。
431	神䴥四年	二年	神䴥四年閏月，柔然遣使朝獻於北魏。
432	延和元年	三年	延和元年六月，太武帝派遣尚書左僕射安原等駐屯於漠南，以防備柔然。
433	延和二年	四年	
434	延和三年	五年	延和三年二月，柔然郁久閭吳提奉其妹，並遣其異母兄禿鹿傀及左右數百人朝貢，獻馬二千匹。同年，柔然可汗郁久閭吳提迎娶北魏西海公主。 延和三年十月，柔然遣使朝貢於北魏。
435	太延元年	六年	太延元年二月，蠕蠕遣使朝獻於北魏。
436	太延二年	七年	太延二年，柔然進犯北魏北疆。 太延二年八月，高車國遣使朝獻於北魏。
437	太延三年	八年	
438	太延四年	九年	太延四年七月，太武帝北伐，進一步遠逐柔然。

439	太延五年	十年	太延五年六月，太武帝西討沮渠牧犍，派遣大將軍、長樂王嵇敬，輔國大將軍、建寧王崇二萬人駐屯漠南，以防備柔然。 太延五年九月，蠕蠕犯塞，其軍隊進至七介山，平城震驚。皇太子命上黨王長孫道生等抗拒柔然軍隊。 太延年間，北魏太武帝爲加強北疆防禦，增設赤城鎮。
440	太平眞君元年	十一年	
441	太平眞君二年	十二年	太平眞君二年三月，北魏封柔然郁久閭乞列歸爲朔方王。
442	太平眞君三年	十三年	
443	太平眞君四年	十四年	太平眞君四年九月，太武帝行幸漠南，捨輜重，以輕騎襲柔然，分軍爲四道。北魏通過此役消滅郁久閭吳提主力。
444	太平眞君五年	十五年	
445	太平眞君六年	處可汗元年 郁久閭吐賀眞	太平眞君六年八月，太武帝下令遷徙諸種雜人五千餘家於北邊，下令北疆民眾北徙畜牧至漠南，以引誘柔然。
446	太平眞君七年	二年	
447	太平眞君八年	三年	
448	太平眞君九年	四年	太平眞君九年十二月，皇太子隨從太武帝北討柔然。北魏軍至受降城，不見柔然，於是積糧城內，留下守衛力量而還。 太平眞君七年至九年，爲配合北疆防禦，太武帝下令在平城至北疆陰山之間修築畿上塞圍。
449	太平眞君十年	五年	太平眞君十年正月，北魏太武帝率軍北征柔然，懾於北魏軍威，柔然渠帥介綿他拔等率其部落千餘家降附北魏。九月，太武帝再次率軍大規模北征，遠逐柔然，北魏通過此役，俘獲柔然人戶畜產百餘萬，進一步削弱柔然實力。柔然可汗郁久閭吐賀眞恐懼遠遁。北魏北疆再次獲得安寧。
450	太平眞君十一年	六年	
451	正平元年	七年	
452	文成帝興安元年	八年	
453	興安二年	九年	
454	興光元年	十年	興光元年十一月，北鎮將房杖出擊柔然，俘虜柔然將領豆渾與句等，俘獲馬千餘匹。

455	太安元年	十一年	
456	太安二年	十二年	
457	太安三年	十三年	
458	太安四年	十四年	太安四年十一月，文成帝率軍北征柔然，柔然絕跡遠遁，柔然別部烏朱賀頹、庫世頹率眾降附北魏。
459	太安五年	十五年	
460	和平元年	十六年	
461	和平二年	十七年	
462	和平三年	十八年	
463	和平四年	十九年	
464	和平五年	二十年 受羅部眞可汗 永康元年 郁久閭予成	和平五年七月，北魏北鎮遊軍大破柔然。
465	和平六年	永康二年	
466	獻文帝天安元年	永康三年	
467	皇興元年	永康四年	
468	皇興二年	永康五年	
469	皇興三年	永康六年	皇興三年二月，柔然遣使朝貢於北魏。 皇興三年七月，柔然遣使朝貢於北魏。 皇興三年，獻文帝下令在六鎮防線地帶修築六鎮長城南線，北魏北疆防線進一步向北挺進，至此，北魏北疆地區形成了完善的縱深防禦體系。
470	皇興四年	永康七年	皇興四年八月，柔然侵犯北魏北疆。 皇興四年九月，北魏獻文帝率軍北伐柔然，北征諸將會師於女水。北魏通過此役，消滅柔然軍隊五萬，收降柔然部眾萬餘。
471	孝文帝 延興元年	永康八年	
472	延興二年	永康九年	延興二年二月，柔然犯塞。柔然別帥阿大干率千餘落降附北魏。東部敕勒叛奔柔然，太上皇帝率軍追之，至石磧，不及而還。 延興二年閏月，柔然進犯敦煌，鎮將尉多侯擊退柔然。柔然進犯晉昌，守將薛奴擊退柔然。

			延興二年十月，柔然進犯北魏北疆，柔然軍隊達於五原。十一月，太上皇帝親征柔然，將度漠襲擊。柔然聞北魏軍至，大懼，北走數千里。太上皇以窮寇遠逃，不可追，乃止。
473	延興三年	永康十年	延興三年七月，柔然進犯敦煌，鎮將樂洛生擊退柔然。 延興三年十二月，柔然進犯北魏北疆，柔玄鎮二部敕勒反叛，響應柔然。
474	延興四年	永康十一年	延興四年五月，柔然遣使朝貢於北魏。 延興四年七月，柔然進犯敦煌，鎮將尉多侯擊退柔然。
475	延興五年	永康十二年	延興五年十月，柔然遣使朝獻於北魏。
476	承明元年	永康十三年	承明元年二月，柔然遣使朝貢於北魏。 承明元年五月，柔然遣使朝貢於北魏。 承明元年八月，柔然遣使朝貢於北魏。 承明元年十一月，柔然遣使朝貢於北魏。
477	太和元年	永康十四年	太和元年四月，柔然遣使朝貢於北魏。 太和元年五月，柔然遣使朝貢於北魏。 太和元年九月，柔然遣使朝貢於北魏。
478	太和二年	永康十五年	太和二年二月，柔然遣使朝獻於北魏，柔然可汗郁久閭予成請求聯姻於北魏。
479	太和三年	永康十六年	太和三年四月，柔然遣使朝獻於北魏。 太和三年十一月，柔然騎十餘萬南寇，至北魏北疆地帶而還。
480	太和四年	永康十七年	太和四年三月，柔然遣使朝貢於北魏。
481	太和五年	永康十八年	太和五年七月，柔然別帥他稽率眾降附北魏。 太和五年十月，柔然遣使朝貢於北魏。
482	太和六年	永康十九年	太和六年六月，柔然遣使朝貢於北魏。
483	太和七年	永康二十年	
484	太和八年	永康二十一年	太和八年二月，柔然遣使朝貢於北魏。 太和八年，孝文帝下令在六鎮防線地帶修築六鎮長城北線。 至太和八年，北魏平城以北的北疆地區形成了至少三道非常穩固、規模龐大的縱深軍事防線。第一道防線，即北魏北疆最前沿的六鎮長城防線；第二道防線，北魏北疆軍鎮防線，北依六鎮長城防線，南依陰

			山，北疆軍鎮多數位於陰山以北的險要之地，扼守交通要衝，構成以軍鎮鎮城爲核心軍事據點、以周圍戍堡爲輔，陰山以北東西點線結合的防禦體系。第三道防線，即陰山以南、平城以北的泰常八年長城與雲中至白道一線的防禦區。
485	太和九年	伏古敦可汗太平元年 郁久閭豆崙	太和九年十二月，柔然犯塞，北魏派遣任城王拓跋澄率眾征討。
486	太和十年	太平二年	太和十年正月，柔然犯塞。 太和十年三月，柔然遣使朝貢於北魏。 太和十年十二月，柔然犯塞。
487	太和十一年	太平三年	太和十一年，柔然頻繁寇邊，柔玄鎮都將李兜率軍擊退柔然。 太和十一年八月，柔然犯塞，北魏派遣平原王陸叡征討。孝文帝大議北伐，進策者百有餘人。 太和十一年，阿伏至羅率高車部眾從柔然中獨立。
488	太和十二年	太平四年	太和十二年十二月，柔然伊吾戍主高羔子率眾三千以城降附北魏。
489	太和十三年	太平五年	太和十三年，柔然別帥叱呂勤率眾降附北魏。
490	太和十四年	太平六年	太和十四年，阿伏至羅兩次遣使朝貢於北魏。
491	太和十五年	太平七年	
492	太和十六年	太平八年 候其伏代庫者可汗太安元年 郁久閭那蓋	太和十六年八月，北魏派遣陽平王拓跋頤、左僕射陸叡督十二將七萬騎北討柔然。
493	太和十七年	太安二年	
494	太和十八年	太安三年	
495	太和十九年	太安四年	
496	太和二十年	太安五年	
497	太和二十一年	太安六年	
498	太和二十二年	太安七年	
499	太和二十三年	太安八年	孝文帝太和後期，兩次派遣軍隊征討高車，高車袁紇樹者降附北魏。

			太和年間，孝文帝下令在六鎮東部設置禦夷鎮，以進一步完善北疆軍鎮防禦體系。太和十八年至二十三年，孝文帝爲整合北疆軍鎮防守力量，在北疆六鎮設置懷朔鎮和柔玄鎮兩個都督區，以懷朔鎮鎮將統領沃野鎮與武川鎮，以柔玄鎮鎮將統領撫冥鎮與懷荒鎮。
500	宣武帝景明元年	太安九年	
501	景明二年	太安十年	景明二年七月，柔然侵犯北魏北疆。
502	景明三年	太安十一年	
503	景明四年	他汗可汗太安十二年 郁久閭伏圖	
504	正始元年	太安十三年	正始元年九月，柔然侵犯北魏北疆。
505	正始二年	太安十四年	
506	正始三年	始平元年	正始三年九月，柔然遣使朝貢於北魏。
507	正始四年	始平二年	正始四年十二月，柔然、高車民他莫孤率部降附北魏。
508	永平元年	豆羅伏跋豆伐可汗建昌元年 郁久閭醜奴	永平元年六月，高車國遣使朝貢於北魏。 永平元年七月，高車遣使朝貢於北魏。 永平元年九月，柔然遣使朝貢於北魏。
509	永平二年	建昌二年	
510	永平三年	建昌三年	永平三年九月，高車別帥可略汗等率眾一千七百降附北魏。 永平三年十月，高車遣使朝貢於北魏。
511	永平四年	建昌四年	永平四年九月，郁久閭醜奴遣僧人洪宣奉獻珠像。
512	延昌元年	建昌五年	
513	延昌二年	建昌六年	
514	延昌三年	建昌七年	延昌三年十月，北魏派遣驍騎將軍馬義舒慰諭柔然。
515	延昌四年	建昌八年	延昌四年七月，柔然遣使朝貢於北魏。 延昌四年十二月，高車國遣使朝貢於北魏。
516	孝明帝熙平元年	建昌九年	熙平元年，郁久閭醜奴西征高車，大敗高車，擒高車王彌俄突。柔然勢力再次強盛。
517	熙平二年	建昌十年	熙平二年十二月，柔然遣使朝貢於北魏。

518	神龜元年	建昌十一年	神龜元年二月，柔然遣使朝貢於北魏。 神龜元年五月，高車遣使朝貢於北魏。
519	神龜二年	建昌十二年	神龜二年十一月，柔然莫緣梁賀侯豆率男女七百人降附北魏。
520	正光元年	建昌十三年 郁久閭阿那瓌元年	正光元年九月，柔然可汗郁久閭阿那瓌率部分柔然貴族投奔北魏。
521	正光二年	二年	正光二年八月，柔然後主郁久閭侯匿伐投奔懷朔鎮。 正光二年十二月，北魏護送郁久閭阿那瓌回到柔然。
522	正光三年	三年	
523	正光四年	四年	正光四年二月，柔然郁久閭阿那瓌率眾犯塞，北魏派遣元孚爲北道行臺，持節慰喻郁久閭阿那瓌。柔然後主侯匿伐來朝京師。 正光四年四月，阿那瓌扣留元孚，驅掠畜牧北逃。北魏派遣驃騎大將軍、尚書令李崇，中軍將軍、兼尚書右僕射元纂，率騎十萬征討柔然，出塞三千餘里，不及而還。
524	正光五年	五年	正光五年三月，沃野鎮人破落汗拔陵聚眾反叛，殺鎮將，自號眞王元年，掀開六鎮之亂的序幕。北魏以臨淮王元彧爲鎮軍將軍，假征北將軍，都督北征諸軍事征討六鎮叛亂勢力。
525	孝昌元年	六年	孝昌元年六月，柔然可汗郁久閭阿那瓌率眾大破破落汗拔陵，斬其將孔雀等。 孝昌元年十月，柔然可汗郁久閭阿那瓌遣使朝貢於北魏。
526	孝昌二年	七年	
527	孝昌三年	八年	孝昌三年四月，柔然遣使朝貢於北魏。 孝昌三年六月，柔然遣使朝貢於北魏。 孝昌三年九月，柔然遣使朝貢於北魏。
528	武泰元年 孝莊帝建義元年 永安元年	九年	建義元年四月，孝莊帝詔柔然可汗郁久閭阿那瓌贊拜不名，上書不稱臣，給予郁久閭阿那瓌特殊禮遇。
529	永安二年	十年	永安年間，孝莊帝下令實施孝明帝時所制定的改北疆軍鎮爲州的政令。
530	長廣王建明元年	十一年	

531	節閔帝普泰元年 安定王中興元年	十二年	
532	孝武帝太昌元年 永興元年 永熙元年	十三年	太昌元年六月，柔然可汗郁久閭阿那瓖遣烏句蘭樹什伐等朝貢，並爲長子請尙公主。太昌元年六月，柔然再次遣使朝貢。
533	永熙二年	十四年	
534	永熙三年	十五年	

結　語

　　北魏北部邊疆從初始狀態至形成，經歷了道武帝登國至皇始初期近十多年的時間。北魏北部邊疆區域穩定之後，其範圍西起鄂爾多斯高原，途徑內蒙古陰山一帶，東至河北北部。北魏北部邊疆成爲捍衛其新舊都城及北方安全的重要屏障。關於北魏北部邊疆地區的自然環境：首先，北魏北疆地區多山川險阻地形，部分區域間山谷、溝壑縱橫；陰山山脈橫亙於北魏北疆，陰山山脈南麓地勢陡峭、山勢險峻，北麓地勢則較平緩，此種地勢分佈具有極高的軍事地理價值，有利於北魏充分利用「依險制塞」原則在北疆地區進行經略、展開軍事佈防。其次，綜合《魏書》相關記載，北魏北方、北疆地區多風、霧、雪、霜、旱等極端嚴寒、乾旱天氣，不僅影響到北魏對北方草原游牧民族的軍事作戰進程，而且，對北魏在北疆地區的經略與戍守帶來不利影響；甚至可以說，北魏後期北疆軍事經略的漸趨荒廢，除與國力衰弱、朝政混亂等人爲因素有關，極端惡劣天氣的頻繁發生也是不可忽視的因素。第三，北魏北疆地帶分佈著較多的黃河水系支流，擁有較豐富的水力資源，這保障了北疆沿線北魏軍鎮日常用水所需，促進了當地灌溉農業的發展，有利於保障北疆軍鎮的後勤給養；更爲重要的是，較優越的水利環境在一定程度上可減輕極端乾旱氣候對當地帶來的不利影響。關於北魏北疆地區的人文地理環境：首先，北魏北疆地區分佈著戰國至秦漢時期以長城爲代表的軍事防禦工程，這些前代軍方工程的分佈既爲北魏在北疆軍事工程的營造提供借鑒，其中部分工程又爲北魏所利用。其次，北魏北疆地區分佈著柔然、高車等民族，在和平時期，北方草原民族與北魏進行政治、經濟與文化方面的交流；在雙方關係緊張時期，北魏與北方草原民族沿北疆地帶展開對峙，相互

攻伐；北魏平城京畿與北疆、北方草原地區的交通線主要有「平城－馬邑－雲中－稒陽道（懷朔鎮）－五原」與「平城－善無－雲中－白道－武川鎮」兩條，上述交通線，在和平時期，是溝通北魏與北方草原政治、經濟與文化交流的重要紐帶；在戰爭時期，則成為北魏北征與柔然南侵的交通樞紐線。

　　北魏自建國起，所面臨的最大邊患就是來自於北方草原的柔然。為抗擊柔然、禦其於域外，自北魏道武帝，北魏在北疆部分地區修築防禦工事，開始了小規模的經略，但自明元帝起，北魏統治者才積極從事於大規模的經略北疆。由此，北魏北疆地區形成了三道穩固、規模龐大的防線；北疆防禦體系設施漸趨完善，有長城防禦系統、軍鎮鎮城系統、烽燧與戍堡系統，長城防禦系統包括六鎮長城北線與南線，以及泰常八年長城，六鎮長城與泰常八年長城分別位於三道防線的最北端與最南端，軍鎮鎮城及附屬鎮戍依陰山地帶險要之處存在即為三道防線中之第二道，烽燧與戍堡作為六鎮長城與泰常八年長城的輔助防禦設施而存在。上述三道防線由北向南，依次展開，相互依託與支撐，形成了非常穩固與嚴密的軍事防禦體系。以防禦體系的完善程度而言，北魏北疆防禦體系，始自明元帝，太武帝時期初具規模，至孝文帝中期最終形成。在此期間，柔然勢力不能深入陰山以南、京畿腹地；宣武帝至孝明帝統治時的六鎮之亂發生前，期間北魏北疆邊備出現鬆弛的現象，即北疆防線由六鎮長城一線向南收縮至六鎮一線，但由於北魏統治者仍較為注重對六鎮、陰山一線的防禦經略，所以，柔然勢力仍然不能為患於陰山以南地區。至孝莊帝實施改鎮為州之策，北魏北疆部分軍鎮完成了作為鎮戍系統的使命。需要注意的是，由於六鎮之亂、河陰之變，北魏國家實力受到嚴重削弱，北魏對其北疆的經略漸趨荒廢。北魏經略北疆，主要起到禦柔然於域外、捍衛北方安全的作用。北魏對北疆的經略，由於充分利用北疆複雜地勢但卻忽略了北疆駐防軍軍力仍較為有限、北疆軍鎮後勤給養制度不完善、北疆軍鎮指揮官軍政素養存在漸趨低下的隱患、軍鎮士兵待遇轉差、北疆軍鎮屯田破壞了北疆地區生態等問題，進而使北疆經略成敗並存。

　　北魏統治者按北疆軍鎮防禦需要即為有效指揮軍鎮日常運轉，在北疆軍鎮中設立了完善的組織機構。北魏統治者在軍鎮中設置鎮將作為最高軍事指揮官；鎮將下設鎮副將，作為軍鎮組織機構的中層指揮官；軍鎮最基層官員為鎮獄隊、省事、戶曹史、外兵史、函使、功曹史、軍主、統軍、長史、監軍、司馬、戍將，共同負責軍鎮內部的日常軍政事務。為保障北疆軍鎮軍事

防禦功能的發揮，北魏統治者對北疆軍鎮及附屬鎮戍的武器裝備配備是非常重視的，先進的輕重武器裝備均出現在北疆軍鎮中；為有效應對作戰機動性極高的柔然騎兵，同時結合北疆地帶複雜的自然地勢，北魏在北疆地帶部署了步兵、騎兵、弓箭兵等兵種。北魏採用邊疆屯田、從北疆軍鎮附近地區調撥與從全國徵調三種方式保障北疆軍鎮的後勤給養。

鑒於北魏與北疆民族在衝突與融合的過程中，雙方實力彼此消長，北魏統治者制定了不同形勢下的北疆民族政策，大體而言，以聯姻、冊封、征伐、因俗而治、以夷制夷為主。由於柔然始終為北魏北方勁敵，這決定了北魏所制定的北疆民族政策特點以柔然為重中之重。北魏制定北疆民族政策，過多著眼於上層路線而較少關注下層路線，雖然著眼於上層路線，北魏統治者可以盡力拉攏北疆民族上層，使其為自己所用，以擴充統治集團實力，維持並鞏固政權，進而削弱北方民族上層集團的實力；但是，對北疆民族部眾關注較少，則使北魏失去了籠絡北方民族部眾的機會，影響到北方民族民眾對自己的認同及在此基礎上所建立的臣屬關係，最終不利於民族關係的緩和與民族的融合。也就是說，著眼於上層路線，北魏統治者可以在較短的時間內見到其效果，充實自身實力，但是上層路線確立的是狹義的臣屬關係；關注下層路線，雖然其產生效果的時間長，但確立的則是廣泛的臣屬關係。而只有廣泛的臣屬關係的確立，才是緩和北魏與北疆民族關係、穩定邊疆形勢、保持政權穩定的長久之策。

北魏與北疆民族在相對和平的時期內，雙方互派使者，促進了雙方高層的往來。按使者所執行使命，北魏派往北疆民族的使者主要有冊封使者、安撫使者、和親使者、宣勞使者、報聘使者、核查使者、責讓使者；北疆民族派遣到北魏的使者主要有朝貢使者與和親使者。履行不同使命的使者往來於北魏與北疆民族之間，為保障雙方高層聯繫、促進雙方和平往來與經濟、文化交流，發揮了重要作用。

北魏與北疆民族進行著經濟方面的交流，不僅使雙方互通有無、豐富了彼此的經濟資源，而且，暢通無阻的經貿往來是緩和、鞏固雙方關係的有效方式。除經濟交流之外，北魏與北疆民族還進行更為重要的文化交流，首先，柔然不斷學習北魏的典章制度，促進了自身的漢化進程；其次，北魏與柔然還進行佛教文化的交流，佛教為北魏與柔然雙方各個階層所信奉，這有利於雙方上層統治者與下層民眾以佛教信仰為媒介，一方面在佛教造像藝術、佛

教典籍教義上的交流切磋，另一方面，促進雙方民眾保持和平往來的局面。

參考文獻

一‧期刊論文

1. 俞大綱：《北魏六鎮考》，載《禹貢半月刊》第一卷第十二期，1934 年，第 2〜6 頁。

2. 張郁：《內蒙古大青山後東漢北魏古城遺址調查記》，載《考古通訊》，1958 年第 3 期，第 14〜22 頁。

3. 竺可楨：《中國近五千年來氣候變遷的初步研究》，載《考古學報》，1972 年第 1 期，第 15〜38 頁。

4. 山西省大同市博物館、山西省文物工作委員會：《山西大同石家寨北魏司馬金龍墓》，載《文物》，1972 年第 3 期，第 20〜33、64 頁。

5. 洛陽博物館：《洛陽北魏元邵墓》，載《考古》，1973 年第 4 期，第 218〜224、243 頁。

6. 李文信：《中國北部長城沿革考（上）》，載《社會科學輯刊》，1979 年第 1 期，第 144〜153 頁。

7. 李文信：《中國北部長城沿革考（下）》，載《社會科學輯刊》，1979 年第 2 期，第 128〜141 頁。

8. 唐長孺：《北魏沃野鎮的遷徙》，載《華中師院學報》，1979 年第 3 期，第 29〜32 頁。

9. 崔璿：《石子灣北魏古城的方位、文化遺存及其他》，載《文物》，1980 年第 8 期，第 55〜61、96 頁。

10. 王文楚：《從內蒙古昆都侖溝幾個古城遺址看漢至北魏時期陰山稒陽道交通》，載《復旦學報》（社會科學版）（增刊），1980 年，第 113〜118 頁。

11. 內蒙古文物工作隊、包頭市文物管理所：《內蒙古白靈淖城圐圙北魏古城遺址調查與試掘》，載《考古》，1984 年第 2 期，第 145〜152 頁。

12. 田建平：《略論柔然與北魏的關係》，載《內蒙古大學學報》（哲學社會科學版），1986 年第 3 期，第 107～112、106 頁。

13. 牟發松：《六鎮新釋》，載《爭鳴》，1987 年第 6 期，第 99～102 頁。

14. 羅慶康：《簡析陰山長城築造的特點》，載《益陽師專學報》，1989 年第 1 期，第 68～72 頁。

15. 崔明德：《柔然與中原王朝的和親》，載《西北民族學院學報》（哲學社會科學版），1990 年第 4 期，第 50～56 頁。

16. 李泳集：《從考古發現看鮮卑族農業》，載《農業考古》，1991 年第 3 期，第 321～323、317 頁。

17. 張金龍：《北魏中後期的北邊防務及其與柔然的和戰關係》，載《西北民族研究》，1992 年第 2 期，第 49～63 頁。

18. 偃師商城博物館：《河南偃師兩座北魏墓發掘簡報》，載《考古》1993 年第 5 期，第 414～425 頁。

19. 張郁：《呼和浩特地區的古戰場》，載《內蒙古文物考古》，1996 年第 1 期，第 45～54 頁。

20. 李興盛、趙傑：《四子王旗土城子、城卜子古城再調查》，載《內蒙古文物考古》，1998 年第 1 期，第 13～19 頁。

21. 常謙：《北魏長川古城遺址考略》，載《內蒙古文物考古》，1998 年第 1 期，第 20～25 頁。

22. 李鳳山：《論長城帶在中國民族關係發展中的地位》，載《中國史研究》，1998 年第 2 期，第 140～152 頁。

23. 梁偉基：《北魏軍鎮制度探析》，載《中央民族大學學報》（社會科學版），1998 年第 2 期，第 54～59 頁。

24. 鮑桐：《北魏北疆幾個歷史地理問題的探索》，載《中國歷史地理論叢》，1999 年第 3 期，第 63～92 頁。

25. 李逸友：《中國北方長城考述》，載《內蒙古文物考古》，2001 年第 1 期，第 1～58 頁。

26. 李文龍：《中國古代長城的四個歷史發展階段》，載《文物春秋》，2001 年第 2 期，第 37～39、43 頁。

27. 索秀芬：《內蒙古地區北魏城址》，載《內蒙古文物考古》，2002 年第 1 期，第 90～96 頁。

28. 馬大正：《中國古代的邊疆政策與邊疆治理》，載《西域研究》，2002 年第 4 期，第 1～15 頁。

29. 張平一：《河北境內長城的歷史價值和作用》，載《文物春秋》，2003 年第 1 期，第 28～33 頁。

30. 張敏：《論北魏長城──軍鎮防禦體系的建立》，載《中國邊疆史地研究》，2003 年第 2 期，第 13～18 頁。

31. 佈雷特・辛斯基，著；藍勇、劉建、鍾春來、嚴奇岩，譯：《氣候變遷和中國歷史》，載《中國歷史地理論叢》，2003 年第 2 期，第 50～65、159 頁。

32. 林育辰：《道武帝登國九年在五原的開發──兼論六鎮的起源》，載《新北大史學》，2005 年第 3 期，第 123～140 頁。

33. 郭建中：《北魏泰常八年長城尋蹤》，載《內蒙古文物考古》，2006 年第 1 期，第 42～51 頁。

34. 艾沖：《再論北魏長城的位置與走向──與李逸友先生商榷》，載《陝西師範大學繼續教育學報》，2006 年第 3 期，第 38～41 頁。

35. 方鐵、鄒建達：《論中國古代治邊之重北輕南傾向及其形成原因》，載《雲南師範大學學報》（哲學社會科學版），2006 年第 3 期，第 174～181 頁。

36. 方鐵：《古代「守中治邊」、「守在四夷」治邊思想初探》，載《中國邊疆史地研究》，2006 年第 4 期，第 1～8 頁。

37. 李建麗、李文龍：《河北長城概況》，載《文物春秋》，2006 年第 5 期，第 19～22 頁。

38. 大同市考古研究所：《山西大同沙嶺北魏壁畫墓發掘簡報》，載《文物》，2006 年第 10 期，第 4～24 頁。

39. 大同市考古研究所：《山西大同七里村北魏墓群發掘簡報》，載《文物》，2006 年第 10 期，第 25～49 頁。

40. 薛瑞澤：《從北魏對河套地區的經營看農業文明與游牧文明的交流》，載《河套大學學報》，2007 年第 3 期，第 26～30 頁。

41. 艾沖：《北朝拓跋魏、高齊、宇文周諸國長城再探索──兼與朱大渭先生商榷》，載《社會科學評論》，2007 年第 3 期，第 57～68 頁。

42. 洛陽博物館：《洛陽北魏楊機墓出土文物》，載《文物》，2007 年第 11 期，第 56～69 頁。

43. 魏儁如、張智海：《北魏柔玄鎮地望考述》，載《北方文物》，2009 年第 1 期，第 85～90 頁。

44. 趙曉燕：《略論柔然與中原政權的關係》，載《煙台大學學報》（哲學社會科學版），2009 年第 1 期，第 106～114 頁。

45. 鄭紹宗、鄭立新：《河北古代長城沿革考略（上）》，載《文物春秋》，2009 年第 3 期，第 30～40 頁。

46. 西安市文物保護考古所：《西安南郊北魏北周墓發掘簡報》，載《文物》，2009 年第 5 期，第 21～49 頁。

47. 蘇小華：《論魏晉南北朝騎兵戰術的新發展》，載《江蘇社會科學》，2009

年第 10 期，第 76～80 頁。

48. 方鐵：《中原王朝的夷夏觀及其治邊》，載《社會科學戰線》，2009 年第 11 期，第 149～153 頁。

49. 魏堅：《金陵與畿上塞圍——左雲北魏遺存初識》，載《邊疆考古研究》（第 9 輯），北京：科學出版社，2010 年，第 212～221 頁。

50. 徐美莉：《北魏軍鎮長官多種官稱的歷史語境考察》，載《內蒙古社會科學》，2011 年第 4 期，第 63～67 頁。

51. 陳躍：《「因俗而治」與邊疆內地一體化——中國古代王朝治邊政策的雙重變奏》，載《雲南師範大學學報》（哲學社會科學版），2012 年第 2 期，第 38～44 頁。

52. 胡玉春：《從柔然汗國與北魏的關係看北魏北邊防務的興衰》，載《內蒙古社會科學》，2012 年第 4 期，第 72～75 頁。

53. 張蔚：《北魏長城與金界壕對比研究》，載《東北史地》，2012 年第 6 期，第 12～15 頁。

54. 張文平、苗潤華：《長城資源調查對於北魏長城及六鎮鎮戍遺址的新認識》，載《陰山學刊》，2014 年第 6 期，第 18～30 頁。

55. 李書吉、趙洋：《六鎮防線考》，載《史志學刊》，2015 年第 1 期，第 74～81 頁。

56. 內蒙古自治區文物考古研究所、蒙古國游牧文化研究國際學院：《蒙古國布爾干省達欣其楞蘇木詹和碩遺址發掘簡報》，載《草原文物》，2015 年第 2 期，第 8～31 頁。

57. 內蒙古自治區文物考古研究所、蒙古國游牧文化研究國際學院：《2014 年蒙古國後杭愛省烏貴諾爾蘇木和日門塔拉城址 IA－M1 發掘簡報》，載《草原文物》，2015 年第 2 期，第 32～43 頁。

58. 何建國、郭建菊：《北魏六鎮與柔然關係探析》，載《山西大同大學學報》（社會科學版），2015 年第 4 期，第 39～42、45 頁。

二·論文集

1. 岑仲勉：《北魏國防的六鎮》，岑仲勉：《中外史地考證》，北京：中華書局，1962 年，第 186～194 頁。

2. 岑仲勉：《懷荒鎮故址辯疑》，岑仲勉：《中外史地考證》，北京：中華書局，1962 年，第 195～198 頁。

3. 岑仲勉：《評沈垚懷荒鎮故址說》，岑仲勉：《中外史地考證》，北京：中華書局，1962 年，第 199～201 頁。

4. 岑仲勉：《六鎮餘譚》，岑仲勉：《中外史地考證》，北京：中華書局，1962

年，第 202～205 頁。

5. 牟發松：《北魏軍鎮考補》，武漢大學歷史系魏晉南北朝隋唐史研究室：《魏晉南北朝隋唐史資料》（第七期），武漢：武漢大學出版社，1985 年，第 64～74 頁。

6. 周偉洲：《三國兩晉南北朝的邊疆形勢與邊疆政策》，馬大正，主編：《中國古代邊疆政策研究》，北京：中國社會科學出版社，1990 年，第 84～149 頁。

7. 白翠琴：《論北魏對周邊民族的政策——魏晉南北朝民族政策探究之四》，呂一然，主編：《中國邊疆史地論集》，哈爾濱：黑龍江教育出版社，1991 年，第 107～124 頁。

8. 艾沖：《北朝諸國長城新考》，中國長城學會：《長城國際學術研討會論文集》，長春：吉林人民出版社，1995 年，第 134～142 頁。

9. 周一良：《北朝的民族問題與民族政策》，周一良：《周一良集》第一卷《魏晉南北朝史論》，瀋陽：遼寧教育出版社，1998 年，第 149～223 頁。

10. 周一良：《北魏鎮戍制度考》，周一良：《周一良集》第一卷《魏晉南北朝史論》，瀋陽：遼寧教育出版社，1998 年，第 251～266 頁。

11. 周一良：《北魏鎮戍制度續考》，周一良：《周一良集》第一卷《魏晉南北朝史論》，瀋陽：遼寧教育出版社，1998 年，第 267～278 頁。

12. 蘇哲：《內蒙古土默川、大青山的北魏鎮戍遺跡》，北京大學中國傳統文化研究中心：《北京大學百年國學文粹·考古卷》，北京：北京大學出版社，1998 年，第 635～649 頁。

13. 劉幻真：《固陽縣城圐圙北魏古城調查》，張海斌，主編：《包頭文物考古文集》（上），呼和浩特：內蒙古大學出版社，2009 年，第 495～502 頁。

14. 內蒙古文物工作隊、包頭市文物管理所：《內蒙古白靈淖城圐圙北魏古城遺址調查與試掘》，張海斌，主編：《包頭文物考古文集》（上），呼和浩特：內蒙古大學出版社，2009 年，第 503～517 頁。

15. 毋有江：《拓跋鮮卑政治發展的地理空間》，武漢大學中國三至九世紀研究所：《魏晉南北朝隋唐史資料》（第二十八輯），上海：上海古籍出版社，2012 年，第 25～54 頁。

16. 朱大渭：《北朝歷代建置長城及其軍事戰略地位》，朱大渭：《朱大渭經典學術文集》，太原：山西人民出版社，2013 年，第 421～446 頁。

17. 內蒙古自治區長城資源調查隊：《內蒙古自治區長城概況及保護工作報告》，國家文物局：《長城資源調查工作文集》，北京：文物出版社，2013 年，第 59～65 頁。

18. 許倬雲、孫曼麗：《漢末至南北朝氣候與民族移動的初步考察》，（美）狄·約翰、王笑然，主編；王笑然，譯：《氣候改變歷史》，北京：金城出版

社，2014 年，第 144～166 頁。

19. 佐川英治：《北魏六鎮史研究》，《中國中古史研究》編委會：《中國中古史研究》第五卷，上海：中西書局，2015 年，第 55～128 頁。

三·圖　書

1. 孫健初：《綏遠及察哈爾西南部地質誌》，北平：實業部地質調查所、國立北平研究院地質學研究所，1934 年。

2. 壽鵬飛：《歷代長城考》，《得天盧存稿》之二，1941 年。

3. （清）高賡恩，等纂修：《綏遠全志》，《中國方志叢書·塞北地方·綏遠省》，臺北：成文出版社，1968 年。

4. 鄭裕孚，纂；鄭植昌，修：《歸綏縣志》，《中國方志叢書·塞北地方·綏遠省》，臺北：成文出版社，1968 年。

5. 佚名：《五原廳志》，《中國方志叢書·塞北地方·綏遠省》，臺北：成文出版社，1968 年。

6. 王文墀，撰：《臨河縣志》，《中國方志叢書·塞北地方·綏遠省》，臺北：成文出版社，1968 年。

7. 楊葆初，撰：《集寧縣志》，《中國方志叢書·塞北地方·綏遠省》，臺北：成文出版社，1968 年。

8. 佚名：《土默特志》，《中國方志叢書·塞北地方·綏遠省》，臺北：成文出版社，1968 年。

9. （清）吳廷華，修；王者輔，等纂：《宣化府志》，《中國方志叢書·塞北地方·察哈爾省》，臺北：成文出版社，1968 年。

10. （清）孟思誼，纂修：《赤城縣志》，《中國方志叢書·塞北地方·察哈爾省》，臺北：成文出版社，1968 年。

11. （清）朱乃恭，修；席之瓚，纂：《懷來縣志》，《中國方志叢書·塞北地方·察哈爾省》，臺北：成文出版社，1968 年。

12. 景佐綱，修；張鏡淵，纂：《懷安縣志》，《中國方志叢書·塞北地方·察哈爾省》，臺北：成文出版社，1968 年。

13. 陳繼淹，修；許聞詩，纂：《張北縣志》，《中國方志叢書·塞北地方·察哈爾省》，臺北：成文出版社，1968 年。

14. （北齊）魏收：《魏書》，北京：中華書局，1974 年。

15. （唐）李延壽：《北史》，北京：中華書局，1974 年。

16. （宋）葉適：《習學記言序目》，北京：中華書局，1977 年。

17. 羅振玉，輯：《芒洛冢墓遺文》卷上，《石刻史料新編》第 1 輯第 19 冊，臺北：新文豐出版公司，1977 年。

18. 陸峻嶺、林幹：《中國歷代民族紀年表》，呼和浩特：內蒙古人民出版社，1980 年。

19. （清）楊守敬：《歷代輿地沿革圖·六·北魏西魏北齊北周》，臺北：聯經出版事業公司，1981 年。

20. 譚其驤，主編：《中國歷史地圖集》第四冊《東晉十六國·南北朝時期》，北京：中國地圖出版社，1982 年。

21. 劉義棠：《中國邊疆民族史》，臺北：臺灣中華書局，1982 年。

22. 劉昭民：《中國歷史上氣候之變遷》，臺北：臺灣商務印書館，1982 年。

23. 臺灣三軍大學，編：《中國歷代戰爭史》第六冊，北京：軍事譯文出版社，1983 年。

24. （唐）杜佑：《通典》，北京：中華書局，1988 年。

25. 陳健安，主編：《軍事地理學》，北京：解放軍出版社，1988 年。

26. 潘國鍵：《北魏與蠕蠕關係研究》，臺北：臺灣商務印書館，1988 年。

27. （清）胡文燁：《雲中郡志》，大同：大同市地方志辦公室，1988 年。

28. 釋慧皎：《高僧傳》，《大正新修大藏經》第五○冊《史傳部二》，臺北：財團法人佛陀教育基金會出版部，1990 年。

29. 釋道宣：《續高僧傳》，《大正新修大藏經》第五○冊《史傳部二》，臺北：財團法人佛陀教育基金會出版部，1990 年。

30. 鈕仲勳、王守春、謝天滔：《中國邊疆地理》，北京：人民教育出版社，1990 年。

31. 成東、鍾少異：《中國古代兵器圖集》，北京：解放軍出版社，1990 年。

32. 趙雲田：《中國邊疆民族管理機構沿革史》，北京：中國社會科學出版社，1993 年。

33. 姜春良：《軍事地理學》，北京：軍事科學出版社，1995 年。

34. 李燾：《續資治通鑒長編》，北京：中華書局，1995 年。

35. 鄭汕：《中國邊防史》，北京：社會科學文獻出版社，1995 年。

36. 陶克濤：《氈鄉春秋·柔然篇》，呼和浩特：內蒙古人民出版社，1997 年。

37. 廖德清，主編：《中國古代軍事後勤史》（先秦～鴉片戰爭前），北京：金盾出版社，1999 年。

38. 馬大正：《中國邊疆研究論稿》，哈爾濱：黑龍江教育出版社，2002 年。

39. 王靜：《中國古代中央客館制度研究》，哈爾濱：黑龍江教育出版社，2002 年。

40. 沈垚：《落帆樓文集》，《續修四庫全書》編纂委員會：《續修四庫全書·集部·別集類》（1525），上海：上海古籍出版社，2002 年。

41. 趙雲田，主編：《中國邊疆通史叢書・北疆通史》，鄭州：中州古籍出版社，2003 年。

42. 《中國軍事史》編寫組：《中國歷代戰爭年表》，北京：解放軍出版社，2003 年。

43. 王永平：《中古士人遷移與文化交流》，北京：社會科學文獻出版社，2005 年。

44. 《中國軍事史》編寫組：《中國歷代軍事工程》，北京：解放軍出版社，2005 年。

45. 景愛：《中國長城史》，上海：上海人民出版社，2006 年。

46. 山西大學歷史文化學院、山西省考古研究所、大同市博物館：《大同南郊北魏墓群》，北京：科學出版社，2006 年。

47. 冀東山，主編：《神韻與輝煌：陝西歷史博物館國寶鑒賞・陶俑卷》，西安：三秦出版社，2006 年。

48. （北魏）酈道元，著；陳橋驛，校證：《水經注校證》，北京：中華書局，2007 年。

49. 王其禕、周曉薇：《隋代墓誌銘匯考》，北京：線裝書局，2007 年。

50. 《中國軍事史》編寫組：《中國歷代軍事裝備》，北京：解放軍出版社，2007 年。

51. 嚴耕望：《中國地方行政制度史・魏晉南北朝地方行政制度》，上海：上海古籍出版社，2007 年。

52. 杜文玉、王顏、劉鵬、魏順蘭：《圖說中國古代兵器與兵書》，西安：世界圖書出版社，2007 年。

53. 劉俊喜，主編：《大同雁北師院北魏墓群》，北京：文物出版社，2008 年。

54. 趙超：《漢魏南北朝墓誌彙編》，天津：天津古籍出版社，2008 年。

55. 韓理洲，等輯校編年：《全北齊北周文補遺》，西安：三秦出版社，2008 年。

56. 鍾少異：《中國古代軍事工程技術史》（上古至五代），太原：山西教育出版社，2008 年。

57. 張鶴泉：《魏晉南北朝史——一個分裂與融合的時代》，臺北：三民書局，2010 年。

58. 韓理洲，等輯校編年：《全北魏東魏西魏文補遺》，西安：三秦出版社，2010 年。

59. 河北省地方志編纂委員會：《河北省志》第 81 卷《長城志》，北京：文物出版社，2011 年。

60. 洛陽市文物管理局：《洛陽出土少數民族墓誌彙編》，鄭州：河南美術出

版社，2011 年。

61. 巴菲爾德，著；袁劍，譯：《危險的邊疆——游牧帝國與中國》，南京：江蘇人民出版社，2011 年。

62. 王鍾翰：《中國民族史》，武漢：武漢大學出版社，2012 年。

63. 馬大正，主編：《中國邊疆經略史》，武漢：武漢大學出版社，2013 年。

64. 王連龍：《新見北朝墓誌集釋》，北京：中國書籍出版社，2013 年。

65. 內蒙古自治區文化廳、內蒙古自治區文物考古研究所：《內蒙古自治區長城資源調查報告·北魏長城卷》，北京：文物出版社，2014 年。

66. 內蒙古自治區文物考古研究所：《內蒙古文化遺產叢書·包頭文化遺產》，北京：文物出版社，2014 年。

67. 內蒙古自治區文物考古研究所：《內蒙古文化遺產叢書·呼和浩特文化遺產》，北京：文物出版社，2014 年。

68. 內蒙古自治區文物考古研究所：《內蒙古文化遺產叢書·烏蘭察布文化遺產》，北京：文物出版社，2014 年。

69. 內蒙古自治區文物考古研究所：《內蒙古文化遺產叢書·巴彥淖爾文化遺產》，北京：文物出版社，2014 年。

70. 李憑：《北魏平城時代》，上海：上海古籍出版社，2014 年。

71. 胡阿祥：《中古文學地理研究》，西安：世界圖書出版西安有限公司，2014 年。

72. 段清波、徐衛民：《中國歷代長城發現與研究》，北京：科學出版社，2014 年。

73. 孫武，著；陳曦，譯注：《孫子兵法》，北京：中華書局，2014 年。

74. 大同古城保護和修復研究會：《北魏平城分類紀事》，太原：山西人民出版社，2015 年。

75. 周平：《中國邊疆政治學》，北京：中央編譯出版社，2015 年。

76. 寶音朝克圖：《中國北部邊疆的治理》，長沙：湖南人民出版社，2015 年。

77. 張文平、袁永明，主編：《輝騰錫勒草原訪古》，北京：文物出版社，2017 年。

78. 王永平：《遷洛元魏皇族與士族社會文化史論》，北京：中國社會科學出版社，2017 年。

79. 母有江：《北魏政治地理研究》，北京：科學出版社，2018 年。

後　記

　　2012 年，我從吉林大學古籍研究所中國古代史專業畢業，獲博士學位。之後進入內蒙古大學歷史與旅遊文化學院歷史系工作，虛心請教於學院的老先生以開闊學術視野，奮鬥在科研、教學崗位。在進入工作崗位之後的第二年，我成功申請 2014 年內蒙古自治區哲學社會科學規劃項目「北魏北部邊疆與民族政策研究」，至 2016 年 10 月，拙作經過初稿、修改方始完成。回首往事，感慨繫於此。

　　所申請之內蒙古哲學社會科學規劃項目定為「北魏北部邊疆與民族政策研究」，源於我在內蒙古大學攻讀學士學位時所選「北方民族史」這門課程給予我的靈感。拓跋鮮卑所建之北魏，為中國古代史上第一個由北方民族入主中原北方所建之政權，且自建立後，經歷著高度的漢化進程，並且，北魏在經略邊疆、處理邊疆民族關係所採取之政策方面，既有對前代的繼承，又有對後世政權的啟發；與北魏對峙、始終為北魏北方勁敵的是雄踞於北方草原的柔然，進入 5 世紀，柔然也經歷著漢化過程，不斷學習漢族典章制度，漸具中原式政權色彩，並大有取代北魏、入主中原北方之勢，為此，柔然與北魏連年征戰。為抗禦柔然，捍衛北疆，北魏將經略北疆視為四周邊疆經略的重中之重，進而使北魏經略邊疆具有「重北輕南」之傾向。以正統之爭而論，北魏將關注的目光投向於江南政權，但若以實力對比而言，北魏歷代統治者始終關注北疆地區的柔然。因此，對北魏經略北疆、處理與柔然的政策的探討，是中國古代史有關邊疆經略、民族關係史中重要的環節。自讀本科時起，我就搜集有關北魏北疆、北方草原柔然的資料；攻讀碩士、博士學位之際，我也在搜集上述相關史料，在此階段，對有關北魏經略其北疆、處理與北方

民族政策諸方面的思考體系、結構漸趨完善。進入內蒙古大學歷史系工作後，在科研方面，可謂得天時、地利與人和之便利；內蒙古大學地處祖國北疆地區，北方民族史研究爲其專長，這裡有關於北方民族研究的成果可供借鑒。所以，在工作之後，我決定將自己關於北魏經略北疆、所制定北疆民族政策的研究心得用於申請內蒙古自治區哲學社會科學規劃項目。

首先，衷心感謝內蒙古大學歷史與旅遊文化學院的張久和先生、王紹東先生、王慶憲先生，感謝他們在我入職後及申請項目時所給予的指導、幫助。上述諸位先生嚴謹的治學之風、不爲世易時移的優良學術品格影響著我的科研與教學。

我在河北省博物院查閱柔然公主墓室壁畫等相關資料時，河北省博物院的郝建文先生、林章芹先生、張驀先生給予我很多的便利與幫助，對此，我表示由衷的謝意。

我在河南洛陽搜集有關北魏墓誌資料期間，洛陽學者趙振華老師、嚴輝老師亦給予諸多便利與幫助，特別是趙振華老師在墓誌研究思考角度方面所給予的指導，對於進一步發掘墓誌所包含的史料價值，大有裨益。在此，對趙振華、嚴輝兩位老師表示感謝。

感謝內蒙古自治區文物考古研究所的張文平先生、包頭市文物管理處的苗潤華先生、魏長虹，我在搜集內蒙古境內北魏長城的考古資料時，張文平先生等提供了有關北魏六鎮長城考古調查的最新成果。

感謝內蒙古自治區包頭市博物館副研究館員郭麗女士，我在搜集有關內蒙古包頭境內北魏懷朔鎮遺址文物資料時，郭麗女士給予我很多的便利。

在以後的科研、學習中，我要從學界前輩中借鑒經驗，隨時關注學界研究動態，以開拓自己的視野；同時秉持「學海無涯苦作舟」的理念，去克服以後學術研究道路上的困難。

王萌

2018 年 7 月